民法案例分析

主　编　金　强　朱景达
副主编　张琰楠　梁晨颖

中国人民公安大学出版社
·北　京·

图书在版编目（CIP）数据

民法案例分析／金强，朱景达主编. -- 北京：中国人民公安大学出版社，2024. 8. -- ISBN 978-7-5653-4860-0

Ⅰ. D923. 05

中国国家版本馆 CIP 数据核字第 20242W9M29 号

民法案例分析

主 编 金 强 朱景达

责任编辑：马东方
责任印制：周振东

出版发行：中国人民公安大学出版社
地　　址：北京市西城区木樨地南里
邮政编码：100038
经　　销：新华书店
印　　刷：北京市泰锐印刷有限责任公司
版　　次：2024 年 8 月第 1 版
印　　次：2024 年 8 月第 1 次
印　　张：8.625
开　　本：880 毫米×1230 毫米　1/32
字　　数：230 千字
书　　号：ISBN 978-7-5653-4860-0
定　　价：45.00 元
网　　址：www.cppsup.com.cn　www.porclub.com.cn
电子邮箱：zbs@cppsup.com　　zbs@cppsu.edu.cn

营销中心电话：010-83903991
读者服务部电话（门市）：010-83903257
警官读者俱乐部电话（网购、邮购）：010-83901775
公安业务分社电话：010-83906108

目　录

第一编　总　则

第一章　基本规定……………………………………………（ 3 ）

　　［案例 1］王某成、王某等侵害作品表演权纠纷案 ……（ 3 ）

　　［案例 2］上海 PH 资产经营管理有限公司与上海 YS 市政

　　　　　　工程有限公司房屋租赁合同纠纷案 …………（ 7 ）

　　［案例 3］刘某飞与周某刚民间借贷纠纷案 ……………（ 9 ）

　　［案例 4］顾某洲、田某华与酒泉市 HY 房地产开发

　　　　　　有限责任公司房屋买卖合同纠纷案 …………（ 10 ）

　　［案例 5］屠某秋与张某友买卖合同纠纷案 ……………（ 12 ）

　　［案例 6］吕某与陈某等赠与合同纠纷案 ………………（ 13 ）

　　［案例 7］万某珍与沈某弟信息网络买卖合同纠纷案 …（ 15 ）

　　［案例 8］孟某春与孟某波等不当得利纠纷案 …………（ 17 ）

第二章　自然人…………………………………………………（ 19 ）

　第一节　民事权利能力和民事行为能力 ………………（ 19 ）

　　［案例 1］欧阳某云与湖南 DL 集团有限责任公司

　　　　　　劳动争议案 …………………………………（ 19 ）

　　［案例 2］咸阳市渭城区××村××组侵害集体经济

　　　　　　组织成员权益纠纷案 ………………………（ 21 ）

　　［案例 3］北京 JD 文化传媒有限公司与刘某娱乐服务

　　　　　　合同纠纷案 …………………………………（ 22 ）

　　［案例 4］仵某忠与宋某民间借贷纠纷案 ………………（ 23 ）

［案例 5］TC 市妇幼保健计划生育服务中心与刘某庆医疗

损害责任纠纷案 ……………………………（ 25 ）

第二节　监护 ………………………………………………（ 27 ）

［案例 1］吴某等与陈某波申请确定监护人特别程序案

…………………………………………………（ 27 ）

［案例 2］杨某社与刘某波申请撤销监护人资格案 ……（ 28 ）

第三节　宣告失踪和宣告死亡 …………………………（ 29 ）

［案例 1］温某志申请宣告自然人失踪案 ………………（ 29 ）

［案例 2］梁某丽申请宣告自然人死亡案 ………………（ 30 ）

第三章　法人 ………………………………………………（ 32 ）

［案例 1］广州市南沙区 HG 工业总公司与李某轮等

案外人执行异议案 ……………………………（ 32 ）

［案例 2］北京市 DMSQ 公司与 CB 公司等执行异议案

…………………………………………………（ 35 ）

［案例 3］杨某平与侯某胜等执行异议案 ………………（ 37 ）

第四章　非法人组织 ……………………………………（ 40 ）

［案例］重庆 FG 律师事务所申请破产清算案 …………（ 40 ）

第五章　民事权利 ………………………………………（ 42 ）

［案例 1］常州 HY 奶牛养殖场诉常州市 JT 区人民政府与

常州市 JT 区 DC 街道办事处不履行法定职责案

…………………………………………………（ 42 ）

［案例 2］周某冬与徐某燕等排除妨害纠纷案 …………（ 47 ）

第六章　民事法律行为 …………………………………（ 50 ）

［案例 1］辽宁 XH 律师事务所与段某腾诉讼、仲裁、

人民调解代理合同纠纷案 ……………………（ 50 ）

［案例 2］中铁 WZ 公司与 DS 公司等民间借贷纠纷案

…………………………………………………（ 52 ）

［案例3］张某奇与刘某红生命权、健康权、身体权
　　　　　纠纷案 ……………………………………（ 57 ）

［案例4］韦某建与覃某贵确认合同效力纠纷案 ………（ 58 ）

［案例5］孙某江与王某成非机动车交通事故责任纠纷案
　　　　　………………………………………………（ 59 ）

［案例6］杨某与李某合同纠纷案 ………………………（ 61 ）

［案例7］ZR 国际信托有限公司等与上海松江 FH 实业
　　　　　有限公司金融借款合同纠纷案 ………………（ 64 ）

第七章　代理…………………………………………………（ 67 ）

［案例1］宝鸡 YX 建筑工程集团有限公司与陕西 LL 旅游
　　　　　投资开发有限责任公司建设工程施工合同
　　　　　纠纷案 …………………………………………（ 67 ）

［案例2］孙某刚与新沂市 PL 机械有限公司专利权
　　　　　权属纠纷案 ……………………………………（ 68 ）

［案例3］赵某与中国工商银行股份有限公司石家庄 JN
　　　　　支行借记卡纠纷、金融借款合同纠纷案 ……（ 71 ）

第八章　民事责任……………………………………………（ 77 ）

［案例1］廖某芹与王某明等提供劳务者受害责任
　　　　　纠纷案 …………………………………………（ 77 ）

［案例2］张某友与中国邮政储蓄银行股份有限公司
　　　　　TS 市分行等借款合同纠纷案 ………………（ 78 ）

［案例3］宝应县氾水镇 A 村股份经济合作社与王某喜
　　　　　合同纠纷案 ……………………………………（ 80 ）

［案例4］陈某豪与施某菊生命权、身体权、健康权
　　　　　纠纷案 …………………………………………（ 82 ）

［案例5］金某与李某祥恢复原状纠纷案 ………………（ 86 ）

［案例6］周某与刘某某见义勇为人受害责任纠纷案 …（ 88 ）

［案例7］王某某与刘某江健康权纠纷案 ………………（ 90 ）

第九章 诉讼时效 ································· (92)

[案例1] 金某海与李某刚侵害发明专利权纠纷案 ······ (92)

[案例2] 乌鲁木齐 YX 工贸有限公司与克拉玛依市

独山子 TRX 商贸有限公司股权转让纠纷案 ··· (93)

第二编 物 权

[案例1] 山东 BH 集团有限公司与王某新等不动产

登记纠纷案 ··························· (99)

[案例2] 渠某申与牡丹江市 LM 房地产开发有限公司

等不动产登记纠纷案 ················· (100)

[案例3] 盐城市 XL 通风设备厂与吴江市 JY 差别化

纤维有限公司所有权确认纠纷案 ······· (101)

[案例4] 兰州 TR 汽车销售有限公司与韩某财产损害

赔偿纠纷案 ························· (103)

[案例5] 张某平与李某锋、旬邑县湫坡头镇 A 村村民

委员会承包地征收补偿费用分配纠纷案 ······ (105)

[案例6] 湖南省生态保护志愿服务联合会与吴某民事

公益诉讼案 ························· (108)

[案例7] A 高层商住小区业主委员会与新疆 TY 房地产

开发有限公司等建筑物区分所有权纠纷案 ··· (109)

[案例8] 乌鲁木齐市沙依巴克区 A 社区广晟园小区

业主委员会与新疆 B 物业管理有限公司建筑物

区分所有权纠纷案 ··················· (111)

[案例9] 北京 A 物业管理有限公司与北京 B 物业管理

有限公司等物业服务合同纠纷案 ········· (113)

[案例10] 刘某与王某龙、王某华等相邻关系纠纷案

···································· (116)

［案例 11］ 吕某、李某英等与雷某筠等房屋买卖合同
　　　　　纠纷案 ……………………………………（ 118 ）

［案例 12］ 刘某涛、颜某治与刘某论等所有权纠纷案
　　　　　……………………………………………（ 119 ）

［案例 13］ 袁某兵与陈某刚遗失物返还纠纷案 ………（ 121 ）

［案例 14］ 杨某强与李某不当得利纠纷案 ……………（ 122 ）

［案例 15］ 夏某忠与夏惠某居住权纠纷案 ……………（ 124 ）

［案例 16］ 许某晖与季某生企业借贷纠纷案 …………（ 125 ）

［案例 17］ 皮山 HQ 生物科技有限公司与新疆 KL 农业
　　　　　科技发展（集团）有限责任公司动产质权
　　　　　纠纷案 ……………………………………（ 126 ）

［案例 18］ 蒋某明与 HA 证券股份有限公司股权质权
　　　　　纠纷案 ……………………………………（ 128 ）

第三编　合　同

［案例 1］ 陈某 1 与 XZ 大厦有限责任公司租赁合同纠纷案
　　　　　……………………………………………（ 133 ）

［案例 2］ 江西 SH 医疗器械有限公司与 SC 县人民医院
　　　　　买卖合同纠纷案 …………………………（ 137 ）

［案例 3］ 抚松 BJ 长白山天池饮品实业有限公司与江苏
　　　　　茅山 LH 生态农业发展有限公司企业借贷
　　　　　纠纷案 ……………………………………（ 139 ）

［案例 4］ 上海 RJ 文化传播有限公司与杨某闻其他合同
　　　　　纠纷案 ……………………………………（ 141 ）

［案例 5］ ZJ 第二建筑公司等与张某英债权人代位权
　　　　　纠纷案 ……………………………………（ 143 ）

［案例 6］ 仁怀 LT 公司与北京 JH 公司计算机软件开发
　　　　　合同纠纷案 ………………………………（ 145 ）

［案例 7］云南 DC 公司与 KL 公司、YY 公司植物新品种

合同纠纷案 ……………………………………（146）

［案例 8］BND 公司与广东 LK 公司计算机软件开发合同

纠纷案 ……………………………………………（148）

［案例 9］刘某闻与 PY 公司工会委员会股权转让纠纷案

………………………………………………………（150）

［案例 10］安徽 HG 公司与山西 GC 公司计算机软件

开发合同纠纷案 ………………………………（152）

［案例 11］GA 公司与 SY 公司土地租赁合同纠纷案 ……（155）

［案例 12］FG 公司与 DF 公司技术服务合同纠纷案 ……（158）

［案例 13］李某军与王某喆定金合同纠纷案 ……………（160）

［案例 14］张某莲与张甲等无因管理纠纷案 ……………（161）

［案例 15］钱某俊与李某雯不当得利纠纷案 ……………（163）

第四编　人格权

［案例 1］陆某徽与黄某辉一般人格权纠纷案 …………（167）

［案例 2］汉中 YG 通讯有限责任公司与庞某涛侵权责任

纠纷案 ……………………………………………（169）

［案例 3］杜某与吕某性骚扰损害责任纠纷案 …………（170）

［案例 4］吉林市 PB 物业公司与鲁某某物业

服务合同纠纷案 ………………………………（172）

［案例 5］杨某锋与通建三局姓名权纠纷案 ……………（173）

［案例 6］邱某浩与宁某梁同居关系子女抚养纠纷案 …（175）

［案例 7］金某某与舟山市 TXH 水产有限公司肖像权

纠纷案 ……………………………………………（176）

［案例 8］SY 建筑科技有限公司与江某燕肖像权纠纷案

………………………………………………………（178）

［案例9］ 王某芝与大连 HT 物业管理有限公司等

　　　　 名誉权纠纷案 ……………………………………（182）

［案例10］ 马某功与陈某森荣誉权纠纷案 ………………（184）

［案例11］ 贾某与赵某波隐私权纠纷案 …………………（186）

［案例12］ 安某洁与刘某兴等隐私权纠纷案 ……………（187）

［案例13］ 王某与 A 市国有资产监督管理和金融工作局

　　　　　 隐私权纠纷案 ………………………………（188）

第五编　婚姻家庭

［案例1］ 安某静与中国太平洋人寿保险股份有限公司

　　　　 PL 中心支公司人身保险合同纠纷案 …………（193）

［案例2］ 文某玉与郑某、蒋某确认合同无效纠纷案 …（194）

［案例3］ 欧阳某诉连某婚姻无效纠纷案 ………………（195）

［案例4］ 曹某与郝某撤销婚姻纠纷案 …………………（196）

［案例5］ 付某与胡某1等撤销婚姻纠纷案 ……………（197）

［案例6］ 秦某飞与刘某军等民间借贷纠纷案 …………（198）

［案例7］ 尹某1与张某离婚纠纷案 ……………………（199）

［案例8］ 王某与安某1离婚纠纷案 …………………（201）

第六编　继　承

［案例1］ 单某等与汤某1法定继承纠纷案 ……………（207）

［案例2］ 贾某1与贾某2等遗嘱继承纠纷案 ………………（208）

［案例3］ 张某1等与张某4法定继承纠纷案 …………（210）

［案例4］ 齐某1与齐某2等继承纠纷案 …………………（211）

［案例5］ 邓某与张某1等法定继承纠纷案 ……………（213）

［案例6］ 李某8等与李某2等遗嘱继承纠纷案 …………（214）

［案例7］ 张某峰所有权确认纠纷案 …………………（216）

［案例 8］张某文与周某等民间借贷纠纷案 ………… （ 217 ）

［案例 9］孙某 4 与孙某 5 返还原物纠纷案 ………… （ 220 ）

第七编　侵权责任

［案例 1］庞某桂与陆川县某村村民小组财产损害赔偿
　　　　　纠纷案 ………… （ 225 ）

［案例 2］刘某敏等与景某宾、苏某双等财产损害赔偿
　　　　　纠纷案 ………… （ 226 ）

［案例 3］余某甲与刘某某等生命权、身体权、健康权
　　　　　纠纷案 ………… （ 227 ）

［案例 4］冯某良与许某秀饲养动物损害责任纠纷案 … （ 229 ）

［案例 5］宋某双与张某保海上、通海水域人身损害
　　　　　责任纠纷案 ………… （ 230 ）

［案例 6］长春市绿园区 ZA 老年医疗护理院与王某贤等
　　　　　一般人格权纠纷案 ………… （ 234 ）

［案例 7］陈某等与张某生命权、身体权、健康权纠纷案
　　　　　………… （ 236 ）

［案例 8］广州 DL 公司与周某美等生命权、健康权、
　　　　　身体权纠纷案 ………… （ 237 ）

［案例 9］LH 生态肥业有限公司与马某星等产品生产者
　　　　　责任纠纷案 ………… （ 238 ）

［案例 10］位某冰与 NTX 食品店产品责任纠纷案……… （ 239 ）

［案例 11］浙江省舟山市人民检察院与刘某等海事海商
　　　　　纠纷案 ………… （ 241 ）

［案例 12］谢某恺与谢某安等铁路运输人身损害责任
　　　　　纠纷案 ………… （ 244 ）

［案例 13］李某先与毕某生等饲养动物损害责任纠纷案
　　　　　………… （ 246 ）

［案例 14］ 黎某杰与李某元饲养动物损害责任纠纷案

　　　　　 ………………………………………（247）

［案例 15］ 王某斌与薛某饲养动物损害责任纠纷案 ……（248）

［案例 16］ 江某娜与 YH 动物公司饲养动物损害责任

　　　　　 纠纷案 ………………………………………（249）

［案例 17］ 罗某忠、刘某兰与陈某春等饲养动物损害

　　　　　 责任纠纷案 …………………………………（252）

［案例 18］ 罗田县 FJ 物业服务有限公司与付某某追偿权

　　　　　 纠纷案 ………………………………………（254）

［案例 19］ 李某民与重庆 XY 物业管理有限公司等

　　　　　 高空抛物、坠物损害责任纠纷案 …………（255）

［案例 20］ 姜某喜与 HX 建工集团生命权、身体权、

　　　　　 健康权纠纷案 ………………………………（257）

后　记 ……………………………………………………（260）

第一编
总　则

第一章　基本规定

[案例1]　王某成、王某等侵害作品表演权纠纷案[①]

案情介绍 著名音乐家王某宾先生于 1996 年 3 月 14 日去世，根据其遗嘱，其音乐作品的相关著作权由其子王某燕（王某宾长子）、王某某（王某宾次子）和王某成（王某宾幼子）继承。

2012 年，在王某成诉马鞍山市花山区某量贩式歌厅著作权侵权纠纷案中，王某成向法院提交了以王某燕、王某某名义签署的《放弃实体权利声明》，内容为："王某成为维护先父王某宾创作的音乐作品的版权以原告身份对侵权人提起的诉讼，我们一概不参加。在任何一件诉讼中，我们享有的实体权利都由王某成享有。我们放弃全部实体权利。"安徽省马鞍山市中级人民法院和安徽省高级人民法院分别作出民事判决，均在认定其他继承人放弃实体权利、王某成有权单独提起诉讼的基础上，支持了王某成的部分诉讼请求。

2013 年 6 月 7 日，王某燕、王某某作为案外人向最高人民法院申请再审，请求最高人民法院对二审法院民事判决案件进行再审。王某燕、王某某主张，其并未放弃对王某宾音乐作品的相关权利，《放弃实体权利声明》系伪造。最高人民法院依法受理了该案并调解，王某燕、王某某与王某成于 2013 年 9 月 4 日达成和解协议。该和解协议确认王某燕、王某某和王某成三人共同作为已故音乐家王

---

① 案件来源：中华人民共和国最高人民法院民事裁定书（2021）最高法民申 3068 号。

某宾先生的继承人，就王某宾先生的遗产及知识产权享有平等的继承权。

2013年11月18日，王某燕、王某某以"王某成已承认伪造《放弃实体权利声明》侵害了王某燕、王某某的合法权益的事实，且承诺立即停止正在发生或即将产生的涉及王某宾先生知识产权的诉讼，就此事公开道歉并在一定期限内向王某燕、王某某提供已决诉讼清单、公布获得赔偿账目信息、退赔二审法院判决项下应属于王某燕、王某某的赔偿款等"为由，向最高人民法院递交撤诉申请，自愿撤回再审申请。最高人民法院于2013年11月28日作出民事裁定，裁定准许王某燕、王某某撤回再审申请，该裁定已发生法律效力。

2016年，王某某去世。按照王某某的遗嘱，其女王某继承王某某享有的相关著作财产权。

2021年9月，王某成、王某因与胡某江、某音乐学院、吴某霞侵害作品表演权纠纷一案，不服广西壮族自治区南宁市中级人民法院一审、广西壮族自治区高级人民法院二审的民事裁定，向最高人民法院申请再审。王某成、王某申请再审称，既然法院认为王某燕是必须共同进行诉讼的当事人，一审法院就应当通知王某燕参加诉讼。通知王某燕参加诉讼，是一审法院的法定职责。王某成、王某向一审法院明确表示反对追加王某燕为原告参加诉讼。即使王某成、王某提出反对，这也不是一审法院不履行法定职责的合法理由。从法律义务来说，王某成、王某没有向一审法院提供王某燕联系方式的义务，法律从来没有规定诉讼当事人承担提供其他诉讼当事人的联系方式的义务，王某成、王某没有王某燕的联系方式，亦无资格和能力从澳大利亚获得王某燕是否死亡的合法有效的证明材料。而且，王某成、王某在向一审法院所提交的最高人民法院民事裁定记载了王某燕在澳大利亚的住所。再审申请人王某成、王某请求最高人民法院撤销一审、二审裁定，并指令一审法院再审本案。2021年12月，最高人民法院因当事人申请再审不符合民事诉讼法规定的申请再审条件，裁定驳回王某成、王某的再审申请。

重点条文 《中华人民共和国民法典》第三条 民事主体的人身权利、财产权利以及其他合法权益受法律保护，任何组织或者个人不得侵犯。

法理剖析 著作权是民事主体享有的重要民事权利，应当依法予以保护。著作权属于自然人的，自然人死亡后，著作权中的财产性权利在法律规定的保护期内，依法转移。本案中，王某宾先生去世后，其著作权中的相关财产性权利按照王某宾先生的遗嘱由王某燕、王某某、王某成依法继承。王某某去世后，其所继承的王某宾先生著作权财产性权利的相应份额，则按照其遗嘱由王某依法继承。王某燕、王某成、王某各自享有的民事权利均应依法予以保护。

在保障民事主体合法权益的同时，《中华人民共和国民法典》第七条规定："民事主体从事民事活动，应当遵循诚信原则，秉持诚实，恪守承诺。"第一百三十一条规定："民事主体行使权利时，应当履行法律规定的和当事人约定的义务。"《中华人民共和国民事诉讼法》第十三条规定："民事诉讼应当遵循诚信原则。当事人有权在法律规定的范围内处分自己的民事权利和诉讼权利。"从上述法律规定可知，法律在充分保障民事主体和民事诉讼当事人各项权利的同时，不仅要求其在法律规定的范围内行使权利，更要求其信守承诺、履行其与他人约定的义务。在民事诉讼活动中，法律确认当事人有权处分自己的诉讼权利，这不仅意味着当事人可以合法处分其诉讼权利，更意味着当事人在诉讼活动中，必须受其先前处分诉讼权利行为的限制和约束。

本案中，虽然王某成、王某各自通过继承依法取得了相应民事权利，但是根据已查明的事实，王某燕、王某某、王某成在2013年即在最高人民法院的主持下，就相关权利的行使达成了和解协议。王某燕、王某某、王某成约定，该和解协议签署后，"一切涉及王某宾先生知识产权的诉讼行为，均应由甲乙双方三人共同做出实体决定"。根据这一约定，在王某燕、王某某、王某成三人未形成共同的实体决定前，即在三人未协商一致的情况下，其中任何一人乃至两人，均无权实施"涉及王某宾先生知识产权的诉讼行为"。尤其是考虑到，王某燕、王某某、王某成三人之所以签署和解协议，对其民事权利和诉讼权利的行使作出处分，是因为作为继承人之一的王某成曾在其他民事诉讼中，伪造王某燕、王某某放弃实体权利的声明，严重损害了王某燕、王某某的合法权益。因此，和解协议中所称的"涉及王某宾先生知识产权的诉讼行为"，尤其应当包括作为原告提起的侵权诉讼。上述协议的约定，不仅是王某燕、王某某、王某成对其民事权利的处分，成为其行使相应民事权利时所负有的约定义务，而且是王某燕、王某某、王某成对其诉讼权利的处分，成为其作为原告向他人提起侵权之诉的前提条件。如果不满足和解协议约定的条件，王某燕、王某某、王某成三人中的任何一人乃至两人，即不享有作为原告提起诉讼的权利，因此也就不符合《中华人民共和国民事诉讼法》规定的起诉条件。王某通过继承取得王某某所拥有的相关权利，该权利上所负担的义务并不因继承法律关系的发生而消灭。王某在行使该民事权利和诉讼权利时，也应当履行王某燕、王某某、王某成已达成的和解协议约定的义务。本案虽然是由王某成与王某共同提起的诉讼，但因其起诉仍未满足和解协议约定的行使权利的前提条件，因此，仍然不符合人民法院受理民事诉讼的条件。王某燕虽未作为当事人参加本案诉讼，但其在本案审查过程中提交了法律意见书，明确表示王某成、王某无权单独提起诉讼，认为在未与其形成一致意见的情况下，王某成、王某的起诉应当驳回或不予受理。王某燕的这一表态，也进一步印证了王某成、王某提起本案诉讼，明显违背王某燕的意志，违反了2013年各方达成的起诉条件的约定。并且，王某成、王某明知有和解协议的存在，不仅在未取得王某燕同意的情况下提起本案诉讼，而且在诉讼过程中向一审法院明确表示反对追加王某燕为原告参加诉讼，这种明显违背诚实信用原则的行为，不仅损害了王某燕的合法权利，而且与《中华人民共和国民事诉讼法》第二条"保护当事人的合法权益，教育公民自觉遵守法律"的明文规定相违背。不仅如此，王某成、王某在再审申请理由中还明确提及最高人民法院民事裁定，将最高人民法院为弥合王某燕、王某某、王某成兄弟三人嫌隙促成三人和解的努力和宽容，作为其谋取私利的论据，这绝不应得到法律的支持。

［案例 2］ 上海 PH 资产经营管理有限公司与上海 YS 市政工程有限公司房屋租赁合同纠纷案①

案情介绍 2010 年 5 月 31 日，上海 PH 资产经营管理有限公司（以下简称 PH 公司）与上海 YS 市政工程有限公司（以下简称 YS 公司）签订《房屋租赁合同》一份，约定甲方 PH 公司将浦东新区周浦镇康沈路×××号房屋出租给乙方 YS 公司作餐饮、酒店使用。合同第七条约定了房屋返还时的状态，除甲方同意乙方续租外，乙方应在本合同的租期届满之日返还该房屋，未经甲方同意逾期返还房屋的，每逾期 1 日，乙方应按 2.0 元/平方米（建筑面积）向甲方支付该房屋占用期间使用费，逾期超过 10 日的，视为乙方严重违约，甲方有权要求乙方迁出，并向乙方收取逾期期间的使用费且没收租赁保证金，并有权采取必要手段（包括更换门锁、代为保管乙方物品并由乙方支付保管费等）维护甲方合法权益。

2020 年 6 月 17 日，PH 公司向 YS 公司发送《律师函》，内容为：双方签订的租赁合同已到期，YS 公司仍占用系争房屋，特发函告知 YS 公司，双方租赁合同到期终止，不再续签，并要求 YS 公司在收到函件后 10 日内腾空系争房屋，返还 PH 公司并支付使用费等。

2020 年 6 月 20 日，YS 公司回函，内容为：PH 公司应当与 YS 公司续签合同，PH 公司不续签的行为有失诚信，YS 公司曾于 2020 年 3 月 4 日发出续签申请，但 PH 公司未予准许，现仍希望 PH 公司能同意 YS 公司按市场价续租。

2020 年 8 月 17 日、10 月 16 日、11 月 20 日，YS 公司分别向 PH

---

① 案件来源：上海市第一中级人民法院民事判决书（2021）沪 01 民终 6295 号。

公司支付两个月租金，租金支付至 2020 年 11 月 30 日。PH 公司出具了相应租金发票。

YS 公司称，PH 公司收回房屋也肯定是用于出租，同样是出租，那么继续由 YS 公司承租是最妥当的，所以 PH 公司应当续租；双方合同到期后，虽然 PH 公司明确表示不再续租，但 YS 公司还是照旧向 PH 公司付款，PH 公司也开具了票据，故双方构成不定期租赁，YS 公司支付的仍属于租金而非使用费。YS 公司对租赁标的进行了装修添附，如果搬离那么这些添附物的转移应构成资产转让。

PH 公司称，在租期届满前后一再表达了不同意续租的意愿，双方显然不构成不定期租赁；发票无法开成"使用费"，只能开"租金"，这纯属财务上的技术问题，YS 公司在租约到期终止后仍持续占用租赁标的，所付费用当然是占有使用费而非租金，PH 公司也无必要将占有使用费退回；况且，PH 公司及时提起诉讼，进一步强调了不再续租的意愿，YS 公司无权以付费的手段强迫 PH 公司续租。

PH 公司诉至法院。法院判决 YS 公司将系争房屋腾空后返还 PH 公司，并支付 PH 公司房屋使用费。

重点条文 《中华人民共和国民法典》第四条 民事主体在民事活动中的法律地位一律平等。

法理剖析 平等原则，意味着所有民事主体的合法权益受到法律的平等保护，也意味着当事人必须互相尊重对方的自由和意志，不得将自己的意志强加给对方。根据已查明事实，双方租约到期后，PH 公司明确表示不再续租，YS 公司继续占有使用系争房屋已无合法基础；同时，根据双方租赁合同第七条的约定，YS 公司显然无权强制要求续租。因此，即使 YS 公司持续付费且 PH 公司开具了发票，但基于 PH 公司"不再续租"的明确意思表示，双方间并不构成不定期租赁，YS 公司所付钱款在性质上应属于占有使用费而非租金。双方在租赁合同中明确约定租赁标的上的全部装修添附在租期届满后均无偿归 PH 公司所有，故 YS 公司所称"资产转让"亦不能成立。

［案例3］刘某飞与周某刚民间借贷纠纷案①

案情介绍 周某刚原系湖南 HS 农村商业银行股份有限公司员工，刘某飞与全某才系郎舅关系。2014 年，全某才通过周某刚向原 HS 农商行贷款 30000 元。周某刚（或以其时任妻子杨某元名义）曾与刘某飞及案外人陈某华、叶某合伙做粮食生意，2015 年协议散伙，经结算，陈某华、周某刚需要向叶某、刘某飞给付 115500 元结算款。因刘某飞妻弟全某才在 HS 农商行有尚未还清的贷款，而周某刚系贷款经手人，各方形成了由周某刚为全某才偿还 HS 农商行 30000 元借款，抵销周某刚、陈某华应付给叶某、刘某飞 30000 元结算款的合意，并由陈某华对剩余的 85500 元结算款出具借条。此后，周某刚未按约向 HS 农商行偿还全某才所欠的 30000 元贷款，该款已由全某才本人偿还。2021 年 4 月 18 日，周某刚因上述事由向刘某飞出具借条一张，载明"今借到刘某飞现金 34800 元"，未约定还款期限。其后，刘某飞向法院提起诉讼，请求判令周某刚立即支付借款 34800 元。

法院判决支持刘某飞的诉讼请求。

重点条文 《中华人民共和国民法典》第五条　民事主体从事民事活动，应当遵循自愿原则，按照自己的意思设立、变更、终止民事法律关系。

法理剖析 民事主体从事民事活动，应当遵循自愿原则。周某刚、刘某飞与案外人叶某、陈某华在协议解散合伙体时，达成了"以债务抵债务"，即以周某刚所欠刘某飞结算款抵销全某才所欠 HS 农商行贷款的口头协议，上述协议系双方当事人的真实意思表示、未违反法律的强制性规定，合法有效，周某刚未按照协议履行还款义务，属于违约。因全某才已自己偿还所欠 HS 农商行的 30000 元欠款，周某刚代全某才还款已经不具备可履行性，周某刚与刘某飞之间回归给付、接收结算款的状态。周某刚于 2021 年 4 月 18 日出具的

---

① 案件来源：湖南省常德市中级人民法院民事判决书（2022）湘 07 民终 2014 号。

借条应视为周某刚对所欠刘某飞结算款的确认，原结算款为 30000 元。周某刚在借条中确认为 34800 元应视为对逾期支付欠款的逾期利息或违约金，且标准未超出法律规定，因"借条"未约定结算款的给付期限，刘某飞起诉要求周某刚偿还符合法律规定。《中华人民共和国民法典》第一百四十三条规定："具备下列条件的民事法律行为有效：（一）行为人具有相应的民事行为能力；（二）意思表示真实；（三）不违反法律、行政法规的强制性规定，不违背公序良俗。"2021 年 4 月 18 日，周某刚向刘某飞出具借条一张，载明"今借到刘某飞现金 34800 元"，未约定还款期限。该行为未违反法律、行政法规的强制性规定或违背公序良俗，是真实意思表示，故周某刚应当偿还刘某飞欠款 34800 元。

［案例 4］顾某洲、田某华与酒泉市 HY 房地产开发有限责任公司房屋买卖合同纠纷案①

(案情介绍) 2012 年 8 月 20 日，酒泉市房地产管理局作为甲方，酒泉市 HY 房地产开发有限责任公司（以下简称 HY 房地产公司）作为乙方，双方签订《委托建设协议》，约定由乙方代建管理肃州区 SZMZ 小区建设项目，并约定了项目代建管理范围和内容。2014 年 10 月 16 日，酒泉市房地产管理局召开 2014 年第 18 次局长办公会议，专题研究 HY 房地产公司开发的 SZMZ 小区委托进行全面审计等相关事宜。审计目的主要有四点：一是对招标的编制到评标结果的合理性、合法性、合规性进行审查；二是根据设计对工程建设至目前的工程量清单进行造价审查；三是对在建工程后续绿化、硬化等进行测算，计算出在不产生利润的情况下的房价；四是对在建工程有无违规行为进行审查。会议决定：SZMZ 小区全过程施工阶段工程造价控制审计（审核）工作，市房管局为监管单位，由 HY 房地产公司和甘肃 HT 咨询公司签订审计合同，支付审计费用，费用计入项

---

① 案件来源：甘肃省高级人民法院民事判决书（2022）甘民再 100 号。

目成本。2015 年 2 月 2 日，酒泉市房地产管理局与 HY 房地产公司签订《财务移交表》，对 SZMZ 小区项目的财务、印章等进行移交。2014 年 12 月 16 日，顾某洲、田某华与 HY 房地产公司签订《商品房买卖合同》，约定：买受人顾某洲、田某华购买出卖人 HY 房地产公司位于酒泉市肃州区 SZMZ 小区××号楼×单元×××号商品房一套，建筑面积 134.65 平方米，总价 483588 元。付款方式及期限为签订本合同时首付 300000 元，于 2015 年 3 月 20 日前再付剩余房款的 50%，余款交房时一次性付清；交付期限，出卖人应当在 2015 年 12 月 30 日前，依照国家和地方人民政府的有关规定，将具备下列第 1 种条件，并符合本合同约定的商品房交付买受人使用：该商品房经验收合格。但如遇下列特殊原因，除双方协商同意解除合同或变更合同外，出卖人可据实予以延期：遭遇不可抗力，且出卖人在发生之日起 30 日内告知买受人的；政府政策调整或特殊原因。2016 年 4 月 11 日，顾某洲、田某华交清全部房款后，HY 房地产公司向顾某洲、田某华出具销售不动产统一发票。2017 年 9 月 16 日，HY 房地产公司向顾某洲、田某华交付房屋，并出具《室内固定设施移交清单》《SZMZ 小区交房收费清单》《SZMZ 小区交房物业公司收费清单》。2021 年 4 月，顾某洲、田某华向法院起诉，请求依法判决 HY 房地产公司支付逾期交房违约金和支付资金占用期间利息。

法院判决驳回顾某洲、田某华的诉讼请求。

重点条文 《中华人民共和国民法典》第六条 民事主体从事民事活动，应当遵循公平原则，合理确定各方的权利和义务。

法理剖析 民事主体从事民事活动，应当遵循公平原则。顾某洲、田某华与 HY 房地产公司签订的商品房买卖合同系双方当事人的真实意思表示，内容不违反法律、行政法规的禁止性规定，合法有效，双方均应按照合同约定履行义务。双方合同约定，遇政府政策调整或特殊原因，出卖人可以延期交房。根据酒泉市房地产管理局与 HY 房地产公司 2012 年签订的《委托建设协议》，SZMZ 小区项目由酒泉市房地产管理局委托 HY 房地产公司进行代建，由酒泉市房地产管理局负责以 HY 房地产公司的名义办理代建项目建设过程中所需要的前期开工审批、规划设计、招标建设、竣工验收、房屋销售、房屋权属登记等各项手续，HY 房地产公司提供公司资质证书、营业执照、有关印信等办理建设项目手续所需资料；双方还约定建设项目规划设计方案、招投标、建材选用、工程建设、质量、进度管控及房屋售后服务都由酒泉市房地产管理局负责实施；建设项目实施过程中，对外均以 HY 房地产公司名义就该项目建设签订各类合同、协议，所有合同、协议必须有酒泉市房地产管理局主要负责人签字方可生效，HY 房地产公司不得就该项目对外签订任何合同、协议。酒泉市房地产管理局与 HY 房地产公司签订的协议，对 HY 房地产公司具有拘束力。根据 2014 年 10 月 15 日酒泉市房地产管理局局长办公会议纪要记载，会议专题研究了 SZMZ 小区委托进行全面审计等相关事宜，通过审计计算出不产生利润情况下的房价，顾某洲、田某华购买的涉案房屋已享受房屋价格的优惠政策。本案虽然存在 HY 房地产公司逾期交房的事实，但综合考虑本案中顾某洲、田某华以优惠价格购买涉案房屋、HY 房地产公司在涉案房屋开发中的获利情况以及逾期交房并非完全归责于自身的原因等情况，依据公平原则，法院对顾某洲、田某华主张的违约金不予支持。

［案例 5］屠某秋与张某友买卖合同纠纷案①

案情介绍 张某友向屠某秋供应鸡蛋，张某友负责送货上门。2021 年 8 月 20 日、8 月 24 日，屠某秋分别于张某友制作的载有计算过程及结算金额的记账单据上书写"未付"字样并签名，结算金额分别为 174200 元、178160 元。后张某友多次通过微信等向屠某秋催要货款，屠某秋于 2021 年 8 月 26 日支付货款 30000 元，并回复张某友待货款到位及时将款项支付张某友。其后，张某友诉至法院，认可其已于 2021 年 8 月 24 日自屠某秋处收回蛋箱 1212 只，蛋箱每只

---

① 案件来源：江苏省盐城市中级人民法院民事判决书（2022）苏 09 民终 5118 号。

10 元，应在贷款内扣除该部分 12120 元，主张屠某秋支付剩余货款
310240 元，并申请诉讼财产保全，为此支付案件申请费 2120 元。经
确认，2022 年 1 月 6 日，全国银行间同业拆借中心公布的一年期贷
款市场报价利率为 3.8%。

经审理，法院判决屠某秋支付张某友 310240 元，承担此款自
2022 年 1 月 6 日起至实际履行之日止按年利率 3.8%计算的利息损
失，并支付张某友支出的案件申请费 2120 元。

重点条文 《中华人民共和国民法典》第七条 民事主体从事
民事活动，应当遵循诚信原则，秉持诚实，恪守承诺。

法理剖析 民事主体从事民事活动，应当遵循诚信原则。张某
友向屠某秋供应鸡蛋，屠某秋清点接收，并于张某友制作的记账单
据上签字确认，双方之间意思表示真实，不违反法律、行政法规的
强制性规定，买卖合同成立且合法有效。民事主体从事民事活动，
应当遵循诚信原则，秉持诚实，恪守承诺。本案中，张某友据以向
屠某秋主张权利的主要证据是提供了经屠某秋签字确认的、载有计
算过程和欠款数额的结算单据，且屠某秋对收到涉案鸡蛋没有异议。
故屠某秋差欠张某友鸡蛋货款的事实清楚，证据充分。屠某秋应向
张某友支付鸡蛋货款并承担逾期支付货款的利息损失。

［案例6］ 吕某与陈某等赠与合同纠纷案①

案情介绍 吕某与何某于 2015 年 4 月 1 日结婚。何某在抖音平
台刷直播时结识了陈某并以离异身份与陈某交往。双方于 2022 年 5
月在重庆见面时，何某于 5 月 20 日向陈某转款 50000 元，5 月 21 日
为陈某购买价值 23485 元的足金项链 3 条（价值分别为 3606 元、
4872 元、4749 元）和足金手镯 1 只（价值 10258 元），并为陈某支
付美甲费用 2290 元，5 月 22 日为陈某购买价值 14400 元的 LV 女包
一个，购买价值 27100 元女鞋 2 双、女装 1 件。另外，陈某于 2022

---

① 案件来源：重庆市第三中级人民法院民事判决书（2022）渝 03 民终 2130 号。

年 5 月 20 日向何某微信转账 20000 元。其后，吕某向法院起诉，请求确认何某对陈某的赠与行为无效。

经审理，法院判决陈某向吕某返还足金项链 3 条、足金手镯 1 只和 LV 女包一个；何某为陈某购买的衣物（女鞋 2 双、女装 1 件）采用折价方式返还，酌定陈某折价返还 10840 元；何某为陈某支付美甲费用 2290 元，由陈某予以返还；在何某向陈某转款 50000 元后，陈某亦向何某转款 20000 元，应从陈某返还的数额中抵扣，因此陈某应当向吕某返还的金额为 43130 元。

重点条文 《中华人民共和国民法典》第八条 民事主体从事民事活动，不得违反法律，不得违背公序良俗。

法理剖析 夫妻在婚姻关系存续期间所取得的财产归夫妻共同共有，对共有财产的处分，应当经双方协商，取得一致意见后进行。何某向陈某转款 50000 元、为陈某购买价值 64985 元的首饰及物品、为陈某支付美甲费用 2290 元，超出了朋友之间赠与的一般范畴，也超出了日常家事代理的范围，亦未得到其配偶的追认；同时，何某在夫妻关系存续期间与婚外异性进行感情交往的行为，与社会道德相悖，违反了公序良俗，违反了夫妻间互相忠实、互相尊重的义务，故何某向陈某的赠与行为无效。对于陈某提出的何某隐瞒婚姻状况、以离异身份与其交往，本人为善意、不应退还赠与财产的抗辩意见，无效的合同自始没有法律约束力，陈某对何某的婚姻状况是否知晓并不影响该赠与合同的效力。

本案分清法律责任的关键在于正确评价夫妻一方何某谎称离异单身未经妻子同意将共同财产赠与他人的行为是否有效的问题。《中华人民共和国民法典》第八条作为"总则编"构成部分规定了一条原则："民事主体从事民事活动，不得违反法律，不得违背公序良俗。"另外，同样作为"总则编"组成部分的第一百五十三条第二款规定："违背公序良俗的民事法律行为无效。"这两条规定要求民事主体依法实施民事法律行为，如果违背公序良俗势必无效。《中华人民共和国民法典》第一千零四十三条第二款作为婚姻家庭编的一般性规定则规定："夫妻应当互相忠诚，互相尊重，互相关爱"，要求夫妻双方应当履行对彼此情感忠诚的法定义务；第一千零六十二条第二款规定："夫妻对共同财产，有平等的处理权。"要求夫妻任何一方不得擅自处理夫妻共同财产，不得侵害另一方对夫妻共同财产处置的平等权利。本案中，第三人何某作为丈夫，谎称离异单身与婚外异性陈某亲近并密切交往，有言语有行动，未经其妻吕某同意将共同财产赠与陈某，其赠与行为有违夫妻情感相互忠诚的法定义务，有违公序良俗，个体利益上损害其配偶的合法权益，公共利益上有损社会公共秩序和善良风俗，该赠与行为当然自始无效。

［案例7］万某珍与沈某弟信息网络买卖合同纠纷案[①]

案情介绍 2021年9月，万某珍与沈某弟通过微信就神马m20s矿机买卖事宜达成合意。2021年9月28日，万某珍通过微信向沈某弟发送"定31台神马m20s68/70t48w，单价280/t，定金5万元，尾款见单号付90%，保24小时，上架报废机退处理完善后支付剩余款项"。当日，万某珍向沈某弟指定的账户支付定金50000元。2021年9月29日，沈某弟向万某珍发送物流信息等照片，让万某珍向其指定的案外人谢某个人账户打款。万某珍询问"是不是压5万元"，沈某弟回复"280×68×28＝533120，280×70×3＝58800，533120＋58800－50000－50000＝491920"，万某珍回复"ok"。万某珍发送"7×68×28＝13328，7×70×3＝1470，13328＋1470＝14798"，随后沈某弟发送了其银行账户。当日，万某珍指示案外人涂某龙向沈某弟指定的案外人谢某个人账户支付货款300000元及191920元，万某珍向沈某弟指定的账户支付货款14798元。2021年9月30日，万某珍通过微信向沈某弟发送视频及物流订单码，并称"先处理问题"。然而，万某珍收到的货物为报废机。此后，双方就退款问题发生争议协商未果。万某珍向法院起诉，请求解除其与沈某弟签订的买卖合同，以及沈某

---

① 案件来源：四川省成都市中级人民法院民事判决书（2022）川01民终25197号。

弟返还已支付货款和定金。

法院判决驳回万某珍的全部诉讼请求。

重点条文 《中华人民共和国民法典》第九条 民事主体从事民事活动，应当有利于节约资源、保护生态环境。

法理剖析 《民法典》第九条被称为绿色原则，体现了我国的生态文明理念和可持续发展战略。2017年9月4日，中国人民银行、中央网信办等七部门联合发布《关于防范代币发行融资风险的公告》，明确"代币发行融资是指融资主体通过代币的违规发售、流通，向投资者筹集比特币、以太币等所谓'虚拟货币'，本质上是一种未经批准非法公开融资的行为，涉嫌非法发售代币票券、非法发行证券以及非法集资、金融诈骗、传销等违法犯罪活动"。同时指出，代币发行融资中使用的代币或"虚拟货币"不由货币当局发行，不具有法偿性与强制性等货币属性，不具有与货币等同的法律地位，不能也不应作为货币在市场上流通使用。2021年9月3日，中国人民银行、中央网信办等七部门联合发布《关于整治虚拟货币"挖矿"活动的通知》中亦明确：虚拟货币"挖矿"活动指专用"矿机"计算生产虚拟货币的过程，能源消耗和碳排放量大，对国民经济贡献度低，对产业发展、科技进步等带动作用有限，加之虚拟货币生产、交易环节衍生的风险越发突出，其盲目无序发展对推动经济社会高质量发展和节能减排带来不利影响。2021年9月15日，中国人民银行、中央网信办、最高人民法院、最高人民检察院等十部门联合发布《关于进一步防范和处置虚拟货币交易炒作风险的通知》，再次强调"任何法人、非法人组织和自然人投资虚拟货币及相关衍生品，违背公序良俗的，相关民事法律行为无效，由此引发的损失由其自行承担。"本案中，万某珍向沈某弟购买"矿机"用于再次交易或"挖矿"活动，其与沈某弟建立买卖合同的主要目的是企图通过虚拟货币的"挖矿"活动或者转售"矿机"的行为获利，该合同既不符合《中华人民共和国民法典》第九条规定精神，也有悖于相关行政法规的强制性规定，有损社会公共利益、违背公序良俗，故该合同应属无效，相关后果由各方自行承担。

［案例8］孟某春与孟某波等不当得利纠纷案①

案情介绍 孟某春、孟某波、孟某文与孟某武系同胞兄弟，杜某是孟某武胞姐孟某凤之子，即孟某武的外甥；蔡某元是孟某春的内弟。苏某晖系孟某武的妻子。2021年9月13日，孟某武因急性心肌梗死，在其工作单位山东省青岛市某公司工作时去世。当晚，孟某春、孟某文、杜某、蔡某元乘坐飞机从沈阳赶到青岛，飞机票支出3263元。当夜入住胶州市某宾馆，于2021年9月17日办理退房手续。2021年9月16日，孟某武在胶州市殡仪馆火化。9月16日，杜某、孟某文由青岛乘坐飞机回到沈阳，9月17日，孟某春、蔡某元由青岛乘坐飞机回到沈阳，飞机票支出1540元。孟某波于2021年9月30日入住胶州市某宾馆，于10月3日离开宾馆。住宿费合计3668元。现孟某武骨灰已被取回，孟某春及其他兄弟、亲属按照当地风俗将孟某武骨灰葬入家族墓地。2022年1月13日，苏某晖通过建设银行账户转账给案外人孟某通20000元。苏某晖与孟某武用工单位已签订赔偿协议，获得丧葬费及赔偿金等共计910000元。其后，孟某春、孟某波、孟某文、杜某、蔡某元向法院起诉，请求判令苏某晖给付上述原告处理其丈夫孟某武因工死亡事故所花费的交通费、住宿费、就餐补助费、祭奠殡葬费，以及误工工资等各项费用。

法院判决驳回原告的全部诉讼请求。

重点条文 《中华人民共和国民法典》第十条 处理民事纠纷，应当依照法律；法律没有规定的，可以适用习惯，但是不得违背公序良俗。

法理剖析 本案中，五原告系死者孟某武的兄弟以及其他亲属，为逝者处理后事应属善良风俗，所支出的花销应当合理，量力而行，

---

① 案件来源：黑龙江省鸡西市中级人民法院民事判决书（2022）黑03民终1241号。

在可能的情况下应与逝者家属协商处理。否则，因花销费用的必要性及数额发生矛盾，既无相关强制性法律规定予以规范，又有构成强迫得利之虞，不符合公序良俗原则以及弘扬社会主义核心价值观的要求。本案中，原告方在完全可以与被告先行协商的前提下，事前却并未与被告协商，亦未得到被告的委托授权，未就处理逝者后事支出费用达成一致意见情形下，即单方决定支出其所主张之费用。在向被告索要花销的费用遭到拒绝后，要求被告给付其主张的各项费用及花销，被告不予认可，故原告的诉讼请求无法律依据。

第二章 自然人

第一节 民事权利能力和民事行为能力

［案例1］欧阳某云与湖南 DL 集团有限责任公司劳动争议案①

案情介绍 欧阳某云自 2021 年 3 月从湖南 DL 集团有限责任公司（以下简称 DL 集团公司）退休，自 2021 年 4 月起领取养老金。2021 年 8 月 16 日，欧阳某云向法院起诉，请求判令 DL 集团公司赔偿因未及时为欧阳某云办理退休手续的经济损失 50570 元。欧阳某云提交 2021 年 6 月养老金发放通知短信，载明该月发放的养老金金额为 4214.19 元。欧阳某云提供：证据 1. 退休资格确认表复印件一份，载明欧阳某云出生年月为 1960 年 3 月，参加工作时间为 1977 年 8 月，退休时间为 2020 年 3 月，养老保险视同缴费年限为 17 年 8 个月（1977 年 8 月至 1995 年 3 月）。自 2021 年 4 月起发放养老金。证据 2. 退休证，载明其社会保障号为 43010419610311××××，出生年月为 1960 年 3 月，参加工作时间为 1977 年 8 月，退休时间为 2021 年 3 月。上述证据拟证明欧阳某云档案上出生日期为 1960 年 3 月，DL 集团公司应在 2020 年为欧阳某云办理退休手续。DL 集团公司质证意见

① 案件来源：湖南省长沙市中级人民法院民事判决书（2021）湘 01 民终 15480 号。

为：证据1系复印件，欧阳某云没有提供原件。证据2. 对真实性不予认可，退休证中出生时间有明显篡改痕迹，把1961年改成了1960年。欧阳某云在庭审中陈述，2020年4月至2021年3月，欧阳某云没有上班，DL集团公司整个企业都没有开工，DL集团公司给欧阳某云每个月发放了780元的生活费。按劳动部1999年8号文件第二条第二款的规定，当职工的档案年龄与身份证年龄不符的时候，以档案年龄为退休依据，根据档案管理规定，DL集团公司是档案管理单位，档案里面记载的出生时间是1960年，退休时间应该是在2020年，但DL集团公司没有按法律规定来办理退休手续，由于DL集团公司的侵权行为，导致欧阳某云一年的工资损失5万余元，所以欧阳某云提出要求DL集团公司赔偿5万余元的请求。如果退休工资支付给欧阳某云，此期间每月的780元生活费可以退还给DL集团公司。DL集团公司在庭审中陈述，欧阳某云是否退休及是否享受相应的退休待遇，应由长沙市人事行政主管部门确认，而不是通过民事诉讼；欧阳某云对于本案诉争的客观事实及享受退休年龄确认即使从2020年3月起算，也超过了相应的诉讼时效；欧阳某云身份证及退休材料已经能够证明，欧阳某云的出生日期为1961年3月11日。

法院判决驳回欧阳某云的诉讼请求。

重点条文　《中华人民共和国民法典》第十五条　自然人的出生时间和死亡时间，以出生证明、死亡证明记载的时间为准；没有出生证明、死亡证明的，以户籍登记或者其他有效身份登记记载的时间为准。有其他证据足以推翻以上记载时间的，以该证据证明的时间为准。

法理剖析　根据《中华人民共和国立法法》第九十九条规定"法律的效力高于行政法规、地方性法规、规章。行政法规的效力高于地方性法规、规章"；《中华人民共和国民法典》第十五条规定"自然人的出生时间和死亡时间，以出生证明、死亡证明记载的时间为准；没有出生证明、死亡证明的，以户籍登记或者其他有效身份登记记载的时间为准。有其他证据足以推翻以上记载时间的，以该证据证明的时间为准"，欧阳某云主张应以劳动和社会保障部《关于制止和纠正违反国家规定办理企业职工提前退休有关问题的通知》的规定，认定欧阳某云的出生时间以其档案中载明的 1960 年 3 月为准。《中华人民共和国民法典》的效力高于劳动和社会保障部规章。本案中，欧阳某云的居民身份证载明其出生年月日为 1961 年 3 月 11 日。根据上述法律规定，应以《中华人民共和国民法典》的规定为依据。因欧阳某云未提供其证据足以推翻居民身份证载明的出生时间，应当认定欧阳某云的出生时间为 1961 年 3 月 11 日。欧阳某云已于 2021 年 3 月退休，并于 2021 年 4 月起领取养老金。欧阳某云未提供证据证实因 DL 集团公司存在过错导致其养老保险待遇减少，对欧阳某云要求 DL 集团公司赔偿经济损失 50570 元的诉讼请求，法院不予支持。

［案例 2］ 咸阳市渭城区××村××组侵害集体经济组织成员权益纠纷案①

案情介绍 因部分土地被征收，2020 年 8 月 18 日，××村××组就征地款分配事宜形成会议记录，并向每位村民分配土地补偿款 61000 元。2021 年 2 月 10 日，朱某某出生，其户口落户在××村××组。朱某某向法院起诉，请求判令××村××组向朱某某分配征地补偿款 61000 元。

法院判决驳回原告朱某某的诉讼请求。

重点条文 《中华人民共和国民法典》第十六条 涉及遗产继承、接受赠与等胎儿利益保护的，胎儿视为具有民事权利能力。但是，胎儿娩出时为死体的，其民事权利能力自始不存在。

法理剖析 自然人从出生时起到死亡时止，具有民事权利能力，依法享有民事权利，承担民事义务。涉及遗产继承、接受赠与等胎儿利益保护的，胎儿视为具有民事权利能力。农村集体经济组织或

① 案件来源：陕西省咸阳市中级人民法院民事判决书（2022）陕 04 民终 2810 号。

者村民委员会、村民小组，可以依照法律规定的民主议定程序，决定在本集体经济组织内部分配已经收到的土地补偿费，但集体经济组织议定决定事项不得与宪法、法律、法规和国家的政策相抵触，不得有侵犯村民人身权利、民主权利和合法财产权利的内容。本案中，××村××组的分配方案确定时，朱某某还未出生，尚不具备××村××组的集体经济组织成员资格，朱某某的委托诉讼代理人称分配土地补偿款应保护胎儿利益的主张，因本案并非继承或赠与纠纷，故朱某某的主张缺乏法律依据。

［案例 3］ 北京 JD 文化传媒有限公司与刘某娱乐服务合同纠纷案①

案情介绍 2018 年 3 月 7 日，北京 JD 文化传媒有限公司（以下简称 JD 公司）作为甲方与乙方刘某签订《艺人经纪协议》，约定：乙方聘任甲方作为其演艺事业的独家经纪人。本协议合作期限为 3 年，自 2018 年 3 月 7 日至 2021 年 3 月 1 日。乙方擅自解除本协议或存在违约行为的，甲方有权选择适用以下违约罚则：（1）要求乙方支付违约金 100 万元并要求乙方继续履行本协议。如本协议继续履行后，乙方仍不改正违约行为，甲方有权按照如下（2）之约定，解除本协议。（2）解除本协议，并向乙方追索因其违约行为给甲方造成的直接或间接经济损失（包括甲方为培养乙方而进行包装、培训、宣传以及推广的费用，见附件；也包括因维权而产生的律师费、公证费、调查取证费、差旅费、人工成本费、诉讼费等；亦包括预期可得利益损失）。2018 年 4 月至 2018 年 11 月，JD 公司共计向刘某发放直播收益 42619.59 元。合同履行中，双方发生争议。JD 公司认为刘某违反协议，存在停播、跳槽到其他平台的行为，刘某对此不予认可，称系 JD 公司不再给其安排直播任务，并非自身不履行合同，且其未跳槽至其他平台。其后，JD 公司向法院起诉，请求判令刘某

---

① 案件来源：北京市第三中级人民法院民事判决书（2023）京 03 民终 10888 号。

赔偿 JD 公司违约金以及维权成本律师费。

法院判决驳回 JD 公司的全部诉讼请求。

重点条文 《中华人民共和国民法典》第十八条 成年人为完全民事行为能力人，可以独立实施民事法律行为。

十六周岁以上的未成年人，以自己的劳动收入为主要生活来源的，视为完全民事行为能力人。

法理剖析 本案中，刘某签订协议时，年满十六周岁，其对涉案协议涉及的法律关系、权利义务应当有一定的认知，且其直播期间获取收益 4 万余元，应视为完全民事行为能力人，故双方签订的《艺人经纪协议》系双方的真实意思表示，且不违反法律规定，应属合法有效。当事人对自己提出的诉讼请求所依据的事实或者反驳对方诉讼请求所依据的事实，应当提供证据加以证明，但法律另有规定的除外。在作出判决前，当事人未能提供证据或者证据不足以证明其事实主张的，由负有举证证明责任的当事人承担不利的后果。

本案中，JD 公司主张刘某存在停播、跳槽至其他平台的违约行为，应提供相应证据予以证明，但 JD 公司并未提交充分的证据证明刘某存在相应违约行为，法院因此驳回 JD 公司的全部诉讼请求。

［案例 4］ 仵某忠与宋某民间借贷纠纷案①

案情介绍 2021 年 10 月 25 日，仵某忠与宋某一起到南阳某医疗美容门诊部就诊，因宋某未满 18 周岁，由仵某忠在宋某监护人栏中签字，宋某在该处做了双眼皮手术。手术费用 5400 元通过仵某忠的信用卡支付，在该处共计消费 5688 元，均由仵某忠的信用卡支付。当天做完手术后，二人返回镇平县石佛寺镇，在当地某酒店开房一间，仵某忠支付房费 200 元。双方因以上款项的使用发生争执，仵某忠报警，镇平县玉都派出所出警调解，双方未达成一致意见。其后，仵某忠向法院起诉，请求依法判令宋某偿还 5888 元及利息。

---

① 案例来源：河南省南阳市中级人民法院民事判决书（2022）豫 13 民终 1365 号。

法院判决驳回仵某忠的诉讼请求。

重点条文 《中华人民共和国民法典》第十九条 八周岁以上的未成年人为限制民事行为能力人，实施民事法律行为由其法定代理人代理或者经其法定代理人同意、追认；但是，可以独立实施纯获利益的民事法律行为或者与其年龄、智力相适应的民事法律行为。

法理剖析 本案的争议焦点为仵某忠称与宋某之间形成民间借贷关系的主张能否成立，宋某应否承担还款责任。《中华人民共和国民法典》第十九条规定："八周岁以上的未成年人为限制民事行为能力人，实施民事法律行为由其法定代理人代理或者经其法定代理人同意、追认；但是，可以独立实施纯获利益的民事法律行为或者与其年龄、智力相适应的民事法律行为。"本案中，仵某忠主张其为宋某支付的手术费及房费5888元系其出借给宋某的，但宋某系未成年人，仵某忠在其监护人不在场的情况下，带其在美容机构做手术及到酒店开房，上述消费行为以及借用他人大额资金的行为均非未成年人可以单独决定、实施的，也与宋某年龄、智力不相适应。仵某忠明知宋某尚未成年，在未征得宋某法定代理人同意的情况下，擅自在监护人栏中签字使宋某的美容手术得以进行并到酒店开房，其代为支付相应费用并称系出借相应款项给宋某，但未提交有效证据证明与宋某之间存在借贷的合意，也未得到宋某法定代理人的追认，该行为的后果应当由其自行承担，其请求宋某承担返还上述费用的诉讼请求，不应得到支持。仵某忠上诉称宋某当时已年满16周岁，有自己的收入，应当视为完全民事行为能力人，但其并未提交充分证据证明宋某以自己的劳动收入为主要生活来源，并不符合《中华人民共和国民法典》第十八条规定视为完全民事行为能力人的情形，故法院不予采纳。

［案例5］TC 市妇幼保健计划生育服务中心与刘某庆医疗损害责任纠纷案①

案情介绍 刘某庆系聋哑人，怀孕后于 2018 年 7 月 5 日到 TC 市妇幼保健计划生育服务中心（以下简称 TC 妇幼中心）建卡检查，TC 妇幼中心对刘某庆进行了彩超、唐筛、四维等检查。因刘某庆为聋哑人，TC 妇幼中心建议刘某庆进行耳聋基因筛查。TC 妇幼中心遂对刘某庆进行血样采集，并委托第三方湖南家辉遗传专科医院进行检测，检测报告显示未检测出遗传性耳聋基因的相关位点突变。2018 年 12 月 27 日，刘某庆在 TC 妇幼中心进行 B 超检查后，结果显示胎儿后颅窝池及第三脑室轻度扩张，建议上级医院进一步检查。刘某庆于 2019 年 1 月 3 日前往南京鼓楼医院检查，经专家会诊告知此前的耳聋基因检查不彻底。2019 年 1 月 21 日，刘某庆分娩一男婴刘某骐，婴儿在三次听力筛查中均未过关。2020 年 8 月 24 日，刘某庆以 TC 妇幼中心在产检过程中未发现胎儿发育异常，导致患有先天疾病的孩子出生，TC 妇幼中心存在过错应承担相应的赔偿责任为由，向一审法院提起诉讼。

案件审理中，一审法院依据刘某庆的申请，委托南京金陵司法鉴定所对 TC 妇幼中心在对刘某庆产检过程中的诊疗行为是否存在过错进行司法鉴定，其鉴定意见书认为，TC 妇幼中心的诊疗行为存在过错。

一审法院认为，公民的生命健康权受法律保护。患者在诊疗活动中受到损害，医疗机构及其医务人员有过错的，由医疗机构承担赔偿责任。南京金陵司法鉴定所作出的司法鉴定意见书，确认 TC 妇幼中心对刘某庆的诊疗行为存在过错。该鉴定机构由一审法院按照法定程序依法委托，鉴定机构具备相应的鉴定资质，鉴定程序合法，对该鉴定意见予以认定。TC 妇幼中心对鉴定意见持有异议，认为鉴

---

① 案件来源：安徽省安庆市中级人民法院民事判决书（2021）皖 08 民终 448 号。

定意见认定错误，但未提供足以推翻该意见的证据，对其辩称意见不予采信。TC 妇幼中心庭审中提出重新鉴定申请，该申请不符合法律规定的重新鉴定的相关情形，故不予准许。TC 妇幼中心辩称患儿耳聋不能确定系遗传因素导致还是后天感染造成，但未提交证据证明患儿耳聋不是由遗传因素导致，故对该辩称意见亦不予支持。一审法院判决 TC 妇幼中心赔偿刘某庆因医疗损害造成的各项损失。

其后，TC 妇幼中心上诉请求撤销一审判决，依法改判驳回刘某庆的起诉或发回重审，理由包括一审认定的医疗费系刘某庆之子刘某骐就医产生的医疗费，不是刘某庆本人的医疗费，刘某庆不是适格原告。

二审法院判决驳回上诉，维持原判。

重点条文 《中华人民共和国民法典》第二十条　不满八周岁的未成年人为无民事行为能力人，由其法定代理人代理实施民事法律行为。

法理剖析 本案双方争议焦点为：1. 刘某庆作为本案诉讼主体是否适格；2. 一审法院认定 TC 妇幼中心承担责任是否有事实和法律依据。

1. 关于本案诉讼主体。《中华人民共和国民法典》第二十条规定："不满八周岁的未成年人为无民事行为能力人，由其法定代理人代理实施民事法律行为。"第二十三条规定："无民事行为能力人、限制民事行为能力人的监护人是其法定代理人。"第二十七条第一款规定："父母是未成年子女的监护人。"刘某骐系未成年人，刘某庆系刘某骐的法定代理人，刘某骐的医疗费应由刘某庆参与诉讼并代为主张，且本案医疗费已由刘某庆先行支付给医疗机构，故刘某庆作为本案诉讼主体并无不当。

2. 关于承担赔偿责任主体。《最高人民法院关于适用〈中华人民共和国民事诉讼法〉的解释》第九十条规定："当事人对自己提出的诉讼请求所依据的事实或者反驳对方诉讼请求所依据的事实，应当提供证据加以证明，但法律另有规定的除外。在作出判决前，当事人未能提供证据或者证据不足以证明其事实主张的，由负有举证证明责任的当事人承担不利的后果。"《最高人民法院关于民事诉讼证据的若干规定》第四十条规定："当事人申请重新鉴定，存在下列情形之一的，人民法院应当准许：（一）鉴定人不具备相应资格的；（二）鉴定程序严重违法的；（三）鉴定意见明显依据不足的；（四）鉴定意见不能作为证据使用的其他情形。存在前款第一项至第三项情形的，鉴定人已经收取的鉴定费用应当退还。拒不退还的，依照本规定第八十一条第二款的规定处理。对鉴定意见的瑕疵，可以通过补正、补充鉴定或者补充质证、重新质证等方法解决的，人民法院不予准许重新鉴定的申请。重新鉴定的，原鉴定意见不得作为认定案件事实的根据。"本案中，TC 妇幼中心未提出证据反驳南京金陵司法鉴定所作出的司法鉴定意见书，也未举证证明本案符合应予重新鉴定的情形，一审法院对 TC 妇幼中心要求重新鉴定未予准许并无不当。司法鉴定意见书已经确认了 TC 妇幼中心的诊疗行为存在过错，TC 妇幼中心上诉认为刘某庆应向湖南家辉遗传专科医院主张权利缺乏法律依据，TC 妇幼中心也未提供证据证明刘某庆对本案存在过错，一审法院认定 TC 妇幼中心作为医疗机构承担赔偿责任并无不当。

第二节　监护

［案例 1］ 吴某等与陈某波申请确定监护人特别程序案①

案情介绍 吴某、佘某与陈某波系邻居关系。陈某波一直未婚未生育子女，父母均已死亡，无兄弟姐妹。2011 年，吴某与佘某登记结婚，随后二人共同照顾陈某波至今，有陈某波居住地所在的上海市普陀区××街道××村××社区居民委员会予以证明。2018 年 10 月 17 日，陈某波与吴某、佘某夫妇二人在上海市普陀公证处签署了意

---

① 案件来源：上海市普陀区人民法院民事判决书（2022）沪 0107 民特 380 号。

定监护协议，并进行了公证，该协议约定当陈某波发生精神、智力障碍或其他身体障碍不能处理自己的事务或不能辨认自己的行为时，陈某波委任佘某、吴某作为其监护人，并对监护期限、监护职责、财产限制等作出约定。后陈某波因患精神疾病，导致思维模糊，生活无法自理，经司法鉴定，认定陈某波为限制民事行为能力人。为维护陈某波的合法权益，妥善处理其相关事宜，吴某、佘某向法院提出申请，要求由其担任陈某波的监护人。法院判决指定吴某、佘某为陈某波的监护人。

重点条文 《中华人民共和国民法典》第三十三条 具有完全民事行为能力的成年人，可以与其近亲属、其他愿意担任监护人的个人或者组织事先协商，以书面形式确定自己的监护人，在自己丧失或者部分丧失民事行为能力时，由该监护人履行监护职责。

法理剖析 对于限制民事行为能力人，有关当事人可以向人民法院申请指定监护人。监护人应当保护被监护人的合法权益，不得加以侵害。被申请人陈某波目前为限制民事行为能力人，日常生活由两申请人照料，双方形成了和谐友善的邻里帮扶关系，且已经通过意定监护的方式确定了监护人，故法院在尊重被申请人个人意愿的前提下，综合考虑被申请人的实际居住生活情况，认为由两申请人担任被申请人的监护人适宜。

［案例2］ 杨某社与刘某波申请撤销监护人资格案①

案情介绍 刘某为刘某波与杨某于2006年6月16日生育的女儿（现高中在读），杨某社为刘某的外祖父，刘某波为刘某的父亲。2015年10月29日，杨某因患精神疾病，被中国残疾人联合会确定为三级残疾。2017年10月24日，刘某波与杨某在民政部门协议离婚时，双方协议女儿刘某由杨某抚养。离婚后，因杨某患有精神疾病，不能独立生活和抚养其女儿刘某。自刘某波与杨某离婚后，刘

---

① 案件来源：江苏省泗洪县人民法院民事判决书（2022）苏1324民特3号。

某波并未履行作为刘某父亲的责任，刘某一直跟随其外祖父母共同生活。为更加方便抚养照顾刘某，杨某社诉请法院判决撤销刘某波对刘某的监护资格，指定杨某社为刘某的监护人。

法院判决杨某社的申请成立。

重点条文 《中华人民共和国民法典》第三十六条 监护人有下列情形之一的，人民法院根据有关个人或者组织的申请，撤销其监护人资格，安排必要的临时监护措施，并按照最有利于被监护人的原则依法指定监护人：

（一）实施严重损害被监护人身心健康的行为；

（二）怠于履行监护职责，或者无法履行监护职责且拒绝将监护职责部分或者全部委托给他人，导致被监护人处于危困状态；

（三）实施严重侵害被监护人合法权益的其他行为。

法理剖析 刘某波与杨某离婚时，双方协议其女儿刘某随母亲杨某生活，刘某波作为刘某的父亲，虽具有法定监护资格，但是，刘某波既未尽监护之责，也未尽抚养义务。杨某因患精神疾病，不能独立抚养其女儿刘某，刘某一直随其外祖父母即杨某父母生活，由杨某社实际抚养并履行对刘某的监护之责。因刘某波怠于履行法定监护职责，致使被监护人刘某处于危困状态，为更有利于刘某生活、学习和成长，应依法撤销刘某波对刘某的监护资格，指定杨某社为刘某的监护人。

第三节 宣告失踪和宣告死亡

[案例1] 温某志申请宣告自然人失踪案[①]

案情介绍 下落不明人温某刚，男，1973 年 2 月 23 日出生，汉族，原住辽宁省朝阳市双塔区，系温某志之子。温某刚自 1994 年外

---

① 案件来源：辽宁省朝阳市双塔区人民法院民事判决书（2023）辽 1302 民特 4 号。

出，至今未归。温某志于 2021 年 2 月 15 日向朝阳市公安局北塔分局报案，因未有证据证明温某刚受到不法侵害，公安机关向申请人出具接报案回执单后，未找到温某刚。温某志申请宣告温某刚失踪后，法院于 2023 年 3 月 2 日在《人民法院报》发出寻找温某刚的公告。法定公告期间为三个月，现已届满，温某刚仍然下落不明。温某志向法院提出申请，请求宣告温某刚为失踪。

法院判决宣告温某刚失踪。

重点条文 《中华人民共和国民法典》第四十条　自然人下落不明满二年的，利害关系人可以向人民法院申请宣告该自然人为失踪人。

法理剖析 申请宣告公民失踪是指公民离开自己的住所下落不明，经过法律规定的期限仍无音讯，利害关系人申请人民法院宣告该公民为失踪人。法律设立宣告公民失踪制度的重要意义在于公民失踪以后，其财产无人管理，难免会造成毁损、流失或者被他人侵犯，法院宣告公民失踪以后即可指定财产代管人，以保护失踪人的合法权益。宣告公民失踪的，同时指定财产代管人依法清理与失踪人有关的债权债务，保护公民因失踪而与之有利害关系人的合法权益。本案中，温某刚自 1994 年外出后下落不明多年，经法院公告寻找仍然下落不明。自然人下落不明满二年，利害关系人可以申请宣告其失踪。温某志的申请符合宣告失踪的法律规定，故法院依法应宣告温某刚失踪。

［案例 2］梁某丽申请宣告自然人死亡案[①]

案情介绍 下落不明人覃某某系梁某丽的丈夫。2015 年 9 月 10 日 10 时许，龙某平驾驶"桂北渔 30621"船搭载覃某某等人到达北纬 21°17′850″、东经 109°14′666″ 海域下海摸螺。17 时许，龙某平等人发现覃某某的供气管下面没有人，经搜寻无果后向广西公安边

---

① 案件来源：广西壮族自治区北海海事法院民事判决书（2021）桂 72 民特 84 号。

防总队海警第一支队报警。2021 年 11 月 2 日，广西壮族自治区来宾市象州县马坪镇××村民委员会出具《证明》，载明覃某某于 2015 年 9 月 10 日在海上作业时突发事故意外失踪，至今下落不明，无生还可能。梁某丽申请宣告覃某某死亡后，法院依法于 2021 年 12 月 8 日在《人民法院报》发出寻找覃某某的公告，法定公告期间为一年，现已届满，覃某某仍然下落不明。2022 年 12 月 9 日，法院判决宣告覃某某于 2015 年 9 月 10 日死亡。

重点条文 《中华人民共和国民法典》第四十六条　自然人有下列情形之一的，利害关系人可以向人民法院申请宣告该自然人死亡：

（一）下落不明满四年；

（二）因意外事件，下落不明满二年。

因意外事件下落不明，经有关机关证明该自然人不可能生存的，申请宣告死亡不受二年时间的限制。

法理剖析 本案系海上意外事故而由利害关系人申请宣告死亡的案件。梁某丽提交的结婚证证明其为覃某某的妻子，系《最高人民法院关于适用〈中华人民共和国民法典〉总则编若干问题的解释》第十六条第一款所规定的利害关系人，依法有权依照《中华人民共和国民法典》第四十六条的规定申请宣告覃某某死亡。法院受理本案后依照《中华人民共和国民事诉讼法》第一百九十二条第一款的规定发出寻找覃某某的公告，公告期满覃某某仍下落不明。覃某某因意外事故下落不明已满四年，梁某丽的申请符合法律规定的宣告自然人死亡的条件，法院予以支持。另外，根据《中华人民共和国民法典》第四十八条的规定，被宣告死亡的人，人民法院宣告死亡的判决作出之日视为其死亡的日期；因意外事件下落不明宣告死亡的，意外事件发生之日视为其死亡的日期，因此，覃某某的死亡日期应为本案意外事件发生之日即 2015 年 9 月 10 日。

第三章 法人

［案例 1］广州市南沙区 HG 工业总公司与李某轮等案外人执行异议案①

案情介绍 李某轮因与 JA 公司的装饰装修合同纠纷向一审法院提起民事诉讼。一审法院就该案作出（2013）穗南法民三初字第 276 号《民事判决书》，判令 JA 公司向李某轮支付工程欠款 36045 元及利息。因 JA 公司未履行上述生效判决确定的义务，李某轮向一审法院申请执行，执行案号为（2015）穗南法执字第 98 号。执行过程中，因未发现 JA 公司有可供执行的财产，一审法院于 2015 年 3 月 2 日裁定终结该次执行程序。此后，李某轮参与一审法院（2014）穗南法执字第 2561 号案执行财产的分配，分配得部分执行款，但未能足额受偿。据此，李某轮向一审法院申请追加 HG 工业总公司为被执行人。2021 年 3 月 2 日，一审法院作出（2021）粤 0115 执异 9 号执行裁定书，裁定：追加 HG 工业总公司为（2015）穗南法执字第 98 号案的被执行人；HG 工业总公司对 JA 公司所欠李某轮的债务承担补充清偿责任。HG 工业总公司于 2021 年 3 月 5 日签收该执行裁定书，并于 2021 年 3 月 15 日向一审法院提起诉讼。

经查明：2001 年 12 月 28 日，JA 公司向工商行政管理部门申请变更登记事项，将注册资本由 158 万元变更为 600 万元。广州中勤会

---

① 案件来源：广东省广州市中级人民法院民事判决书（2022）粤 01 民终 506 号。

计师事务所有限公司于同日出具的《验资报告》中载明：截至 2001 年 12 月 26 日，JA 公司变更前的注册资本为 158 万元，变更后为 600 万元，增加 442 万元。《验资报告》附件《变更验资事项说明》中载明：HG 工业总公司以实物资产房产投入 4583577.60 元，其中 442 万元为增加注册资本，163577.60 元作企业资本公积金。2004 年 5 月 8 日，JA 公司向工商行政管理部门申请变更登记事项，将注册资本由 600 万元变更为 2000 万元，HG 工业总公司在变更登记申请书"有关部门签署意见"处，加具"同意变更"意见并盖公章。广州华天会计师事务所有限公司于 2004 年 4 月 30 日出具《验资报告》，并载明：截至 2004 年 4 月 28 日，JA 公司已收到 HG 工业总公司缴纳的新增注册资本合计人民币 1400 万元，投资款已于 2004 年 4 月 28 日缴存于 JA 公司在广州市商业银行越新支行开设的专用存款账户内。

一审法院认为，根据生效判决认定的事实，HG 工业总公司系分别以其名下房产作价 442 万元以及现金 1400 万元对 JA 公司出资，且有相应的出资证明或验资报告予以佐证。因此，HG 工业总公司系 JA 公司的出资人。现有证据表明，JA 公司在申请变更注册资本数额时，HG 工业总公司同意将其名下房屋作价 442 万元对 JA 公司进行增资，但其实际并未将房屋转移登记至 JA 公司名下，亦未提供证据证明其以其他方式补充出资。HG 工业总公司未能足额出资既会影响 JA 公司独立承担民事责任的能力，也有悖于 JA 公司有关注册资本登记事项的公示效力，故 HG 工业总公司应当在 JA 公司不能足额清偿债务的情况下，在 442 万元未缴出资额范围内承担责任。一审法院作出判决驳回 HG 工业总公司的全部诉讼请求。

HG 工业总公司因与李某轮、原审第三人 JA 公司案外人执行异议之诉一案，不服一审法院民事判决，提起上诉。

二审法院判决驳回上诉，维持原判。

重点条文 《中华人民共和国民法典》第七十六条 以取得利润并分配给股东等出资人为目的成立的法人，为营利法人。

营利法人包括有限责任公司、股份有限公司和其他企业法人等。

法理剖析 本案的争议焦点在于 HG 工业总公司的上诉请求是否成立。生效的民事判决书已认定 HG 工业总公司是 JA 公司的唯一股东，HG 工业总公司作为 JA 公司的唯一股东和出资人，应切实履行出资义务。根据 JA 公司的工商登记档案资料显示，JA 公司向工商行政管理部门申请将注册资本由 158 万元变更为 600 万元，验资报告显示 HG 工业总公司以其名下房屋作价 442 万元出资。HG 工业总公司在变更登记申请书中加具"同意变更"意见并盖公章。HG 工业总公司上诉主张其并未同意出资与工商登记信息反映的事实不符，法院不予采纳。

《中华人民共和国民法典》第七十六条规定："以取得利润并分配给股东等出资人为目的成立的法人，为营利法人。营利法人包括有限责任公司、股份有限公司和其他企业法人等。"工商登记资料显示 HG 工业总公司与 JA 公司均为集体所有制企业，集体所有制企业即包括在《中华人民共和国民法典》第七十六条第二款规定的"其他企业法人"范围内。且 JA 公司的经营范围为房屋建筑、工业厂房建筑，"集体所有制"的所有制形态不影响 JA 公司以取得利润并分配给股东、出资人为设立目的，故 JA 公司性质属于营利法人。根据《最高人民法院关于民事执行中变更、追加当事人若干问题的规定》第十七条"作为被执行人的营利法人，财产不足以清偿生效法律文书确定的债务，申请执行人申请变更、追加未缴纳或未足额缴纳出资的股东、出资人或依公司法规定对该出资承担连带责任的发起人为被执行人，在尚未缴纳出资的范围内依法承担责任的，人民法院应予支持"的规定，在 JA 公司无财产可供执行的情况下，HG 工业总公司作为 JA 公司的唯一股东和出资人，应在未缴纳出资的范围内对 JA 公司的债务承担责任。HG 工业总公司上诉主张不应追加其为被执行人，缺乏法律依据。

［案例2］北京市 DMSQ 公司与 CB 公司等执行异议案①

案情介绍 北京市 DMSQ 公司与 CBT 陵园、北京 TD 建筑装饰工程有限责任公司代位权纠纷一案，经法院主持调解，双方当事人自愿达成如下协议：一、被告 CBT 陵园给付原告北京市 DMSQ 公司工程款三百七十三万元。二、原告北京市 DMSQ 公司在收到被告 CBT 陵园上述款后十个工作日内按收到款额百分之二十的比例向第三人北京 TD 建筑装饰工程有限责任公司支付管理费和税金，北京 TD 建筑装饰工程有限责任公司在收齐七十一万元后十个工作日内给原告北京市 DMSQ 公司开齐八百二十二万元的完税证明。三、原告北京市 DMSQ 公司、被告 CBT 陵园和第三人北京 TD 建筑装饰工程有限责任公司三方及相互之间就原告北京市 DMSQ 公司在被告 CBT 陵园处施工的工程款没有其他争议。法院于 2007 年 11 月 23 日作出民事调解书予以确认。CBT 陵园应于 2008 年 5 月 20 日前支付的 60 万元、2008 年 6 月 20 日前支付的 73 万元而未支付，北京市 DMSQ 公司遂向法院申请执行，法院依法立案执行。执行过程中，法院未能查到 CBT 陵园可供执行的财产，北京市 DMSQ 公司亦未能提供 CBT 陵园可供执行的财产线索，法院依法裁定终结本次执行程序。

此后，北京市 DMSQ 公司以 CBT 陵园财产不足以清偿生效法律文书确定的债务，CB 公司、RH 公司、大连 BY 公司三方签订了《关于合作建设北京 CBT 陵园的协议》和《北京 CBT 陵园管理委员会章程》并经北京市顺义区公证处公证，《北京 CBT 陵园管理委员会章程》载明 CB 公司投入土地 34.32 亩，RH 公司、大连 BY 公司负责项目筹备、建设及经营期间所需全部资金约为 3.9 亿元，CB 公司作为出资方未履行出资义务为由，请求依据《最高人民法院关于民事执行中变更、追加当事人若干问题的规定》第十七条

———————

① 案件来源：北京市第三中级人民法院民事判决书（2022）京 03 民终 3914 号。

追加 CB 公司为被执行人。经查，CBT 陵园已取得事业单位法人证书，其性质为事业单位法人。法院于 2021 年 10 月 20 日作出执行裁定书，裁定驳回北京市 DMSQ 公司申请追加 CB 公司为被执行人的请求。

重点条文　《中华人民共和国民法典》第八十七条　为公益目的或者其他非营利目的成立，不向出资人、设立人或者会员分配所取得利润的法人，为非营利法人。

法理剖析　《最高人民法院关于民事执行中变更、追加当事人若干问题的规定》第十七条规定，作为被执行人的营利法人，财产不足以清偿生效法律文书确定的债务，申请执行人申请变更、追加未缴纳或未足额缴纳出资的股东、出资人或依公司法规定对该出资承担连带责任的发起人为被执行人，在尚未缴纳出资的范围内依法承担责任的，人民法院应予支持。据此，申请追加未缴纳或未足额缴纳出资的出资人为被执行人的首要条件为被执行人为营利法人。《中华人民共和国民法典》第七十六条规定，以取得利润并分配给股东等出资人为目的成立的法人，为营利法人。营利法人包括有限责任公司、股份有限公司和其他企业法人等。第八十七条规定，为公益目的或者其他非营利目的成立，不向出资人、设立人或者会员分配所取得利润的法人，为非营利法人。非营利法人包括事业单位、社会团体、基金会、社会服务机构等。

本案中，作为被执行人的 CBT 陵园工商登记信息显示为事业单位法人，属于民法典明确列举的非营利法人，北京市 DMSQ 公司要求追加 CB 公司为执行案件的被执行人不符合法律规定，法院驳回北京市 DMSQ 公司的诉讼请求并无不当。北京市 DMSQ 公司上诉主张依据涉诉协议载明的成立目的、资金来源、利润分配、经营管理可以推断出 CBT 陵园具有明显的营利法人的特征，但涉诉协议亦均载明 CBT 陵园为事业单位法人，且涉诉协议不具有公示效力，故，依据上述两份文件的内容不能得出 CBT 陵园为营利法人的结论，北京市 DMSQ 公司亦未提供其他证据证明其主张，故北京市 DMSQ 公司上诉主张 CBT 陵园本质上为营利法人、对于 CBT 陵园性质的判断不应局限于其登记信息等，缺乏事实和法律依据。

［案例3］杨某平与侯某胜等执行异议案①

案情介绍 杨某平于 2018 年 1 月 10 日向温县人民法院起诉，要求 GS 合作社、侯某胜、赵某英、侯某军、牛某青、侯某亮偿还借款 44800 元及利息。温县人民法院于 2018 年 2 月 28 日作出民事判决，判决 GS 合作社于本判决生效后十日内偿还杨某平借款本金 44800 元及利息，驳回杨某平的其他诉讼请求。GS 合作社未按民事判决履行义务，杨某平于 2018 年 5 月 7 日向温县人民法院申请强制执行。执行过程中，温县人民法院依法对 GS 合作社限制高消费、纳入失信名单，并对 GS 合作社的银行存款、支付宝、不动产、动产、股票等进行了查询，未发现可供执行财产。2018 年 11 月 1 日，温县人民法院作出执行裁定，裁定终结本次执行程序。之后，杨某平以 GS 合作社经营期间股东认购股金出资不到位，未进行验资、账目混乱、公私不分、资金不经过公司账户为由申请追加 GS 合作社的五位股东侯某胜、赵某英、侯某军、牛某青、侯某亮为被执行人。温县人民法院于 2020 年 12 月 29 日作出执行裁定，驳回杨某平要求侯某胜、赵某英、侯某军、牛某青、侯某亮为被执行人的异议请求。

杨某平不服温县人民法院作出的执行裁定，向焦作市中级人民法院申请复议。2021 年 3 月 3 日，焦作市中级人民法院作出执行裁定，撤销温县人民法院的执行裁定，发回温县人民法院重新审查。温县人民法院依法组成合议庭进行审查后，于 2021 年 6 月 4 日作出执行裁定，裁定驳回杨某平要求追加侯某胜、赵某英、侯某军、牛某青、侯某亮为被执行人的异议请求。

另查明，根据工商登记信息，GS 合作社于 2007 年 8 月 6 日成

① 案件来源：河南省焦作市中级人民法院民事判决书（2022）豫 08 民终 988 号。

立，类型为农民专业合作社，法定代表人为侯某胜。工商登记的注册资金为 2000000 元，其中侯某胜出资 1000000 元、侯某军出资 250000 元、赵某英出资 250000 元、牛某青出资 250000 元、侯某亮出资 250000 元。GS 合作社工商登记资料中显示实缴资本 20000 元。目前工商登记信息显示，GS 合作社处于存续状态。

重点条文 《中华人民共和国民法典》第九十六条 本节规定的机关法人、农村集体经济组织法人、城镇农村的合作经济组织法人、基层群众性自治组织法人，为特别法人。

法理剖析 根据《中华人民共和国农民专业合作社法》第五条第一款"农民专业合作社依照本法登记，取得法人资格"的规定，农民专业合作社具有法人资格。GS 合作社是农民专业合作社，是法律规定的法人。根据我国相关法律规定，法人分为营利法人、非营利法人、特别法人。营利法人包括有限责任公司、股份有限公司和其他企业法人等。根据《中华人民共和国民法典》第九十六条"本节规定的机关法人、农村集体经济组织法人、城镇农村的合作经济组织法人、基层群众性自治组织法人，为特别法人"的规定，GS 合作社是农村合作经济组织法人，属于法律规定的特别法人，不属于营利法人。

本案的争议焦点是侯某胜、赵某英、侯某军、牛某青、侯某亮是否应当追加为被执行人。《最高人民法院关于民事执行中变更、追加当事人若干问题的规定》第十七条规定："作为被执行人的营利法人，财产不足以清偿生效法律文书确定的债务，申请执行人申请变更、追加未缴纳或未足额缴纳出资的股东、出资人或依公司法规定对该出资承担连带责任的发起人为被执行人，在尚未缴纳出资的范围内依法承担责任的，人民法院应予支持。"本案中，GS 合作社系城镇农村合作经济组织法人，既不属于营利法人，也不属于非营利法人，具有民事权利能力和民事行动能力，是依法独立享有民事权利和承担民事义务的组织。根据《中华人民共和国民法典》的规定，GS 合作社系特别法人。申请执行人申请变更、追加未缴纳或未足额缴纳出资的股东、出资人或依公司法规定对该出资承担连带责任的发起人为被执行人的前提是被执行人系营利法人，而 GS 合作社并非营利法人，杨某平申请追加特别法人的 GS 合作社成员侯某胜、赵某英、侯某军、牛某青、侯某亮为被执行人无法律依据，法院判决驳回杨某平的诉讼请求并无不当。

第四章　非法人组织

［案例］重庆 FG 律师事务所申请破产清算案①

案情介绍　2001 年 7 月 30 日，重庆市司法局向陈某谟、陶某芬、叶某等三人出具《重庆市司法局关于同意设立重庆 FG 律师事务所的批复》。批复载明：经研究，同意由陈某谟、陶某芬、叶某等三位同志发起成立"重庆 FG 律师事务所"。该所为不占国家编制、不要国家经费、自愿组合、自收自支、自我发展、自我约束的合作律师工作机构。

2004 年 12 月 13 日，重庆市司法局向 FG 律师事务所下发《关于同意重庆 FG 律师事务所为公司制律师事务所试点单位的通知》。通知载明：你所《关于律师事务所组织形式运行机制试点的报告》收悉。经研究，同意你所为公司制律师事务所组织形式和运行机制试点单位。

FG 律师事务所 2006 年 12 月 23 日的《公司制章程》载明："事务所实行公司制改革，事务所的内部关系（组织结构、财产关系、分配等）适用《公司法》，事务所出资人数适用《关于律师事务所登记管理的实施办法》，事务所的对外关系适用《律师法》《合同法》。"

FG 律师事务所成立后，未在工商行政管理局或市场监督管理部门办理注册登记。重庆市质量技术监督局于 2010 年 7 月 29 日颁发的

---

① 案件来源：重庆市高级人民法院民事裁定书（2020）渝破终 1 号。

组织机构代码证中载明：FG律师事务所的机构类型为其他机构。FG律师事务所于2019年10月作出解散清算，并向法院申请破产清算。

法院裁定对FG律师事务所的破产清算申请不予受理。

重点条文 《中华人民共和国民法典》第一百零二条 非法人组织是不具有法人资格，但是能够依法以自己的名义从事民事活动的组织。

非法人组织包括个人独资企业、合伙企业、不具有法人资格的专业服务机构等。

法理剖析 本案的争议焦点是FG律师事务所是否具备破产主体资格。

根据《中华人民共和国民法典》第一百零二条之规定，非法人组织是不具有法人资格，但是能够依法以自己的名义从事民事活动的组织。非法人组织包括个人独资企业、合伙企业、不具有法人资格的专业服务机构等，FG律师事务所的性质应属于该规定中的不具有法人资格的专业服务机构，系非法人组织。根据《中华人民共和国企业破产法》第一百三十五条"其他法律规定企业法人以外的组织的清算，属于破产清算的，参照适用本法规定的程序"的规定，企业法人以外的组织的清算，要参照适用《中华人民共和国企业破产法》，须有其他法律的明确规定。而现行法律并无律师事务所可以进行破产清算的规定，FG律师事务所作为不具有法人资格的专业服务机构，不能直接适用《中华人民共和国企业破产法》进行破产清算。修订后的《中华人民共和国律师法》取消了合作律师事务所这一律师事务所组织形式，并规定合伙律师事务所的合伙人按照合伙形式对律师事务所的债务依法承担责任，设立个人律师事务所的，设立人对律师事务所的债务承担无限责任。FG律师事务所经重庆市司法局同意进行的公司制律师事务所试点，主要指该律师事务所可以参照公司形式进行内部管理，并不代表FG律师事务所系法律规定的营利法人。因此，FG律师事务所不具有《中华人民共和国企业破产法》规定的主体资格。

第五章　民事权利

［案例1］　常州 HY 奶牛养殖场诉常州市 JT 区人民政府与常州市 JT 区 DC 街道办事处不履行法定职责案[①]

案情介绍　为加强太湖流域畜禽养殖污染防治和综合利用，根据《畜禽规模养殖污染防治条例》、国务院 2015 年 4 月 2 日制定的《水污染防治行动计划》及江苏省人民政府办公厅 2016 年 7 月 12 日制定的《关于加快推进太湖流域畜禽养殖污染防治及综合利用工作的通知》，JT 区人民政府办公室于 2016 年 10 月 18 日制发了《关于开展畜禽养殖污染整治工作的实施意见》，明确规定：至 2017 年 5 月底，全面关停取缔禁养区一定规模的生猪、水禽养殖，基本完成其他畜禽养殖污染整治；全区畜禽养殖实行分区管理，并明确了禁养区、限养区以及适养区范围；在禁养区范围内，已有的生猪（常年存栏在 5 头以上）、水禽（鸭、鹅常年存栏在 50 羽以上）养殖场（户）原则上全部关停取缔，其他畜禽养殖场（户）（肉鸡、蛋鸡、羊、鸽、孔雀等）若建有污染防治配套设施或对畜禽养殖废弃物进行综合利用和无害化处理，且不影响周边环境和居民生活的可以保留，否则一律关停取缔；关停取缔拆除补贴经费由区、镇（街道）共同承担，区财政补贴标准为砖瓦圈舍 150 元/平方米，简易大棚圈舍 60 元/平方米；在 2017 年 2 月底前完成任务的，对拆除的砖瓦、

[①]　案件来源：江苏省高级人民法院行政判决书（2019）苏行终 998 号。

简易大棚，区财政分别给予 30 元/平方米、10 元/平方米的奖励；在 2017 年 3 月 1 日至 4 月底前完成任务的，奖励资金减半；2017 年 5 月 1 日至 5 月底完成任务的，只享受拆除补助资金；超过 2017 年 6 月 1 日尚未完成任务的，经费全部由镇承担。DC 街道办事处于 2016 年 10 月 28 日制定了工作方案，决定成立由街道办主任任组长的 DC 街道畜禽养殖污染整治及综合利用工作领导小组。

HY 奶牛养殖场位于 JT 区人民政府划定的禁养区范围之内。2018 年 7 月 3 日，DC 街道办事处向 HY 奶牛养殖场作出《告知书》称：HY 奶牛养殖场所在区域已被划定为禁养区，按要求全部关停取缔，该场停养奶牛已有 2 年，如再行养殖，对周边环境和居民生活将造成影响，区环保、农林等部门将依据相关法律法规及政策规定予以强行关停取缔，一切损失及后果由 HY 奶牛养殖场自行承担。同日，工作人员向 HY 奶牛养殖场送达了《告知书》，就禁养区及相关政策、企业转型及补贴等问题向 HY 奶牛养殖场进行了释明，并就评估及补偿问题与 HY 奶牛养殖场进行了协商，但未能协商一致。2018 年 7 月 13 日，HY 奶牛养殖场提交书面情况说明称：养殖场于 2005 年 6 月建成，陆续投入资金 1500 多万元，占地 36 亩，原有奶牛 350 余头，牛舍、仓库、工人宿舍、办公室等用房近 6000 平方米；2015 年奶牛养殖行业市场不景气，牛奶滞销，欠银行贷款 180 万元和民间贷款 120 万元，2016 年 10 月底决定暂时减少奶牛养殖数量，划出部分区域种植食用菌，但转型未成功；大部分场地仍养殖奶牛，包括砖混结构牛舍、饲料房和工人宿舍、挤奶房、药房和犊牛房、堆料房、沼气池、堆粪房、化粪池、干湿分离池以及相关养殖设备；自 2017 年评估开始，预订的奶牛未进厂，损失订金 5 万元；2017 年 2 月至 2018 年 7 月，2 个牛舍停产停业，每只小奶牛可得净利润 5000 元至 6000 元；2018 年损失 70 头奶牛订金 10 万元；希望给予资金补助帮助企业完成转产。2018 年 7 月 24 日，街道工作人员再次与 HY 奶牛养殖场就评估以及补偿问题进行了协商，但仍未能协商一致。

另查明，2016 年，HY 奶牛养殖场向区农业局和区财政局以食用菌工厂化栽培高效设施建设项目为由申报市级政府专项资金，项目内容包括 4000 平方米工厂化食用菌种植的菇房改造，其中包括新增制冷设备 4 台（套）、加温设备 4 台（套）、其他设备机械 5 台；但申请最终未能获批。2016 年 7 月 11 日，HY 奶牛养殖场与扬州 HJ 工程设备有限公司签订总价为 1677450 元的蘑菇房空调、通风、采暖、菇架设备采购及安装协议。2016 年 11 月 8 日，HY 奶牛养殖场经核准办理了个人独资企业变更登记，经营范围由"养殖奶牛"变更为"养殖奶牛、食用菌种植和销售"。

2018 年 9 月 26 日，HY 奶牛养殖场向法院起诉 JT 区人民政府、JT 区 DC 街道办事处不履行环境整治行政补偿职责。经审理，法院判决 JT 区人民政府和 JT 区 DC 街道办事处共同对 HY 奶牛养殖场作出行政补偿。

重点条文 《中华人民共和国民法典》第一百一十七条 为了公共利益的需要，依照法律规定的权限和程序征收、征用不动产或者动产的，应当给予公平、合理的补偿。

法理剖析 一、基于公共利益的需要，行政机关可以对相关市场主体依法采取征收、征用以及整改等措施

《中华人民共和国民法典》第一百一十七条规定，为了公共利益的需要，依照法律规定的权限和程序征收、征用不动产或者动产的，应当给予公平、合理的补偿。可见，因公共利益需要，有权机关可以依法对私有财产进行干预。但公共利益是典型的不确定法律概念，在实践中要从以下几点加以把握：一是公共利益具有公共物品的特征，排除单纯私益性。公共基础设施建设、社会公共事业以及公共福利都属于公共利益的范围。二是公共利益具有非营利性。这就意味着营利性的商业开发活动不属于公共利益。三是公共利益具有持续的公共功能。人民法院在审查以公共利益为出发点的行政行为的合法性时，要看其追求的最终目的是否具有公益性，即行为的目的是否主要是为了让社会公众受益。太湖是我国第三大淡水湖，地跨苏浙两省，其在水利灌溉、蓄水发电、水产养殖、宜居城市和美丽

乡村建设等方面发挥着不可估量的作用。因此，太湖污染的治理关乎环太湖地区经济社会和生态文明建设，有关行政机关采取措施，提升太湖及周边环境质量，系为广大民众改善生活品质的非营利性行为，毫无疑问属于公共利益。为深入推进太湖流域畜禽养殖污染防治及综合利用工作，江苏省人民政府办公厅于 2016 年 7 月 12 日下发整治通知，要求太湖流域各市、县（市、区）到 2017 年年底，全面完成规模化养殖场污染治理配套设施建设，大型养猪（牛）场粪便污水处理设施建设，建立分散养殖废弃物集中收运处理体系。为具体落实省政府的要求，JT 区人民政府办公室于 2016 年 10 月 18 下发实施意见，明确了该区范围内畜禽养殖污染防治的相关要求，并对全区畜禽养殖禁养区、限养区以及适养区范围内养殖户如何补偿作出了详细规定。本案中，HY 奶牛养殖场位于 JT 区人民政府划定的禁养区范围之内，JT 区人民政府和 JT 区 DC 街道办事出于环太湖流域畜禽养殖污染防治公共利益之需要，有权依法对 HY 奶牛养殖场采取征收、征用以及整改等措施。

二、征收、征用以及整改等措施损害市场主体合法权益的，行政机关应当依法予以补偿

因公共利益的需要而征收、征用市场主体的合法财产或对市场主体采取整改措施强调的是个人利益在特殊情形下服从于公共利益，个人将部分合法利益让渡给国家。但在明确公共利益强势地位的同时，也应当兼顾个人利益的依法保护。实践中，一些代表公共利益的行政机关和代表个人利益的个人在公益与私益的转换过程中，会因个人所处的弱势地位而被不当限制。因此，要让二者在对立统一中获得发展，就必须协调好保护公共利益和保护个人利益的关系，并在法律规定框架内，通过补偿数量和支付方式的调整实现公平、公正。这符合社会主义核心价值观中国家对公平、法治的价值追求。需要指出的是，民营企业在促进经济发展、推动社会创新、创造就业岗位、增强市场活力方面，发挥着不可或缺的重要作用。为民营企业创造优良的营商环境、保护民营企业的合法权益既是行政机关

的责任，也是人民法院在案件审理过程中应当贯彻的理念。本案中，HY 奶牛养殖场作为个人独资企业于 2006 年 6 月 28 日经审核领取企业投资项目备案通知书，此后完成了工商核准登记，领取了建设项目环境影响评价资质证书和动物防疫条件合格证，从事奶牛养殖。虽然该养殖场于 2016 年自行部分转型，但养殖奶牛这一许可仍然有效，直至 2018 年 7 月 3 日被通知不得再行养殖。由于 HY 奶牛养殖场经营范围中仍然保留"养殖奶牛"这一行政许可，无论其是否转型以及是否实际养殖了奶牛，HY 奶牛养殖场都可以根据市场情况自行选择是否养殖奶牛。JT 区人民政府划定禁养区以及 JT 区 DC 街道办事处书面通知 HY 奶牛养殖场不得养殖的行为，客观上造成该养殖场继续养殖奶牛这一经营自主行为被迫中止，导致其已经获得的养殖奶牛行政许可实质上被撤回。基于上述事实，HY 奶牛养殖场作为依法经营的市场主体，合法权益因环境整治受到损害，其有权获得相应的行政补偿。

三、JT 区人民政府和 JT 区 DC 街道办事处系适格的补偿机关

《中华人民共和国环境保护法》第三十一条规定，有关地方人民政府应当落实生态保护补偿资金，确保其用于生态保护补偿。《畜禽规模养殖污染防治条例》第二十五条规定，因畜牧业发展规划、土地利用总体规划、城乡规划调整以及划定禁止养殖区域，或者因对污染严重的畜禽养殖密集区域进行综合整治，确需关闭或者搬迁现有畜禽养殖场所，致使畜禽养殖者遭受经济损失的，由县级以上地方人民政府依法予以补偿。依据该规定，关闭或搬迁畜禽养殖场所，法定补偿责任主体为县级以上人民政府。因此，JT 区人民政府作为县级以上地方人民政府，有依法对 HY 奶牛养殖场予以补偿的法定职责。另外，JT 区人民政府办公室《关于开展畜禽养殖污染整治工作的实施意见》规定，畜禽养殖场（户）关停取缔拆除补贴经费由区、镇（街道）共同承担。鉴于 JT 区 DC 街道办事处在本案所涉养殖场环境整治中具体承担相关补偿事务，法院将其作为补偿义务机关之一符合实际情况，也有利于纠纷的实质性化解。

四、JT 区人民政府和 JT 区 DC 街道办事处未对 HY 奶牛养殖场进行补偿之行为不当

《中华人民共和国行政诉讼法》第七十二条规定，人民法院经过审理，查明被告不履行法定职责的，判决被告在一定期限内履行。本案中，基于太湖流域畜禽养殖污染防治及综合利用工作的需要，JT 区人民政府和 JT 区 DC 街道办事处依据相关规定对 HY 奶牛养殖场进行整改。但截至 HY 奶牛养殖场提起本案诉讼时，其并未得到相应的补偿。因此，法院经审理作出判决，责令 JT 区人民政府和 JT 区 DC 街道办事处在判决生效之日起三个月内共同对 HY 奶牛养殖场作出行政补偿决定于法有据。

[案例 2] 周某冬与徐某燕等排除妨害纠纷案①

案情介绍 张某、江某系威海市 HC 区 GS 街 58 号 203 室房屋所有权人，李某珠系威海市 HC 区 GS 街 58 号 204 室房屋所有权人，周某冬、徐某燕系威海市 HC 区 GS 街 58 号 304 室房屋所有权人，隋某宁系威海市 HC 区 GS 街 58 号 403 室房屋所有权人，肖某系威海市 HC 区 GS 街 58 号 404 室房屋所有权人，于某芬系威海市 HC 区 GS 街 58 号 503 室房屋所有权人，徐某国系威海市 HC 区 GS 街 58 号 504 室房屋所有权人，常某一系威海市 HC 区 GS 街 58 号 603 室房屋所有权人，张某进系威海市 HC 区 GS 街 58 号 604 室房屋所有权人，刘某系威海市 HC 区 GS 街 58 号 703 室房屋所有权人，李某杰系威海市 HC 区 GS 街 58 号 704 室房屋所有权人，案外人马某庆、马某兰系威海市 HC 区 GS 街 58 号 303 室房屋所有权人。上述人员为威海市 HC 区 GS 街 58 号楼二单元全体 12 户业主。

威海市 HC 区 GS 街 58 号楼二单元符合威海市既有住宅加装电梯的条件。2021 年 11 月 16 日，周某冬、徐某燕（304），隋某宁（403），肖某（404），于某芬（503），徐某国（504），常某一（603），张某进

① 案件来源：山东省威海市中级人民法院民事判决书（2022）鲁 10 民终 2471 号。

（604），刘某（703），李某杰（704）签署《既有住宅加装电梯协议书》，同意加装电梯。后上述业主就加装电梯设计方案、总平面图、区域位置图及实景合成效果图进行公示，公示材料张贴于单元门侧、58号楼侧，公示时间自2022年3月1日至3月14日，公示材料载明："公示期内，本单元业主及相关利益人如对加装电梯事项有不同意见，请与本单元加装电梯实施主体业主代表协商；协商不成的，请以书面形式向JY街道办事处反映；如对方案总平面及效果图有不同意见，请与威海市自然资源和规划局HC规划分局联系。公示无异议的，按相关规定报自然资源和规划部门审批。"公示期间，张某、江某、李某珠向JY街道办事处、威海市自然资源和规划局HC分局等部门反映加装电梯存在隐患，表示反对加装电梯。因张某、江某、李某珠对加装电梯事宜持反对意见，周某冬等人于2022年5月25日诉至法院。

庭审过程中，周某冬等人明确张某、江某、李某珠对加装电梯的妨害行为具体表现为：向住建和规划部门拨打电话明确表示反对，向JY街道办事处拨打电话表示反对，且至本案庭审，张某、江某、李某珠仍表示反对。周某冬等人认为张某、江某、李某珠不同意加装电梯即为一种妨害行为，并称加装电梯从设计规划审批至施工及验收，均由相关部门层层审核，且加装电梯利国利民，便于老年人生活，并主张不要求张某、江某、李某珠同意加装电梯，三人不反对即可。张某、江某、李某珠认为加装电梯存在安全隐患、环境风险、噪声问题且发生安全事故后无明确赔偿主体，在庭审过程中仍表示不同意加装电梯。

法院判决驳回周某冬等的诉讼请求。

重点条文 《中华人民共和国民法典》第一百三十条 民事主体按照自己的意愿依法行使民事权利，不受干涉。

法理剖析 民事主体按照自己的意愿依法行使民事权利，不受干涉。涉案楼宇加装电梯属于应由业主共同决定的事项，且加装电梯设计方案公示内容亦载明对加装电梯事项有不同意见可向有关部门反映。既有房屋加装电梯确有方便居民生活起居等益处，但同时将对部分居民的居住、生活产生其他影响，双方当事人就该事宜存在分歧，亦属正常。周某冬等业主同意加装电梯，张某等业主明确表示反对加装电梯，张某等业主通过电话向相关部门表达反对意见的行为亦系合理表达自身意见，方式方法未见不当之处，且公示内容亦载明对加装电梯事项有不同意见可向有关部门反映，各业主均有权根据自己的实际情况及个人意愿就是否同意加装电梯作出意思表示，不应受到干涉。周某冬等业主主张张某、江某、李某珠对加装电梯持反对意见就是实施了妨害其加装电梯的行为，要求张某等业主不得反对其加装电梯，缺乏事实及法律依据，法律亦无法强制当事人协商达成一致意见。"远亲不如近邻"，GS街58号楼二单元业主应当就加装电梯事项进一步进行全面慎重考虑，在业主决策过程中作出审慎决定，注意彼此沟通的方式方法，同时尊重个人合法决定，共同构建和谐社区。

第六章　民事法律行为

［案例1］辽宁 XH 律师事务所与段某腾诉讼、仲裁、人民调解代理合同纠纷案①

案情介绍　2021 年 1 月 27 日，XH 律师事务所律师将《2020 版诉讼委托代理合同》通过微信发送给段某腾，段某腾收到后未对该份合同提出异议。该合同约定，甲方段某腾因与中国建筑××工程局有限公司等建设工程施工合同纠纷一案，聘请乙方 XH 律师事务所律师陶某松、王某生作为委托代理人。经双方协商同意，确定收费标准如下：1. 甲方向乙方支付前期律师代理费人民币 100，000 元（大写拾万元整），自本合同签订后 7 日内支付；2. 若本案一审调解结案，自调解（含和解）成功之日，甲方向乙方支付律师代理费人民币 500，000 元（大写伍拾万元整）。3. 若本案调解不成，自法院裁决之日，甲方按照大连市律师协会大律发（2016）1 号文件规定的大连市律师服务收费标准向乙方支付律师费。关于违约责任，约定延期支付律师代理费的利息按一年期贷款市场报价利率四倍计算。2021 年 2 月 7 日、3 月 15 日、3 月 31 日，段某腾给 XH 律师事务所律师出具了多份书面授权委托书，委托 XH 律师事务所律师代理段某腾与中国建筑××工程局有限公司等建设工程施工合同纠纷一案的相关事宜，并支付了前期 10 万元代理费。在 XH 律师事务所指派律师

①　案件来源：辽宁省大连市中级人民法院民事判决书（2022）辽 02 民终 8619 号。

做了诸多庭前准备工作并参加了全部庭审后，段某腾与 XH 律师事务所就代理费产生纠纷。段某腾认为，XH 律师事务所律师单方面通过微信发送的《2020 版诉讼委托代理合同》，因双方没有签字，所以并没有生效。其后，XH 律师事务所向法院提起诉讼，请求判令段某腾给付 XH 律师事务所律师代理费和延期支付利息。

法院判决段某腾给付 XH 律师事务所相应的律师代理费和延期支付利息。

重点条文 《中华人民共和国民法典》第一百四十条 行为人可以明示或者默示作出意思表示。

沉默只有在有法律规定、当事人约定或者符合当事人之间的交易习惯时，才可以视为意思表示。

法理剖析 《中华人民共和国民法典》第一百四十条和第四百九十条分别规定："行为人可以明示或者默示作出意思表示。沉默只有在有法律规定、当事人约定或者符合当事人之间的交易习惯时，才可以视为意思表示。""当事人采用合同书形式订立合同的，自当事人均签名、盖章或者按指印时合同成立。在签名、盖章或者按指印之前，当事人一方已经履行主要义务，对方接受时，该合同成立。法律、行政法规规定或者当事人约定合同应当采用书面形式订立，当事人未采用书面形式但是一方已经履行主要义务，对方接受时，该合同成立。"虽然段某腾与 XH 律师事务所未在《2020 版诉讼委托代理合同》上签字盖印，但 XH 律师事务所将该合同通过微信发送给段某腾后，段某腾不仅无证据证明其对该合同的内容提出异议，而且其还向法院出具了多份书面授权委托书，委托 XH 律师事务所的陶某松和王某生为其委托诉讼代理人参加段某腾与中国建筑××工程局有限公司等建设工程施工合同纠纷一案重审一审程序的诉讼，并向 XH 律师事务所支付了《2020 版诉讼委托代理合同》约定的前期 10 万元代理费。XH 律师事务所接受委托，委派律师作为段某腾的委托诉讼代理人参加了诉讼。根据《中华人民共和国民法典》的前述规定，《2020 版诉讼委托代理合同》成立，依法成立的合同，自成立时生效，段某腾与 XH 律师事务所形成了委托合同关系。在上述民事案件审理过程中，XH 律师事务所指派的律师做了诸多庭前准备工作并参加了重审一审的全部庭审，完成了委托事项，段某腾应按《2020 版诉讼委托代理合同》的约定向 XH 律师事务所支付律师代理费。

[案例 2] 中铁 WZ 公司与 DS 公司等民间借贷纠纷案①

案情介绍 2012 年 11 月 18 日，中铁 WZ 公司与 DS 公司、DS 公司委托代理商 WS 公司、担保人 DH 公司、樊某洪、刘某、陈某、陈某洪、江某等在西安市碑林区签订《2012-2013 年度建材供货合同》一份。2012 年 11 月 19 日，中铁 WZ 公司与 WS 公司签订《钢材销售合同》一份。同日，DH 公司、樊某洪、刘某、陈某、陈某洪、江某等分别与中铁 WZ 公司签订了《抵押合同》。其中，樊某洪、刘某以其所有的沈阳市沈河区××街××号××层××房权证号：N××1 的房屋在 8000 万元范围内抵押担保，陈某、陈某洪、江某分别在 600 万元范围内以其所有的沈阳市沈河区××街××号××层××房权证号：N××0 房屋、沈阳市沈河区××街×××号 273 甲（五层）房权证号：××房屋、沈阳市沈河区××街×××号 273 甲（六层）房权证号：N××5 房屋抵押担保。樊某洪、刘某、陈某、陈某洪、江某与中铁 WZ 公司办理了抵押登记。DH 公司、樊某洪、刘某、陈某、陈某洪、江某与中铁 WZ 公司还签订了承担连带责任保证的《担保合同》，保证期间自主合同生效之日起至主合同全部条款履行完毕止。江某与中铁 WZ 公司所签保证合同约定江某对中铁 WZ 公司所享有的债权承担担保责任，只以房产证号为沈房权证沈河字第 1××× 房产为限。2012 年 11、12 月，WS 公司支付了履约保证金 3200 万元。中铁 WZ 公司依约分别于 2012 年 11 月 23 日、12 月 10 日以银行承兑汇票方式向 DH 公司支付 7000 万元、9000 万元。

---

① 案件来源：中华人民共和国最高人民法院民事判决书（2021）最高法民终 365 号。

2013 年 1 月 31 日，中铁 WZ 公司与 DS 公司、WS 公司、DH 公司、担保人樊某洪、刘某等签订《2013 年度建材供货合同》一份。同日，中铁 WZ 公司与 WS 公司签订《钢材销售合同》一份。樊某洪、刘某与中铁 WZ 公司签订了针对上述两合同的《抵押合同》，樊某洪、刘某以其所有的沈阳市沈河区××街××号××层房权证号：N××1、N××2 的房屋在 9000 万元范围内抵押担保，并办理了抵押登记，还签订了承担连带责任保证的《担保合同》，保证期间自主合同生效之日起至主合同全部条款履行完毕止。2013 年 2 月，WS 公司支付了履约保证金 1800 万元。中铁 WZ 公司依约于 2013 年 2 月 5 日以信用证向 DH 公司支付 9000 万元。

2013 年 6 月 19 日，中铁 WZ 公司与 DS 公司、WS 公司、DH 公司、担保人 TPY 公司签订《2013 年度建材供货合同》一份。同日，中铁 WZ 公司与 WS 公司签订《钢材销售合同》一份。TPY 公司还与中铁 WZ 公司签订了针对该两份合同的《抵押合同》，TPY 公司以其所有的沈阳市沈河区××路××号××层××房权证号：N××3 房屋在 6000 万元范围内抵押担保，并办理了抵押登记，同时还签订了承担连带责任保证的《担保合同》，保证期间自主合同生效之日起至主合同全部条款履行完毕止。2013 年 6 月，WS 公司支付了履约保证金 1200 万元。中铁 WZ 公司依约于 2013 年 6 月 25 日以银行承兑汇票方式向 DH 公司支付 6000 万元。

2013 年 6 月 28 日，中铁 WZ 公司与 WS 公司签订《钢材销售合同》一份，樊某洪签署了承担连带责任保证的《个人无限连带责任保证书》，保证期间自中铁 WZ 公司追偿之日起，直至债务人欠付的所有债务悉数清偿为止。2013 年 6 月，WS 公司支付了履约保证金 900 万元。中铁 WZ 公司依约于 2013 年 7 月 3 日以银行承兑汇票方式向 DH 公司支付 4500 万元。

上述《建材供货合同》中，各方当事人明确约定：甲方中铁 WZ 公司只负责在规定的时间内付款，付款之日起即视同甲方开始履行供货义务，银行承兑汇票解付前五个工作日视同甲方圆满完成供货；

具体供货由乙方 DS 公司同乙方指定供货方协商，若未供货或供货不及时，甲方不负任何责任（乙方负全部责任）。在《钢材销售合同》中，甲方中铁 WZ 公司与乙方 WS 公司（DS 公司委托代理单位）明确约定：如由于 DH 公司不能交货等原因，乙方仍须全额支付货款，由此给甲方造成的一切损失由乙方承担。在 DH 公司、樊某洪、刘某、陈某、陈某洪、TPY 公司与中铁 WZ 公司签订的《抵押合同》《担保合同》中，已经明确约定为抵押权人中铁 WZ 公司在上述《建材供货合同》《钢材销售合同》中的权利得到保障，担保人提供抵押担保和保证担保。《担保合同》约定，本合同效力独立于被保证的主合同，主合同无效并不影响本合同效力。

以上中铁 WZ 公司以银行承兑汇票、信用证方式向 DH 公司支付的款项共计 35500 万元。WS 公司向中铁 WZ 公司以银行转账的方式支付履约保证金共计 7100 万元。

2013 年 12 月 14 日，中铁 WZ 公司与 WS 公司、DS 公司、樊某洪又签订《协议书》一份，协议针对双方以往签订的年度合同及其他各种往来合同、协议，确认中铁 WZ 公司已经全部履行了合同义务。并确认截至 2013 年 12 月 14 日，WS 公司欠中铁 WZ 公司款项总计 3.8125 亿元。同时还将违约责任调整为如未按约定的期限支付上述款项，每迟延一日按未实际还款金额的银行同期贷款利率的四倍支付违约金。同日，针对该协议书，樊某洪还与中铁 WZ 公司签订了《担保合同》，约定樊某洪对全部债权承担连带保证责任，担保期限为债务人应当履行债务之日起两年。DH 公司与中铁 WZ 公司签订了《抵押合同》，DH 公司以其所有的沈阳市沈河区××街××号房权证号：N××5 房屋在 6400 万元范围内提供抵押担保，并办理了抵押登记，同时还签订了承担连带责任的《保证合同》，担保期限为债务人应当履行债务之日起两年。

中铁 WZ 公司向法院起诉请求：1. 判令 DS 公司、WS 公司向其偿还借款 35500 万元并承担迟延付款违约金；2. 判令 DH 公司对 DS 公司、WS 公司上述全部义务承担连带保证责任并在其抵押担保范围内承担抵押担保责任；3. 判令樊某洪对 DS 公司、WS 公司上述全部义务承担连带保证责任并在其抵押担保范围内承担抵押担保责任；4. 判令刘某对 DS 公司、WS 公司承担连带保证责任并在其抵押担保范围内承担抵押担保责任；5. 判令陈某、陈某洪对 DS 公司、WS 公司承担连带保证责任并在其抵押担保范围内承担抵押担保责任；6. 判令 TPY 公司对 DS 公司、WS 公司承担连带保证责任并在其抵押担保范围内承担抵押担保责任；7. 案件受理费由被告承担。

审理中，DS 公司、WS 公司、DH 公司、TPY 公司均称，中铁 WZ 公司与 DS 公司、DH 公司、WS 公司之间的钢材购销虚假，是名为买卖实为借贷。中铁 WZ 公司则予以否认。TPY 公司遂委托辽宁 ZC 会计师事务所就 DH 公司 2012 年 12 月至 2014 年度期间企业购销业务中分别与中铁 WZ 公司、DS 公司、WS 公司销售钢材交易是否真实存在的问题对 DH 公司在上述期间企业购销业务所涉及的财务账簿、会计凭证进行复核，ZC 会计师事务所经复核出具了《关于辽宁 DH 公司 2012 年 12 月至 2014 年度期间企业购销业务情况说明》，复核结论为：1. DH 公司在 2012 年 12 月至 2014 年度期间向中铁 WZ 公司销售钢材的交易账面记录是存在的，但是由于能够证明双方交易是否真实存在的其他佐证，如原材料入库单、出库单、加盖中铁 WZ 公司印章的提货委托书，以及必要的钢材质量检测费等相关费用均没有，无法判定 DH 公司向中铁 WZ 公司销售钢材的交易真实存在。2. DH 公司在 2012 年 12 月至 2014 年度期间向 DS 公司、WS 公司销售钢材的交易不存在。

法院判决 DS 公司、WS 公司向中铁 WZ 公司支付所欠借款本金 28400 万元及资金占用费。

重点条文 《中华人民共和国民法典》第一百四十六条 行为人与相对人以虚假的意思表示实施的民事法律行为无效。

以虚假的意思表示隐藏的民事法律行为的效力，依照有关法律规定处理。

法理剖析 关于本案性质为买卖合同纠纷还是民间借贷纠纷问

题。各方当事人一致认为，中铁 WZ 公司与 DS 公司、DH 公司、WS 公司之间的钢材购销虚假，是名为买卖实为借贷。ZC 会计师事务所对 DH 公司在 2012 年 12 月至 2014 年度期间企业购销业务所涉及的财务账簿、会计凭证进行复核后认为，DH 公司在 2012 年 12 月至 2014 年度期间向 DS 公司、WS 公司销售钢材的交易不存在。该复核结论与各方当事人关于本案名为买卖实为借贷，本案纠纷为民间借贷纠纷的陈述相互印证，故本案合同性质应属名为买卖合同实为民间借贷合同，本案纠纷为民间借贷纠纷。

关于本案民间借贷合同效力与担保合同效力问题。参照《中华人民共和国民法典》第一百四十六条"行为人与相对人以虚假的意思表示实施的民事法律行为无效。以虚假的意思表示隐藏的民事法律行为的效力，依照有关法律规定处理"之规定，对于本案中隐藏在虚假钢材买卖之中的民间借贷合同的效力，应根据规范民间借贷行为的有关法律、法规及其司法解释进行判断。在民间借贷法律关系中，以交付银行承兑汇票（信用证）的方式支付出借款项，是否属于套取信贷资金高利转贷的问题。2020 年 8 月 20 日，最高人民法院举行新闻发布会，介绍在与民营企业家和个体工商户座谈时，多数代表建议要严格限制转贷行为，即有的企业从银行贷款后再转贷，特别是少数国有企业从银行获得贷款后转手从事贷款通道业务，背离了金融服务实体的价值导向。最高人民法院审判委员会认真讨论后采纳了这一意见，决定修改《最高人民法院关于审理民间借贷案件适用法律若干问题的规定》第十三条第一项为"套取金融机构贷款转贷的"，进一步强化了司法助推金融服务实体的鲜明态度。根据上述司法精神，本案民间借贷关系中，中铁 WZ 公司以交付银行承兑汇票（信用证）的方式支付出借款项，系套取金融机构贷款转贷行为。由于本案中 WS 公司先向中铁 WZ 公司支付用于开具银行承兑汇票（信用证）的履约保证金，之后中铁 WZ 公司向 DH 公司交付了银行承兑汇票（信用证），DS 公司、WS 公司与 DH 公司又系关联公司，因而作为借款人的 DS 公司与 WS 公司对中铁 WZ 公司套取金融机构信贷资金转贷行为是明知的，因此应依法认定本案民间借贷合同无效。由于民间借贷主合同无效，本案所涉担保合同均应依法认定无效。

［案例3］张某奇与刘某红生命权、健康权、身体权纠纷案①

案情介绍 2018年9月5日14时28分许，张某奇骑电动自行车行驶至上海市广中路出广粤路东约100米处，遇刘某红骑电动自行车同向行驶，因其操作不当、车辆斜转，双方发生碰撞，造成张某奇受伤、两车受损的交通事故。该事故经虹口交警支队认定，刘某红承担事故全部责任，张某奇不承担事故责任。事发后当日，交警部门开具了验伤通知单，张某奇至医院检查就诊，后双方进行了协商，刘某红给付张某奇钱款4000元。道路交通事故认定书上记载"甲乙双方自愿协商，甲方一次性赔偿乙方人民币肆仟圆整，钱款自结，签字结案"。双方当事人均在事故认定书上签字。

事发当日，张某奇即至上海市第十人民医院就诊，查体右手损伤、左膝关节活动中度受限等，建议后续完善检查，予以消炎止痛制动处理。2018年9月10日，行MRI片平扫，示左膝外侧半月板前角见线样T2WI高信号，左膝前、内侧皮下软组织肿胀。2018年10月8日，张某奇至上海市第六人民医院就诊，因"左膝关节疼痛伴活动受限、无力1个月"入院，于2018年10月10日全麻下行关节镜下左膝半月板修整+关节清理+富血小板血浆注射术，于2018年10月11日出院，住院3天，产生住院医疗费12926.08元（已扣除医保统筹部分9819.82元）。此外，张某奇还于2018年9月6日、9月13日、9月18日、9月26日、11月5日、12月24日、12月26日以及2019年1月7日、1月17日、5月25日等至上海市第十人民医院、上海市第六人民医院、上海市第四人民医院行多次门急诊治疗，产

---

① 案件来源：上海市第二中级人民法院民事判决书（2020）沪02民终4597号。

生相应门急诊医疗费。张某奇为治疗本案事故所致伤情，共计产生医疗费 15094.41 元。张某奇向法院起诉请求判令刘某红全额赔偿医疗费等相关费用。

法院判决支持张某奇的诉讼请求。

重点条文 《中华人民共和国民法典》第一百四十七条 基于重大误解实施的民事法律行为，行为人有权请求人民法院或者仲裁机构予以撤销。

法理剖析 公安机关交通管理部门就本案所涉道路交通事故所作的认定，事实查明清楚，责任认定明确，故法院确认事故认定书相应的证明力，该事故责任认定应作为确定本案民事损害赔偿的依据。张某奇因事故所致的人身、财产损失，应由刘某红承担赔偿责任。

根据法律规定，基于重大误解实施的民事法律行为，行为人有权请求人民法院或者仲裁机构予以撤销。本案中，根据查明的事实，事发后第一时间，张某奇对损害后果严重预估不足，在此情况下签署调解协议确定的赔偿金额与实际损失差距较大，可以认定为存在重大误解，现其要求撤销该协议，法院应予以支持。

[案例 4] 韦某建与覃某贵确认合同效力纠纷案①

案情介绍 覃某贵与韦某建之女于 2021 年 2 月 24 日登记结婚，覃某贵于 2021 年 9 月 1 日与韦某建签订《股权分配合作协议书》，约定双方合股（合伙）开办"广西大化县 QS 服装有限公司"，韦某建出资 100000 元占公司 10% 股份，覃某贵出资 500000 元占公司 90% 股份，利润分红按股份比例分配；后韦某建通过现金和转账方式将共计 100000 元的出资款交付给覃某贵；韦某建于 2021 年 10 月 30 日得知覃某贵与其他两位股东已于 2021 年 8 月 26 日注册成立"广西

---

① 案件来源：广西壮族自治区大化瑶族自治县人民法院民事判决书（2022）桂 1229 民初 793 号。

大化县 QS 服装有限公司"，且覃某贵认缴出资 800000 元持股 80%，其他两位股东分别出资 100000 元各持股 10%，韦某建至今亦未成为"广西大化县 QS 服装有限公司"的股东，遂向覃某贵提出退回出资款 100000 元的要求。

重点条文 《中华人民共和国民法典》第一百四十八条 一方以欺诈手段，使对方在违背真实意思的情况下实施的民事法律行为，受欺诈方有权请求人民法院或者仲裁机构予以撤销。

法理剖析 根据法律规定，一方以欺诈手段，使对方在违背真实意思表示的情况下实施的民事法律行为，受欺诈方有撤销权；被撤销的民事法律行为自始没有法律约束力；民事法律行为被撤销后，行为人因该行为取得的财产，应当予以返还。在本案中，覃某贵与其他两位股东已于 2021 年 8 月 26 日注册成立"广西大化县 QS 服装有限公司"，覃某贵认缴出资 800000 元持股 80%，其他两位股东分别出资 100000 元各持股 10%，但覃某贵于 2021 年 9 月 1 日向韦某建谎称"广西大化县 QS 服装有限公司"尚未成立，韦某建、覃某贵双方可合股（合伙）开办"广西大化县 QS 服装有限公司"，韦某建出资 100000 元占公司 10% 股份，覃某贵出资 500000 元占公司 90% 股份，利润分红按股份比例分配，且韦某建至今实际亦未成为"广西大化县 QS 服装有限公司"的股东，《股权分配合作协议书》约定的股东权益无法实现，严重违背韦某建的真实意思表示。虽然韦某建在发现被覃某贵欺诈后已及时向韦某建主张退回出资款，但覃某贵至今未向韦某建退回出资款，故韦某建要求撤销《股权分配合作协议书》并返还出资款 100000 元，有事实根据和法律依据，法院依法予以支持。

［案例 5］孙某江与王某成非机动车交通事故责任纠纷案①

案情介绍 2022 年 9 月 22 日 8 时 04 分，王某成驾驶电动三轮

---

① 案件来源：吉林省辽源市中级人民法院民事判决书（2023）吉 04 民终 67 号。

车牵引四轮车由南向北行驶至某路段穿过道路中心防护栏，驶入道路左侧后停车起步时，将由东向西横过道路的行人孙某江撞倒，后经 DF 县交警大队事故认定，王某成负此次事故的全部责任，孙某江此次事故无责任。事故当日王某成给付孙某江 100 元，并让其回家擦拭药物，双方第一次达成和解；第二天，孙某江因身体不舒服再次找到王某成，王某成又给付孙某江 1000 元，双方第二次达成和解；后来孙某江于 2022 年 9 月 29 日第三次找到王某成要求其继续赔偿，王某成因怕孙某江继续多次要求赔偿，准备了《赔偿谅解协议书》，约定"王某成自愿赔偿孙某江各项损失 2000 元，履行赔偿义务后，就此事处理即告终结，双方之间不再有任何权利和义务"，双方当天在协议书上签了字，同时王某成又给付孙某江 1000 元，总计给付 2100 元。孙某江于 2022 年 9 月 23 日于 DF 县医院门诊治疗，支出医疗费 109 元，后因病情加重，于 2022 年 10 月 2 日在 DF 县医院住院治疗 9 天，经诊断为：右臀部软组织挫伤，右臀部皮下血肿，支出医疗费 3960 元。其后，孙某江以各项费用远远超过了 2100 元，当时签订协议时存在重大误解，且该协议显失公平为由提起诉讼，请求法院撤销《赔偿谅解协议书》，判决王某成赔偿孙某江撞伤后的医疗费、误工费、住院伙食补助费、护理费、营养费、交通费等共计 9000 元。

法院判决支持孙某江的诉讼请求。

重点条文 《中华人民共和国民法典》第一百五十一条 一方利用对方处于危困状态、缺乏判断能力等情形，致使民事法律行为成立时显失公平的，受损害方有权请求人民法院或者仲裁机构予以撤销。

法理剖析 本案系非机动车交通事故责任纠纷案件。公民的生命权、健康权、财产权受法律保护，对公民人身和财产造成损害的，应当赔偿由此所造成的各项损失。本案经交警部门认定，王某成负此次事故的全部责任，孙某江此次事故无责任，该认定事实清楚，证据充分，法院予以采信。孙某江因交通事故伤害造成的损失，应由王某成承担赔偿责任，孙某江诉请要求王某成赔偿医疗费、误工费、住院伙食补助费、护理费等合法合理，法院予以支持。关于营养费应根据受害者伤残或医疗机构意见确定，孙某江既没有伤残亦没有医疗机构意见，故对该请求不予支持，关于交通费孙某江没有提供合理票据证明其实际支出，故对该请求不予支持。

本案中，《赔偿谅解协议书》约定的赔偿金额仅为 2000 元，加上王某成事故发生当日给付孙某江的 100 元，合计 2100 元，但是孙某江的实际损失远超约定金额，若按照《赔偿谅解协议书》履行，对孙某江显失公平，应认定《赔偿谅解协议书》为可撤销的合同。孙某江以《赔偿谅解协议书》与损失有明显差距，显失公平为由，请求撤销《赔偿谅解协议书》，按照实际损失予以赔偿，合法合理。《中华人民共和国民法典》第一百五十一条规定："一方利用对方处于危困状态、缺乏判断能力等情形，致使民事法律行为成立时显失公平的，受损害方有权请求人民法院或仲裁机构予以撤销。"涉案的《赔偿谅解协议书》是在孙某江住院前所签订，孙某江作为普通公民，不具备专业知识和经验，在签订协议时对自身伤情难以作出准确判断，无法预见损伤造成的实际损失数额。孙某江实际损失数额与赔偿协议所约定的数额相差悬殊，涉案《赔偿谅解协议书》显失公平，应予撤销。

[案例 6] 杨某与李某合同纠纷案①

案情介绍 2021 年 5 月 8 日，杨某与李某签订《店铺转让协议》一份，在协议中约定："甲方：李某，身份证号：211403198312××××；乙方：杨某，身份证号：211402198506××××。甲乙双方经友好协商，对店铺转让事宜达成以下协议：甲方同意将位于××家居二楼艾是墙布转让给乙方，建筑面积为 166 平方米。转让后店铺内所有商品、装修装饰、设备都归乙方所有，乙方有权经营或者拍卖。

---

① 案件来源：辽宁省葫芦岛市中级人民法院民事判决书（2022）辽 14 民终 2998 号。

转让费用：品牌及店铺转让费用：200000 元（贰拾万元整），艾是品牌保证金：30000 元（叁万元整）。共计：230000 元（贰拾叁万元整）。付款方式：乙方在签订转让合同起向甲方一次性支付 150000 元（拾伍万元），余下 80000 元（捌万元）在 2022 年 5 月 7 日前支付完成（从 2021 年 6 月开始乙方要按月向甲方支付 10000 元，直至 80000 元还清。如遇乙方特殊情况跟甲方申请延续一个月支付）。乙方接管前的一切权责、债务由甲方负责，接管后的一切债务、权责由乙方自行负责。本合同一式两份，甲乙双方各执一份，从签字日期开始生效。备注：乙方需要将甲方在各个厂家的预存款以及库房里的胶和基膜都按实价陆续在销售过程中支付给甲方直至结清。甲方：李某（签字、捺印）电话：138×××××××× 日期：2021.5.8。乙方：杨某（签字、捺印）电话：156×××××××× 日期：2021.5.8"。协议签订后当日，杨某按照协议约定向李某支付 150000 元。协议签订后，杨某交纳物业费 15792 元，并对协议项下三个门市房（葫芦岛市龙港区××路××号楼 F2-B31 号门市、F2-B33 号门市、F2-B35 号门市）进行装饰装修，根据杨某提供的证据计算为 8000 元。

涉案门市房中两套（葫芦岛市龙港区××路××号楼 F2-B31 号门市、F2-B33 号门市）原房屋所有权人系案外人张甲、张乙，张甲、张乙在葫芦岛农村商业银行股份有限公司处用涉案两套门市房抵押贷款 850000 元，后张甲、张乙未能偿还贷款本息，2014 年 8 月 18 日，葫芦岛市连山区人民法院作出民事裁定书，将上述涉案两套门市房裁定给葫芦岛农村商业银行股份有限公司。涉案另一套门市房（葫芦岛市龙港区××路××号楼 F2-B35 号门市）房屋所有权人为电话号 138×××××××× 的机主。2015 年 9 月 1 日，案外人杨某英承租涉案三套门市房，租赁期限自 2015 年 9 月 1 日至 2016 年 8 月 31 日。后杨某英将涉案门市房转租给李某，房租一年一交，每年租金 45000 元，并在物业公司处办理杨某英撤场，李某入场登记手续。杨某、李某签订《店铺转让协议》后，因未有房屋所有权人配合到物业公司办理撤场、入场手续，杨某、李某及案外人杨某英（原转租人）

对物业公司称杨某与李某系合伙经营。物业公司处该房屋仍登记在李某名下。为便于经营，杨某于2021年5月10日注册登记艾是布艺家居馆，业主为杨某。2021年9月7日，葫芦岛市玉皇派出所民警在物业公司对杨某、杨某英、物业公司经理进行调查、核实和协调租赁涉案店铺事宜。2022年4月8日，李某与F2-B35号门市房主以杨某未交房租为由，将该门市房档口垒墙，杨某对该门市房不能再继续租用。2022年5月8日，葫芦岛农村商业银行股份有限公司电话和书面通知，告知杨某涉案两套门市房不允许对外出租、出售，且随时可能拍卖，要求杨某尽快搬出。

其后，杨某提起诉讼，以李某存在过错，导致合同目的无法实现为由，请求解除杨某、李某于2021年5月8日签订的《店铺转让协议》；李某返还杨某支付的转让费用150000元；李某给付杨某装修投入及代为缴纳的物业费38000元；诉讼费由李某承担。

法院判决杨某与李某签订的店铺转让协议无效，李某返还杨某转让装修费用，并缴纳案件受理费。

重点条文 《中华人民共和国民法典》第一百五十三条 违反法律、行政法规的强制性规定的民事法律行为无效。但是，该强制性规定不导致该民事法律行为无效的除外。

违背公序良俗的民事法律行为无效。

法理剖析 首先，关于《店铺转让协议》的效力问题。当合同违反了法律、行政法规的强制性规定或损害了国家利益、社会公共利益的，人民法院应依法认定合同无效。本案涉及三套门市房，其中两套在2014年8月已由葫芦岛市连山区人民法院作出民事裁定，裁定给葫芦岛农村商业银行股份有限公司。根据现有证据，无法认定李某得到葫芦岛农村商业银行股份有限公司的许可，将涉案门市房转租。《中华人民共和国民法典》第一百五十三条规定："违反法律、行政法规的强制性规定的民事法律行为无效。但是，该强制性规定不导致该民事法律行为无效的除外。违背公序良俗的民事法律行为无效。"李某在未得到涉案房屋所有权人的授权或者同意的情况下，将涉案商铺转租给原告，该行为损害了真正房屋所有权人的合法权益，违背诚信原则，也违背了公序良俗，故杨某与李某签订的《店铺转让协议》无效。

其次，《店铺转让协议》无效后的法律责任问题。《中华人民共和国民法典》第一百五十七条规定："民事法律行为无效、被撤销或者确定不发生效力后，行为人因该行为取得的财产，应当依法予以返还；不能返还或者没有必要返还的，应当折价补偿。有过错的一方应当赔偿对方由此所受到的损失；各方都有过错的，应当各自承担相应的责任。法律另有规定的，依照其规定。"本案中，李某隐瞒其无权转租涉案房屋的事实，将涉案商铺转租杨某，杨某在签订协议时未尽到审慎审查注意义务，双方在物业公司办理撤场、入场手续时共同谎称合伙经营，双方对协议无效的过错程度相当，各自承担相应的责任。

［案例7］ZR 国际信托有限公司等与上海松江 FH 实业有限公司金融借款合同纠纷案①

案情介绍 2021 年 10 月 5 日，北京市第四中级人民法院就 ZR 国际信托有限公司（以下简称 ZR 公司）与上海松江 FH 实业有限公司（以下简称 FH 实业公司）等金融借款合同纠纷一案，作出（2020）京 04 民初 743 号民事判决：1. 确认 ZR 公司与 FH 实业公司签订的《信托贷款合同》《信托贷款合同之补充协议》项下的信托贷款本金和利息于 2020 年 3 月 8 日全部到期；2. FH 实业公司向 ZR 公司偿还贷款本金 5.96 亿元，利息 6991416.63 元及罚息、复利；3. ZR 公司有权对 FH 实业公司提供的坐落于上海市松江区×××路 71×弄、79×弄的 833 套房产及占用范围内分摊的国有土地使用权折价或者拍卖、变卖所得的价款在本判决第 2 项确定的债权范围内优先受偿；4. 对判决第 2 项确定的债权，ZR 公司有权对高某萍和但某红提供的房产

---

① 案件来源：上海市第一中级人民法院执行裁定书（2023）沪 01 执异 1 号。

折价或者拍卖、变卖所得的价款在 9000 万元限额内优先受偿；5. 但某红、李某生、FH 城市公司对判决第 2 项确定的债务承担连带保证责任；6. 但某红、李某生、FH 城市公司在承担保证责任后有权向 FH 实业公司追偿等。该案审理期间，北京市第四中级人民法院保全查封了 FH 实业公司名下上海市松江区×××路 79×弄 4 幢 1 号 101 等 367 套、79×弄 4 幢 1 号 401 等 406 套、71×弄 1 幢 1 号 1708 等 53 套不动产，总计 826 套房地产。FH 城市公司不服上述判决，提出上诉，北京市高级人民法院于 2021 年 11 月 22 日作出民事判决：驳回上诉，维持原判。

因各债务人未履行上述生效法律文书确定的义务，ZR 公司申请执行，上海市第一中级人民法院立（2021）沪 01 执 2260 号案执行。

2022 年 12 月 6 日，SHR 公司与 ZR 公司、FH 实业公司签订债权转让协议，将 ZR 公司在北京市第四中级人民法院（2020）京 04 民初 743 号民事判决中的债权等相关权益转让给 SHR 公司，并就上述债权转让事宜向被执行人发出债权转让联合通知书。在本案审查过程中，ZR 公司向上海市第一中级人民法院出具债权转让确认函，确认上述债权转让事宜。

2023 年 1 月 31 日，执行机构作出（2021）沪 01 执 2260 号执行裁定，终结本次执行程序。

另查明，根据企业公示信息显示，FH 实业公司成立于 2010 年 11 月 2 日，注册资本 1000 万元，2019 年 5 月 27 日，该公司投资人由 FH 城市公司、但某红变更为 ZR 公司，目前 ZR 公司为 FH 实业公司持股比例 100% 的股东。SHR 公司成立于 2022 年 8 月 8 日，注册资本 100000 元，ZR 公司为该公司持股比例 100% 的股东。SHR 公司的法定代表人牛某达，原为 FH 实业公司的董事，曾担任该公司的法定代表人。ZR 公司对外有多起未了债务的诉讼及执行案件。

2023 年 1 月 3 日，SHR 公司向上海市第一中级人民法院申请变更其为（2020）京 04 民初 743 号民事判决执行案件的申请执行人。

法院驳回 SHR 公司的申请。

重点条文 《中华人民共和国民法典》第一百五十四条 行为人与相对人恶意串通，损害他人合法权益的民事法律行为无效。

法理剖析 恶意串通，是指行为人与相对人互相勾结，为牟取私利而实施的损害他人合法权益的民事法律行为。恶意串通的民事法律行为在主观上要求双方有互相串通、为满足私利而损害他人合法权益的目的，客观上表现为实施了一定形式的行为来达到这一目的。ZR 公司在对外尚有多笔未了债务的情况下，通过债权转让的方式，将生效法律文书确定的债权，转让给由其持股 100% 的 SHR 公司，属恶意串通且损害 ZR 公司其他债权人合法权益的民事法律行为。ZR 公司上述债权转让的行为，不符合《最高人民法院关于民事执行中变更、追加当事人若干问题的规定》第九条规定中"依法转让"的条件，故对 SHR 公司请求变更其为生效民事判决执行案件申请执行人的申请，法院不予支持。

第七章 代理

[案例 1] 宝鸡 YX 建筑工程集团有限公司与陕西 LL 旅游投资开发有限责任公司建设工程施工合同纠纷案[①]

案情介绍 陕西 LL 旅游投资开发有限责任公司（以下简称 LL 公司）与宝鸡 YX 建筑工程集团有限公司（以下简称 YX 公司）于 2012 年 5 月 18 日签订了关于莲花山狩猎场土石开挖工程的合同。合同签订后，YX 公司进入工地施工，LL 公司委派惠某某作为工程现场负责人协调有关工作。2012 年 6 月 6 日，惠某某签订了土方工程合同。施工中，惠某某签字认可了共 23 份工程签证、联系单和工程变更单，就工程量、范围、内容，施工机械时间、施工量等做了明确要求和记录；惠某某还于 2012 年 6 月 24 日和 7 月 4 日签字认可了一份土方结算清单、一份人工湖工程结算单。其后，LL 公司因与 YX 公司建设工程施工合同纠纷诉至法院。

法院判决驳回 LL 公司的诉讼请求。

重点条文 《中华人民共和国民法典》第一百七十条 执行法人或者非法人组织工作任务的人员，就其职权范围内的事项，以法人或者非法人组织的名义实施的民事法律行为，对法人或者非法人组织发生效力。

法人或者非法人组织对执行其工作任务的人员职权范围的限制，

[①] 案件来源：陕西省高级人民法院民事裁定书（2021）陕民申 2736 号。

不得对抗善意相对人。

法理剖析 本案中，LL 公司对惠某某签名的两份结算单和 23 份联系单等相关单据，只认可惠某某签字是真实的，但对内容的真实性不认可，认为系惠某某个人行为，未经 LL 公司签章确认，也未经 LL 公司追认。《中华人民共和国民法典》第一百七十条规定，执行法人或者非法人组织工作任务的人员，就其职权范围内的事项，以法人或者非法人组织的名义实施的民事法律行为，对法人或者非法人组织发生效力。法人或者非法人组织对执行其工作任务的人员职权范围的限制，不得对抗善意相对人。惠某某作为 LL 公司在现场的工作人员，对现场实际发生的工程量签字确认行为是对现场实际情况的确认，故惠某某签字的工程造价单真实性应当予以确认，鉴定机构依据该造价单对工程造价作出的鉴定结果亦应予以确认。

［案例 2］ 孙某刚与新沂市 PL 机械有限公司专利权权属纠纷案①

案情介绍 新沂市 PL 机械有限公司（以下简称 PL 公司）成立于 2009 年 8 月 19 日，公司类型为有限责任公司，法定代表人张某鹏，注册资本为 200 万元整。张某晖与张某鹏系父子关系，王某香与张某晖系夫妻关系，王某香与张某鹏系母子关系。张某晖系 PL 公司的总经理，是公司的管理者。

孙某刚于 2013 年年初至 2018 年 4 月在 PL 公司任职，年薪 10 万元。双方当事人均未提交孙某刚与 PL 公司签订的劳动合同或办理离职手续的相关材料。

2015 年 1 月 16 日，张某晖、孙某刚向国家知识产权局申请涉案专利，发明人为张某晖、孙某刚。2016 年 3 月 30 日，该专利获得授权并公告，专利权人为张某晖、孙某刚。专利仍处于有效的法律状

① 案件来源：中华人民共和国最高人民法院民事判决书（2020）最高法知民终 681 号。

态。PL 公司、张某晖提交的专利收费收据显示，涉案专利的年费先后由陈某凤、王某香、PL 公司交纳。

2018 年 9 月 4 日，张某晖向国家知识产权局提出著录项目变更申请，请求将涉案专利的专利权人由张某晖、孙某刚变更为 PL 公司，联系人由陈某凤变更为王某香。著录项目变更申报书中"当事人或专利代理机构签字或者盖章"一栏有"张某晖"和"孙某刚"的手写签名，日期为 2018 年 9 月 4 日；"国家知识产权局处理意见"一栏盖有"签章形审通过"的印章。著录项目变更理由证明记载的"声明"显示："经专利权人'张某晖'和'孙某刚'同意，将专利名称'一种折袋机的定位和调节机构'的实用新型转让给'新沂市 PL 机械有限公司'。特此声明！"落款处有转让人"张某晖"和"孙某刚"的手写签名，受让人为 PL 公司并加盖该公司印章。2018 年 9 月 27 日，国家知识产权局出具手续合格通知书，对上述著录项目变更请求准予变更，涉案专利变更后的专利权人为 PL 公司，联系人为王某香。上述著录项目变更申报书、著录项目变更理由证明中"孙某刚"的手写签名并非孙某刚本人所签。

2019 年 7 月，孙某刚以 PL 公司、张某晖为被告向法院提起专利权权属纠纷，要求确认张某晖将涉案专利权转让至 PL 公司的行为无效；确认孙某刚是涉案专利的共有权人；两被告赔偿原告各项合理开支。

法院判决支持孙某刚的诉讼请求。

重点条文 《中华人民共和国民法典》第一百七十一条 行为人没有代理权、超越代理权或者代理权终止后，仍然实施代理行为，未经被代理人追认的，对被代理人不发生效力。

法理剖析 《中华人民共和国专利法》第十条第一款、第三款分别规定："专利申请权和专利权可以转让。""转让专利申请权或者专利权的，当事人应当订立书面合同，并向国务院专利行政部门登记，由国务院专利行政部门予以公告。专利申请权或者专利权的转让自登记之日起生效。"《中华人民共和国民法典》第一百七十一条第一款、第四款分别规定："行为人没有代理权、超越代理权或者代理权终止后，仍然实施代理行为，未经被代理人追认的，对被代理人不发生效力。""相对人知道或者应当知道行为人无权代理的，相对人和行为人按照各自的过错承担责任。"本案中，首先，涉案专利原专利权人张某晖、孙某刚与变更后的专利权人 PL 公司未签订书面的专利权转让合同；其次，国家知识产权局虽然已出具手续合格通知书，准予变更涉案专利的专利权人，但国家知识产权局对于著录项目变更申报书仅进行形式审查；最后，孙某刚主张其对于涉案专利权的转让过程未参与且不知情，庭审中双方当事人一致确认涉案专利权人著录项目变更登记过程中形成的著录项目变更申报书、著录项目变更理由证明中"孙某刚"的手写签名并非孙某刚本人所签。因此，涉案专利权转让并非原告孙某刚的真实意思表示，该专利权转让行为对孙某刚不发生法律效力。张某晖虽系涉案专利的原专利权人，但其在未取得孙某刚同意或授权的情况下，无权单独将涉案专利权转让给 PL 公司。孙某刚要求确认涉案专利权转让行为无效的请求于法有据。经国家知识产权局授权并公告，孙某刚系涉案专利的共有权人，且 PL 公司、张某晖共同参与了涉案专利著录项目变更登记，故孙某刚主张确认其系涉案专利的共有权人，并要求 PL 公司、张某晖办理专利权变更手续，有事实和法律依据，应予支持。PL 公司和张某晖应协助孙某刚办理涉案专利权的变更登记手续，将涉案专利的专利权人变更至转让前的状态。

《中华人民共和国民法典》第一百四十三条规定："具备下列条件的民事法律行为有效：（一）行为人具有相应的民事行为能力；（二）意思表示真实；（三）不违反法律、行政法规的强制性规定，不违背公序良俗。"第一百五十七条规定："民事法律行为无效、被撤销或者确定不发生效力后，行为人因该行为取得的财产，应当予以返还；不能返还或者没有必要返还的，应当折价补偿。有过错的一方应当赔偿对方由此所受到的损失；各方都有过错的，应当各自承担相应的责任。法律另有规定的，依照其规定。"本案中，根据法院查明的事实，涉案专利权利转让合同因欠缺孙某刚的真实意思表示而无效，对孙某刚不发生效力。

同时，《中华人民共和国专利法》第十四条规定："专利申请权或者专利权的共有人对权利的行使有约定的，从其约定。没有约定的，共有人可以单独实施或者以普通许可方式许可他人实施该专利；许可他人实施该专利的，收取的使用费应当在共有人之间分配。除前款规定的情形外，行使共有的专利申请权或者专利权应当取得全体共有人的同意。"法律对共有专利权的转让没有明确规定，比照上述规定，举轻以明重，转让共有的专利权亦应当取得全体共有人的同意。本案中，虽然张某晖与 PL 公司之间转让专利权的意思表示真实，但因涉案专利转让未经专利权共有人孙某刚的同意，致涉案专利的转让整体无效，PL 公司不因张某晖的意思表示而取得张某晖共有的专利权，PL 公司、张某晖应当协助孙某刚将涉案专利权属恢复到转让前的状态。张某晖系涉案专利权属变更的申请人并认可"孙某刚"签名非本人所签，应当对伪造孙某刚签名行为负责，PL 公司应当知道孙某刚签名系伪造，PL 公司、张某晖共同承担专利转让合同无效的过错责任，应当共同赔偿孙某刚由此所受到的损失。

［案例 3］ 赵某与中国工商银行股份有限公司石家庄 JN 支行借记卡纠纷、金融借款合同纠纷案①

（案情介绍）　2014 年 5 月，70 多岁的赵某到中国农业银行股份有限公司 BC 支行（以下简称农行 BC 支行）办理存款业务，通过该支行大堂经理赵某晶介绍结识张某香和刘某英（非银行工作人员），了解到中国工商银行有贴息存款业务，人民币 500 万元起存，定期一年，银行除定期利息外再支付 4% 的利息。

2014 年 5 月 16 日，赵某和赵某某（赵某的孙女）来到农行 BC 支行存款 3000 万元。后在张某香、刘某英的带领下又到 YG 支行开

---

① 案件来源：中华人民共和国最高人民法院民事判决书（2019）最高法民再 365 号。

立借记卡，卡号为62×××24，并将农行BC支行卡上的3000万元存款分六笔每笔500万元转到YG支行尾号为××24的卡上，分别办理了一年期定期存款业务，年利率3.3%，到期日均为2015年5月16日。

2014年5月19日，赵某又在张某香、刘某英的陪同下来到中国工商银行股份有限公司石家庄JN支行（以下简称JN支行）。庭审中，JN支行提交的证据显示，当日，赵某在《个人客户业务申请书》（开户）、《个人客户业务申请书》（网银）、《电子银行注册申请书》《电子银行个人客户变更事项申请书》上均有签字，经赵某当庭辨认确认该签字为其本人所签，以上四份业务凭证上均加盖有"现场管理范某曼"的名章。根据以上业务凭证可以看出，2014年5月19日当天，赵某开立了卡号为62×××31的借记卡，开通该卡网上银行功能，并添加在YG支行开立的尾号为××24的银行卡的网上银行功能。当日网上银行业务办理完毕后，赵某在JN支行开立的尾号为××31的银行卡上收到了120万元利息，付款账号为62×××65（户名不详），JN支行、YG支行表示该利息并非银行支付。

2015年5月存款到期，赵某到YG支行查看存款，YG支行工作人员告知其存款已于2014年5月28日起分多笔通过工商银行的网上银行渠道转至62×××65等他人不同的银行账号上，银行账号为62×××65的收款账号与向赵某支付120万元高息的账号为同一账号。

公安机关办案人员从董某霞处搜到了与赵某尾号××31的银行卡相符的U盾及其他储户的U盾；董某霞称其在2012年即开始通过范某曼获得银行储户的卡号、U盾和网银登录密码，通过网上银行将储户卡内的资金转移到自己所控制的银行卡上，并向范某曼支付2%到10%不等的好处费；张某香、刘某英、赵某某的证言均可证实在JN支行营业厅内由范某曼指导赵某办理业务；关于赵某前后三笔合计3000万元的存款，范某曼自认其主动介绍给董某霞，且收到了董某霞支付的300万元好处费；董某霞称其向范某曼支付了500万元的好处费，共中300万元已经支付至范某曼指定的银行卡上，200万元为向范某曼的借款并向范某曼支付利息。

赵某向法院起诉，请求判令 JN 支行给付存款本金 3000 万元并给付自 2014 年 5 月 16 日起至生效判决确定的履行之日的银行利息。

法院判决 JN 支行支付赵某存款本金 2736 万元，并支付利息（自 2014 年 5 月 16 日起，以 2736 万元为基数，以中国人民银行同期活期存款利率为标准计算至付清之日止）。

重点条文 《中华人民共和国民法典》第一百七十二条 行为人没有代理权、超越代理权或者代理权终止后，仍然实施代理行为，相对人有理由相信行为人有代理权的，代理行为有效。

法理剖析 本案的争议焦点是涉案 3000 万元存款本金及利息损失应否由 JN 支行承担以及如何承担的问题。

《中华人民共和国民法典》第五百零九条规定："当事人应当按照约定全面履行自己的义务。当事人应当遵循诚信原则，根据合同的性质、目的和交易习惯履行通知、协助、保密等义务……"第五百九十二条规定："当事人都违反合同的，应当各自承担相应的责任……"根据上述法律规定，合同当事人均应遵循诚实信用原则履行合同义务，如有违反，均应承担相应的责任。具体到本案中，JN 支行与赵某之间系电子银行服务合同关系，根据该种合同的性质及目的，作为储户的赵某以及为储户提供电子银行服务的 JN 支行，均应遵循诚实信用原则履行各自的合同义务，共同保障储蓄存款的安全。但根据本案查明的事实，JN 支行与赵某在履行电子银行服务合同过程中，均有违反诚实信用原则的不当履行行为，对于赵某存款的损失，双方均应承担相应的民事责任。

1. JN 支行在为赵某办理网上银行业务时存在未尽最大注意义务以及风险提示义务的违约行为。范某曼作为 JN 支行的大堂经理，其工作职责是对进入银行办理业务的客户进行引领指导、提供业务咨询、推介产品、维持秩序等，在赵某办理业务的四张凭单即《个人业务申请书》（开户）、《个人业务申请书》（网银）、《电子银行注册申请书》《电子银行个人客户变更事项申请书》上均有"现场管理范某曼"的名章，说明范某曼在赵某办理银行业务时履行了相应的职务行为。对到银行营业场所来办理业务的普通储户赵某来说，其有充分理由相信范某曼的所说所做即代表 JN 支行。根据《中华人民共和国民法典》第一百七十二条"行为人没有代理权、超越代理权或者代理权终止后，仍然实施代理行为，相对人有理由相信行为人有代理权的，代理行为有效"的规定，JN 支行以范某曼的行为不是职务行为的抗辩理由不能成立。范某曼并未正确履职，反而是利用其履行职务的便利，与案外人董某霞相勾结，将控制储蓄资金流转的网银登录密码、网银 U 盾提供给董某霞，导致赵某的存款因范某曼、董某霞等人的犯罪行为被转走而遭受损失。上述事实表明，范某曼利用银行工作人员身份和职务便利，在履行职务过程中严重违规，反映出 JN 支行在内部管理方面存在漏洞。赵某虽然在开户、注册网银、添加网银等业务的申请书上签字确认，但 JN 支行面对该等大龄储户应当尽到最大注意义务，给予进一步的风险提示。但现无证据证实 JN 支行对赵某进行了相关提示，反而任由赵某在范某曼指引下设置初始密码、任由范某曼经手装有 U 盾的档案袋、任由赵某在不是该行工作人员的案外人张某香陪同下修改密码。上述事实表明，JN 支行作为专业金融机构，在为普通储户尤其是年龄偏大的类似赵某的储户办理网银、交付 U 盾等直接关系存款安全的业务过程中，应当但未尽到最大注意义务和风险提示义务，工作流程和业务操作规范亦存在重大漏洞。上述均属 JN 支行在履行电子银行服务合同过程中的违约行为。JN 支行所提其在为赵某开通网银过程中不存在违约行为的主张，与本案查明的事实不符，法院不予支持。另，虽然赵某的存款最终被董某霞等人的犯罪行为转走，但并无证据证实赵某与董某霞之间达成借贷的共同意思表示，故 JN 支行所提赵某与董某霞之间构成借贷法律关系的主张，依据不足。

2. 赵某在开通网银过程中未尽合理注意义务。赵某虽然在办理储蓄、开通网银业务时已年逾 70 岁，年龄偏大，但其作为完全民事行为能力人，同时是 3000 万元资金的大额储户，其对自身储蓄存款的安全同样负有注意义务。但是，其一，赵某未从源头上尽到谨慎注意义务。一年定期存款能够获取额外年利率4%的利息、额外利息由第三人而非银行支付、提前支付而非到期支付、向专门开立的利息卡支付而非向存款账户支付、存款期间不得查询、提前支取等业务模式及规则，均明显与正常银行业务不符。赵某未产生怀疑，而是完全听信范某曼等人的说辞，未尽到应有的注意义务。其二，赵某对网银初始密码的设置未尽到注意义务。密码作为保障资金安全的电子钥匙，具有私有性、秘密性，密码泄露将直接导致资金风险。但赵某开通网银时输入的密码不是自己设置，而是范某曼指定的密码，该行为放任了其资金账户被他人控制、处置的风险。其三，赵某对U盾被他人控制未尽到相应的注意义务。双方当事人对于JN支行是否将U盾交付赵某这一情节存在争议，赵某主张JN支行柜台未将U盾直接交付于他，JN支行则主张柜台将装有U盾的档案袋交给了赵某，赵某又交给了范某曼。从公安机关对案外人张某香的询问笔录看，柜台工作人员将装有U盾的档案袋交给赵某，赵某又交给范某曼的可能性较大。但不论是赵某主张的JN支行柜台未将U盾直接交付于他，还是JN支行主张的赵某接手后又交给了范某曼，结果均是赵某未能掌握U盾。但赵某签字的《个人业务申请书》上明确提示，U盾是保护网上银行和账户资金安全的重要工具，切勿将U盾及其密码交给他人。显然，赵某对U盾被他人控制未尽到合理的注意义务，也无视前述《个人业务申请书》对于U盾重要性的提示。即便赵某因年龄原因或者基于对JN支行的充分信任，未注意《个人业务申请书》中的特别提示，不知道U盾的存在，不知道U盾被他人掌握可能导致的不法侵害，但这属于个人认识问题，不能免除其应当承担的法律责任。赵某的上述不当履行行为为范某曼、董某霞等人的犯罪行为提供了便利，对其存款损失亦存在过错。

3. 涉案存款损失的民事责任承担问题。JN支行作为专业金融机构，应当对储户存款以及结算业务等负有保障安全的义务，尤其是在当今社会公众对专业化服务依赖程度越来越高的情况下，金融机构更应遵循诚实信用原则，尽到最大的注意义务，制定完善的业务规则和操作规范，加强内部管理。但如前所述，JN 支行工作人员范某曼在赵某开通网银过程中，为赵某指定初始密码，并将 U 盾提供给犯罪分子，不仅未尽到风险提示义务，反而严重违反操作规范，表明 JN 支行在内部管理、工作流程和业务操作规范方面存在重大漏洞。故 JN 支行应当对赵某的存款损失承担主要责任，法院酌定为赵某本金损失的 95%，即赵某存款本金 3000 万元扣除已收取的额外利息 120 万元为 2880 万元，其中 95% 为 2736 万元。同时，赵某在开通网银过程中也未尽到合理的注意义务，对其本金损失应自担 5% 的责任。关于赵某主张的利息和违约金，为体现双方均有违约行为均应承担相应责任的原则，酌定 JN 支行自存款之日即 2014 年 5 月 16 日起至付清之日止，按照中国人民银行同期活期存款利率向赵某支付利息。

第八章 民事责任

[案例1] 廖某芹与王某明等提供劳务者受害责任纠纷案①

案情介绍 2021 年 4 月 18 日，廖某芹在工作中不慎被电锯锯伤左食指。意外发生后，廖某芹即被送往博罗县人民医院住院治疗 6 天，医疗费为 4145.55 元。诊断为：1. 左食指毁损伤；2. 左中指甲床挫裂伤。出院医嘱：1. 门诊换药，术后 2 周切口拆线。2. 医师指导下功能锻炼，全休一个月。3. 专科随诊，如有特殊不适，随时返院复诊。廖某芹出院后经自行委托，广东远大司法鉴定所于 2021 年 8 月 18 日作出《司法鉴定意见书》，确定廖某芹构成十级伤残。廖某芹为此支付鉴定费用 3910 元。廖某芹诉称系受雇于李某，到其承揽的位于博罗县××镇××村工地做木工，双方未签订劳动合同，工具由李某提供给廖某芹。李某否认雇请廖某芹，称"工程系转包自王某明，后转给一个叫'杨某'的包工头，后来'杨某'到外地去了，遂将工程转交给廖某芹两父子，'杨某'也没有从中赚取差价，就让父子俩与我对接，后期工资也是由我发放。"2021 年 4 月 24 日，廖某芹的儿子通过微信向王某明、李某主张 29145 元的赔偿款，李某、王某明各先行支付原告 10000 元。其后，廖某芹向法院起诉，请求依法判令王某明、李某连带支付赔偿款。

法院判决支持廖某芹的诉讼请求。

---

① 案件来源：广东省惠州市中级人民法院民事判决书（2022）粤 13 民终 4237 号。

重点条文 《中华人民共和国民法典》第一百七十七条 二人以上依法承担按份责任，能够确定责任大小的，各自承担相应的责任；难以确定责任大小的，平均承担责任。

法理剖析 行为人因过错侵害他人民事权益的，应当承担侵权责任。关于廖某芹与李某、王某明之间的关系，可认定王某明将工程转包给李某，李某再转包给"杨某"，廖某芹父子当时系受雇于"杨某"，后来"杨某"要去其他地方发展，工程转交给廖某芹两父子承接，"杨某"也没有从中赚取差价，后期工资亦由李某发放，故后期实际上是"杨某"退出了工程，由李某雇请廖某芹父子继续工作。根据《中华人民共和国民法典》第一千一百九十三条"承揽人在完成工作过程中造成第三人损害或者自己损害的，定作人不承担侵权责任。但是，定作人对定作、指示或者选任有过错的，应当承担相应的责任"的规定，王某明作为定作人，明知李某没有建设施工资质，仍然将工程发包，对此存在过错，应承担30%的赔偿责任。李某聘请廖某芹从事雇佣活动中也未提供相应的安全生产条件，存在管理上的过错，应承担廖某芹损失40%的赔偿责任，同时廖某芹作为完全民事行为能力人，在从事雇佣活动时，在未确保安全情况下施工，具有疏忽大意的过错，应承担30%的责任。根据《中华人民共和国民法典》第一百七十七条的规定，二人以上依法承担按份责任，能够确定责任大小的，各自承担相应的责任；难以确定责任大小的，平均承担责任。因此，李某、王某明应各自承担相应的责任，廖某芹自负30%的责任。

［案例2］ 张某友与中国邮政储蓄银行股份有限公司 TS 市分行等借款合同纠纷案①

案情介绍 中国邮政储蓄银行股份有限公司 TS 市分行（以下简称邮储银行）与遵化市 XBYD 重型机械制造有限公司（以下简称

---

① 案件来源：河北省高级人民法院执行裁定书（2022）冀执复272号。

XBYD 公司）、张某保、张某友、张某、丁某华金融借款合同纠纷一案，执行依据为 TS 市中级人民法院 2015 年 9 月 22 日作出的民事调解书，该调解书确认：一、XBYD 公司于 2015 年 9 月 30 日前偿还邮储银行借款本金 150 万元，至 2016 年 2 月 29 日前偿还借款本金 500 万元，至 2016 年 6 月 30 日前偿还借款本金 1350 万元及全部利息（年利率 7.8%）、罚息（年利率 11.7%）；二、张某保、张某友、张某、丁某华对上述债务的清偿承担连带责任；三、案件受理费、保全费 75965 元，由 XBYD 公司、张某保、张某、张某友、丁某华共同负担。在诉讼阶段，依据邮储银行的财产保全申请，TS 市中级人民法院查封了张某友名下位于北京市东城区的房产。2016 年 3 月 14 日，TS 市中级人民法院立案执行。在执行过程中，邮储银行曾与 XBYD 公司、张某友之间进行过协商，双方同意由张某友自行处置上述被查封的房产，所得款项用于清偿本案债务，但截至目前该房产仍未出售。2019 年 4 月 11 日，执行机构作出执行裁定，对上述房产进行了续行查封，查封期自 2019 年 4 月 12 日起至 2022 年 4 月 11 日止。张某友对此不服，向 TS 市中级人民法院提出执行异议。

TS 市中级人民法院查明，2013 年 3 月 7 日，XBYD 公司与邮储银行签订《小企业最高额抵押合同》，为其借款提供了抵押物，抵押财产包括：1. 登记在张某保名下位于遵化市东二环南路东的遵国用（2003）字第 231 号国有土地使用权和遵房权证遵镇字第 1×××房产所有权；2. 登记在丁某华名下位于遵化市的遵国用（2003）字第 232 号国有土地使用权和遵房权证遵镇字第 1×××产所有权。2021 年 7 月 13 日，TS 市中级人民法院委托 TSRH 房地产评估有限公司对上述抵押物进行价值评估。8 月 19 日，TSRH 房地产评估有限公司出具房地产估价报告，认为以 2021 年 7 月 20 日为基准日，登记在张某保名下位于遵化市东二环南路东的房地产及地上附着物价值 1633.76 万元，登记在丁某华名下位于遵化市的房地产及地上附着物价值 2186.37 万元，两项合计 3820.13 万元。

TS 市中级人民法院再查明，关于被执行人 XBYD 公司的还款情况，2015年9月30日，该公司还款150万元，2019年3月20日还款2元。根据邮储银行的计算，截至2021年6月28日，该公司欠付本金1849.9998万元，欠付利息合计1392.446528万元、迟延履行金600.8950万元，以上三项合计3843.341328万元。

张某友不服TS市中级人民法院作出的执行裁定，向河北省高级人民法院申请复议。河北省高级人民法院驳回张某友的复议请求。

重点条文 《中华人民共和国民法典》第一百七十八条 二人以上依法承担连带责任的，权利人有权请求部分或者全部连带责任人承担责任。

法理剖析 《中华人民共和国民法典》第一百七十八条第一款规定，二人以上依法承担连带责任的，权利人有权请求部分或者全部连带责任人承担责任。《中华人民共和国民事诉讼法》第二百六十四条规定，被执行人未按判决、裁定和其他法律文书指定的期间履行给付金钱义务的，应当加倍支付迟延履行期间的债务利息。第二百四十五条规定，人民法院制作的调解书的执行，适用本编的规定。张某友未履行法律文书确定的义务，加倍支付迟延履行期间的债务利息，并无不当。经计算，XBYD公司的债务金额为3843.341328万元，该公司所提供的抵押物经评估后现价值3820.13万元，抵押物价值小于目前的债务总额，且被查封的张某友名下房产为不可分割物，综合考虑财产在执行过程中可能出现的流拍降价等因素，故执行机构另行查封张某友名下房产的执行行为不构成超标的查封。TS市中级人民法院作出民事调解书，确认张某友对XBYD公司的债务承担连带责任，执行机构执行担保财产或保证人财产并无先后顺序的要求。

[案例3] 宝应县氾水镇A村股份经济合作社与王某喜合同纠纷案①

案情介绍 王某喜系宝应县氾水镇A村股份经济合作社村委会

---

① 案件来源：江苏省宝应县人民法院民事判决书（2021）苏1023民初6039号。

村民，2014 年 11 月 16 日，经公开招标，王某喜取得宝应县泛水镇 A 村鱼塘组 190 亩水面的承包权。同日，A 村股份经济合作社、王某喜双方签订承包合同，承包期限为 2015 年 1 月 1 日至 2019 年 12 月 30 日，该合同第五条"乙方的权利义务"中第四项规定，"乙方承包期满后，自行拆除或处理地上地下防逃设备及动产部分的建筑物，承包期满前十天必须捕清承包区域内一切水产品、种植产品，伐清圩堤上的所有树木，不得影响下一轮承包，否则强制清理，其清理费用由王某喜支付"。该合同第七条"违约责任"中第一项规定，"即如当事人一方擅自违约合同，应向对方支付违约金，违约金为合同价款的 20%"。2020 年 1 月 6 日，双方签订《水面延期承包协议》，约定承包期限从 2020 年 1 月 1 日至 12 月 30 日，第四条"其他条件"中约定"协议到期后，乙方无条件拆除养殖上所有设施及树木……"协议底部，A 村股份经济合作社、王某喜双方均盖章或签名确认，承包合同及延期协议均实际履行。

2021 年 1 月 26 日，A 村股份经济合作社村委会出具证明一份，证明王某喜在村鱼塘组承包的 190 亩鱼塘已到期，鱼塘圩埂上有 1000 多棵枫杨树需砍伐。其后，A 村股份经济合作社向法院提起诉讼，请求法院依法判令王某喜伐清其原承包田圩堤上的所有树木并支付违约金。

法院查明，王某喜承包田地属原泛光湖境内，2019 年下半年，该区域被自然资源部门划入国家自然保护区范围内，当前的政策是不得砍伐该区域内的树木，如自行砍伐会视情节严重程度被行政拘留乃至入刑，即使王某喜向农林部门提交书面申请要求砍树，根据政策规定也不能办理许可证。法院判决驳回 A 村股份经济合作社的诉讼请求。

重点条文 《中华人民共和国民法典》第一百八十条 因不可抗力不能履行民事义务的，不承担民事责任。法律另有规定的，依照其规定。

不可抗力是指不能预见、不能避免且不能克服的客观情况。

法理剖析 本案的争议焦点为：一是王某喜未在规定时间内伐清树木的行为是否违约；二是如果王某喜的行为系违约，是否应承担相应的违约责任。

村委会的土地发包、招投标、流转程序合法正当，A 村股份经济合作社、王某喜签订的《承包合同》是双方的真实意思表示，且该合同已实际履行，依法应予保护。根据《中华人民共和国民法典》第一百八十条"因不可抗力不能履行民事义务的，不承担民事责任。法律另有规定的，依照其规定。不可抗力是指不能预见、不能避免且不能克服的客观情况"规定，本案中，在承包合同履行期内，国家环保政策的出台致使被告承包区域被划入自然保护区，王某喜无法获取砍伐许可证，导致承包合同及延期协议中规定的"伐清圩堤上的所有树木""协议到期后，乙方无条件拆除养殖场上所有设施及树木"的义务在协议到期时不能履行，故未能伐清树木系因国家政策调整，属于不可抗力，而并非王某喜本人的原因，同时，被归因为不可抗力的情况下，王某喜也无须承担民事责任。

[案例 4] 陈某豪与施某菊生命权、身体权、健康权纠纷案①

案情介绍 案外人蔡某与施某菊系亲戚关系，之前因家庭矛盾发生过纠纷。2017 年 7 月 19 日中午，蔡某至施某菊家找施某菊的丈夫沈某平，要求沈某平三小时内给蔡某的母亲也就是沈某平的姐姐赔礼道歉。当日傍晚，蔡某带着陈某豪、案外人黄某、龚某、王某等人一起驱车来到施某菊家。起先蔡某独自进入施某菊家中，与施某菊的丈夫沈某平发生肢体冲突，后陈某豪、黄某、龚某亦进入施某菊家院子，此时蔡某仍与沈某平殴打在一起，陈某豪等二人拦住沈某平的儿子不让其上前拉架、帮忙，施某菊上前阻止蔡某殴打沈某平时，被蔡某挥拳打在鼻子上，施某菊鼻子受伤。后施某菊抓起

---

① 案件来源：上海市第一中级人民法院民事判决书（2021）沪 01 民终 262 号。

水斗里的塑料洒水壶向陈某豪等人泼洒，陈某豪被洒水壶中泼出的脱漆剂烧伤。

　　事发后各方当事人在公安机关做了笔录，其中，关于施某菊何时向众人泼洒液体，蔡某、沈某平、陈某豪均陈述施某菊在被蔡某挥拳打后即向众人泼洒液体，蔡某另陈述在施某菊泼洒液体后其用拳头打了施某菊头面部，而施某菊陈述其在被蔡某挥拳打后，欲再次上前阻止蔡某，此时有人从后殴打其后脑，但没看清是谁打的，此后其才向众人泼洒液体；关于蔡某与沈某平之间的肢体冲突，蔡某陈述是沈某平先出言不逊并伸手推了自己，让自己滚，其回推了沈某平，双方因此开始互殴，而沈某平陈述蔡某进入院子以后就揪住自己开始殴打，其并未还手，仅用手护住头部；关于陈某豪进入院子以后做了什么，陈某豪陈述其看到蔡某与沈某平对打，想上前抱住蔡某让他不要打了，正好看到施某菊的儿子从屋里出来要去帮沈某平，就抓住了施某菊的儿子将其推到院子角落，跟他说不要过去帮忙，施某菊的儿子不动后，其又想去拉蔡某，看到蔡某打了施某菊，施某菊拿出洒水壶向陈某豪等人泼洒，陈某豪被烧伤后就逃出院子找水龙头了；沈某平陈述在施某菊泼洒液体后跟着蔡某进入院子的三人殴打了施某菊头部；关于脱漆剂，沈某平陈述其家里是做漆工的，脱漆剂是用于洗掉家具上原来的油漆的，施某菊陈述其不知道洒水壶中装的是脱漆剂，只是情急之下抓起洒水壶进行泼洒。

　　本次纠纷导致多人受伤，其中施某菊的伤情为面部软组织挫伤、眼部钝挫伤、鼻骨骨折，经鉴定构成轻微伤；沈某平的伤情为面部软组织挫伤、鼻骨骨折，经鉴定构成轻微伤；陈某豪的伤情为躯干、四肢灼伤（Ⅱ°-深Ⅱ°占体表面积5%，Ⅲ°占体表面积0.5%），经鉴定构成轻伤。施某菊于2017年11月15日因涉嫌故意伤害罪被拘留，后于2017年11月29日因不构成犯罪被释放。蔡某于2017年12月21日因殴打施某菊和沈某平致二人轻微伤而受到行政拘留十日并处罚款500元的行政处罚。公安机关承办人在2017年12月8日的《工作情况》中记载："1. 本案中涉案人员陈某豪、黄某、龚某现被我局取保候审。其中黄某、龚某的伤势经法医初步检验，也均已达到轻微伤的程度，鉴定手续正在按顺序办理。2. 本案中涉案人员施某菊经浦东新区人民检察院对案卷审核，认为其行为系正当防卫，不应追究刑事责任。另施某菊一方拒绝跟对方进行和解，承担赔偿责任。3. 本案中2017年7月18日被害人沈某霞报称其至其弟弟沈某平家处理房子动迁事宜时遭到沈某平持刀砍伤，后此事经设在××路镇人民调解委员会主持下双方达成和解，因双方强调系亲属，无须出具书面材料，故案卷内无此相关的调解书文本。"

陈某豪向法院提起诉讼，请求判令施某菊赔偿医疗费、误工费、营养费、护理费、住院伙食补助费、交通费、衣物损失费、鉴定费、残疾赔偿金、精神损害抚慰金、律师费。

法院判决驳回陈某豪的全部诉讼请求。

重点条文 《中华人民共和国民法典》第一百八十一条 因正当防卫造成损害的，不承担民事责任。

正当防卫超过必要的限度，造成不应有的损害的，正当防卫人应当承担适当的民事责任。

法理剖析 本案的争议焦点为：（一）施某菊是否构成正当防卫；（二）防卫是否超出必要限度。就上述争议，具体分析如下：

（一）施某菊是否构成正当防卫

正当防卫，是行为人为保护社会公共利益、自身或者他人的合法权益免受正在进行的紧迫侵害，而针对非法侵害采取的必要防卫措施。据此，判断行为性质的法律条件须满足必须有正在进行的侵害事实、不法侵害须正在进行且具有现实紧迫性、须以合法防卫为目的、防卫须针对加害人、防卫不能超过必要的限度。从本案查明情况来看，施某菊行为符合正当防卫构成要件。首先，根据在案相关人员的公安询问笔录，本案系蔡某因之前纠纷而召集陈某豪在内多人至其舅舅沈某平家"撑场面、讨说法"，陈某豪等人出于彼此的朋友关系和情面而一同前往为蔡某"壮胆、帮忙"，从陈某豪等人的行为来看，系明知其行为可能会给他人权益造成侵害而有意为之，具有共同侵权的意思联络。其次，蔡某与陈某豪等四人至施某菊家后，即实施蔡某殴打沈某平、施某菊，陈某豪等人控制沈某平和施某菊之子的侵权行为。其间，沈某平、施某菊均被击打而致面部软组织挫伤、鼻骨骨折、脸部出血。在施某菊进行反击之前，蔡某与陈某豪等人的侵害行为处于持续状态并已严重损害了施某菊及其家人的人身权利。最后，施某菊面对进入其家中并实施上述侵害行为的外来人员，在家人和自己被打伤及受迫控制的情形下，随手抓取身边的洒水壶进行泼洒的行为，系对正在进行中的不法侵害行为进行的防卫，并非以防卫为借口实施报复或防卫挑拨行为，其行为针对的是陈某豪与蔡某等上门实施侵害行为的特定一方，其防卫对象明确。综上，陈某豪主观上对蔡某约人至其舅舅沈某平家"撑场面、讨说法"可能发生的侵害结果事先已有认识，客观上又主动随蔡某等人共同前往，且在蔡某殴打沈某平、施某菊过程中，陈某豪并无劝解阻拦之举，反而对施某菊一方家人实施人身控制行为，故陈某豪并非与本案无关的第三人，而系不法侵害行为的共同参与人。正因为陈某豪、蔡某等人的共同不法行为，直接导致沈某平、施某菊合法权益被严重侵害，施某菊对于进入其家中并实施侵害行为的人员进行防卫，起因是存在不法侵害，时机处于不法侵害正在进行之中，对象系针对不法侵害行为人，意图为阻却不法侵害行为，系依法行使防卫权利，属于正当之举。

（二）施某菊防卫是否超出必要限度

正当防卫不能超出必要的限度，如果超出必要限度的正当防卫，造成不应有损害的，正当防卫人应当承担适当的民事责任。必要限度的要求即是该防卫行为达到足以有效制止侵害行为的强度，对于本案防卫行为是否超过必要限度的判断，就具体事实分析，首先，蔡某与陈某豪等四人至施某菊家后，即实施殴打沈某平、施某菊和控制其家人的行为，施某菊面临的侵害行为具有突然性、暴力性和现实紧迫性，以较缓和的手段难以制止该侵害行为。施某菊采取防卫的时间处于蔡某与陈某豪等人侵害行为开始后和终止前，采取的手段为在被侵害过程中随手拿起身边的洒水壶进行泼洒，且当蔡某与陈某豪等人逃离后亦停止防卫。结合双方的力量对比及防卫一方的急迫情景、紧张心理及对洒水壶内液体认识的限制等情况，施某菊防卫行为适当，实施行为在手段和强度上均未超出必要的限度。其次，蔡某、陈某豪等人的不法行为，既非法侵入他人住宅，还造成施某菊及其配偶沈某平身体被打受伤、其家人人身权利被侵犯的后果。施某菊防卫行为导致陈某豪身体受伤，对应的亦是人身权，故从双方利益衡量来看，二者的权益属同一法律位阶，施某菊并非以反击重大利益来维护较小利益，本案防卫行为导致受损的利益与侵害行为损害的利益相当。故无论是施某菊所面临侵害行为与其防卫行为的手段和强度对比，还是施某菊所被侵害的权益与其防卫行为所保护的权益对比，施某菊防卫行为均未超出必要限度。

综上所述，正当防卫是法律赋予公民的权利，是与不法行为作斗争的重要法律武器。不法侵害既包括侵犯生命、健康权利的行为，也包括侵犯人身自由、公私财产等权利的行为；既包括犯罪行为，也包括违法行为。本案纠纷缘起亲属间家庭矛盾，在经调解组织调解后双方已经和解。案外人蔡某却因一己私利执意再度挑起事端，召集陈某豪等人上门寻衅，陈某豪等人属于共同实施不法侵害的行为人。施某菊在遭受不法侵害过程中，为使本人和家人的人身权利免受正在进行的不法侵害而采取的行为系正当防卫，防卫行为未超过必要限度，因正当防卫造成损害的，不承担民事责任。

［案例5］ 金某与李某祥恢复原状纠纷案①

案情介绍 金某系沈阳市铁西区××中路28-1号（1-7-2）房屋住户。李某祥系沈阳市铁西区××中路28-1号（1-1-2）房屋业主。2018年7月，1-1-2号房屋下水主管道因故返水，李某祥与楼上业主经社区组织调解未果，李某祥将其室内的主杠供水总阀门关闭，

---

① 案件来源：辽宁省沈阳市中级人民法院民事判决书（2022）辽01民终14222号。

致使楼上业主无法用水。李某祥同时将其室内的该下水主管道封堵。另查明，金某向法庭出示房屋租赁协议一份，载明"出租人肇某雁，租用人金某，租赁期限2018年10月1日至2021年10月1日，半年租金10000元……"另查明，2022年1月20日，景星南社区出具证明载明："2018年7月2日，该单元一楼2号住户李某祥因下水堵塞家中反水，因赔偿问题与楼上六家协商未果，关闭屋内主杠自来水阀，导致楼上六家多年一直无法用水。其间，我社区多次进行调解均未调解成功。"金某向法院起诉，请求依法判决李某祥解除对供水、排水的妨害，恢复原状，将水阀打开且将自家屋内割断并堵死的下水管道接通；判令李某祥赔偿切断供水及堵死下水期间金某房屋不能使用的损失，并计算至上下水实际恢复之日止。

法院判决支持金某的诉讼请求。

重点条文　《中华人民共和国民法典》第一百八十二条　因紧急避险造成损害的，由引起险情发生的人承担民事责任。

危险由自然原因引起的，紧急避险人不承担民事责任，可以给予适当补偿。

紧急避险采取措施不当或者超过必要的限度，造成不应有的损害的，紧急避险人应当承担适当的民事责任。

法理剖析　关于李某祥主张其关闭阀门的行为系紧急避险、不应承担责任的问题。所谓紧急避险，是指为了保护本人或他人的人身或财产免受正在发生的危险，不得已采取的致人损害的行为。紧急避险是一种合法行为，是在两种合法利益不可能同时得到保护的情况下，不得已而采用牺牲其中较小的利益、保全较大的利益的行为。紧急避险人避让风险、排除危险的行为有其正当性，因此紧急避险成为民事责任的免责事由之一。紧急避险行为必须满足的构成要件为：1. 必须是为了使本人或他人的人身或财产免受危险的损害。2. 必须是对正在发生的危险而采取的紧急避险行为。如果危险尚未发生或者已经消除，或者虽然已经发生但不会对合法权益造成损害，则不能采取避险措施。某人基于对危险状况的错误认识甚至臆想而采取避险措施，造成他人利益损害的，构成侵权行为，应当承担民事责任。3. 必须是在不得已情况下采取避险措施。避险行为具有现实紧迫性，如果面对突然而遇的危险不采取紧急避险措施，就会造成更大的损失。4. 不能超过必要限度。也就是说，在面临紧急危险时，实施紧急避险行为的人应采取适当的措施，以尽可能小的损害来保全更大的合法利益。根据危险行为来源不同，紧急避险行为的法律后果也不同，主要有如下情形：1. 险情是由人为因素造成的情形。实施紧急避险行为的人造成本人或者他人损害的，由引起险情发生的人承担责任。2. 危险是由自然原因引起的情形。如果紧急避险人是为了本人的利益而采取避险行为，造成第三人利益损害的，紧急避险人作为受益人，应当对第三人的损害给予适当补偿。3. 因紧急避险采取措施不当或者超过必要的限度，造成不应有的损害的，紧急避险人应当承担适当的责任。"紧急避险采取措施不当"，是指在当时的情况下能够采取可能减少或避免损害的措施而未采取，或者采取的措施并非排除险情所必须。紧急避险"超过必要的限度"，是指采取紧急避险措施没有减少损害，或者紧急避险所造成的损害大于所保全的利益。本案李某祥关闭涉案阀门四年之久，难以确定李某祥的行为没有超过必要的限度，李某祥应承担赔偿责任并酌情确定赔偿数额。

[案例 6] 周某与刘某某见义勇为人受害责任纠纷案[①]

案情介绍 2020 年 3 月 4 日 11 时左右，周某与其朋友韩某江在周某家清雪，韩某江接到一摄影爱好者刘某某在千山摔伤需要救援的消息，韩某江请求周某驾车送其到千山参加救援。后周某也被邀一起上山参与救援工作。周某在救援过程中不慎受伤，被送至鞍山市第三医院就诊，经诊断为右胫骨、腓骨骨折，住院治疗，3 月 18 日出院，住院 14 天，花费医疗费 8138.11 元。周某向法院起诉，请

---

① 案件来源：辽宁省鞍山市中级人民法院民事判决书（2022）辽 03 民终 561 号。

求判令刘某某支付医疗费、护理费、交通费及利息。

法院判决刘某某补偿周某见义勇为受害损失 10000 元。

重点条文 《中华人民共和国民法典》第一百八十三条 因保护他人民事权益使自己受到损害的，由侵权人承担民事责任，受益人可以给予适当补偿。没有侵权人、侵权人逃逸或者无力承担民事责任，受害人请求补偿的，受益人应当给予适当补偿。

法理剖析 见义勇为，是指行为人在没有约定义务也没有法定义务的情况下，为了使国家利益、社会公共利益或者他人的合法权益不受或免受侵害，而实施的制止侵害、防止损失的行为。见义勇为是社会主义核心价值观的具体体现，应当予以鼓励和提倡。本案中，周某在得知刘某某在千山摔伤急待救援后，虽明知此时大雪封山，山路难行，仍主动到千山救援有生存危险的刘某某，此种救助行为符合见义勇为行为的基本特征，体现了中华民族危难相助、见义勇为的传统美德，应予以保护与弘扬。当下全社会都在大力弘扬鼓励见义勇为的英雄义举，司法正义作为社会公平正义的最后一道防线，人民法院更应该维护见义勇为人的合法权益，法治社会绝不应辜负见义勇为的善举。因此，在获得社会赞扬的同时，见义勇为人自身的合法权益亦应受到保护。本案中，周某在施救过程中受伤导致自身右胫骨、腓骨骨折。因为周某入雪山救援刘某某的行为本身具有较高的风险性，在危急情况下要求见义勇为者严格依规进行不但会丧失有利时机而且会导致行为人畏手畏脚而达不到见义勇为的目的，因此对于见义勇为人不应过于严苛，不应给见义勇为人苟以更多的谨慎注意义务。《中华人民共和国民法典》第一条规定："为了保护民事主体的合法权益，调整民事关系，维护社会和经济秩序，适应中国特色社会主义发展要求，弘扬社会主义核心价值观，根据宪法，制定本法。"第一百八十三条规定："因保护他人民事权益使自己受到损害的，由侵权人承担民事责任，受益人可以给予适当补偿。没有侵权人、侵权人逃逸或者无力承担民事责任，受害人请求补偿的，受益人应当给予适当补偿。"从上述法律规定可见，司法裁判应维护社会和经济秩序、弘扬社会主义核心价值观，切实发挥司法裁判在国家治理、社会治理中的规范、评价、教育、引领等功能。社会主义法律法规所体现的国家价值目标、社会价值取向和公民价值准则应统一，以实现法治和德治相辅相成、相得益彰。人民法院对案件审理应让维护法律和公共利益的行为受到鼓励，以公正裁判树立行为规则，引领社会风尚，对案件裁判应体现社会价值导向，引领遵纪守法、见义勇为的社会风气，让见义勇为者敢为勇为、匡扶公道，在急危困乱之时才不瞻前顾后。本案中，周某的见义勇为行为完全符合社会主义核心价值观的本质要求，值得社会褒扬及尊重。综上，为弘扬社会传统美德，倡导助人为乐、危难相助、见义勇为的高尚道德准则和中华民族传统美德，鼓励和支持见义勇为行为，保护见义勇为人员的合法权益，

法院酌定由刘某某在本次诉请范围内补偿周某 10000 元为宜。

［案例 7］ 王某某与刘某江健康权纠纷案①

案情介绍 2020 年 10 月 31 日 12 时许，王某某及丈夫在屋后与刘某海发生口角。刘某江系刘某海堂兄，听到吵骂声后赶到现场劝架，在王某某欲向前再与刘某海理论时，刘某江拉扯王某某的胳膊，导致王某某摔倒在地。王某某于 2020 年 11 月 2 日在平度市人民医院检查，诊断为腰椎压缩性骨折，当天住院并进行手术治疗，共住院 2 天，支出医疗费 17160.72 元。王某某向法院起诉，请求判令刘某江赔偿医疗费以及伤残赔偿金、误工费、护理费、住院伙食补助费、交通费、精神损害抚慰金等。

法院判决驳回王某某的诉讼请求。

重点条文 《中华人民共和国民法典》第一百八十四条 因自愿实施紧急救助行为造成受助人损害的，救助人不承担民事责任。

法理剖析 本案的争议焦点为，刘某江是否基于紧急救助行为

---

① 案件来源：山东省青岛市中级人民法院民事判决书（2021）鲁 02 民终 10838 号。

而免责。因自愿实施紧急救助行为造成受助人损害的，救助人不承担民事责任。具体到本案中，事发时王某某与刘某海争执，刘某江为劝架站在王某某对面挡着符合理性人的正常思维。王某某在被阻拦的情况下欲绕过刘某江找刘某海理论，双方存在矛盾升级的可能性和紧急性，刘某江拉扯王某某胳膊避免王某某可能受到的人身损害，符合自愿实施紧急救助的构成要件。王某某主张其并未与刘某海发生肢体冲突，刘某江应制止刘某海而不是拉扯年近七旬的王某某。然而，面对矛盾升级的紧急情况，要求救助人精准判断出受助人可能受到多大伤害，然后冷静换算出等值的救助强度与救助手段，过于强人所难，也不为法律所倡导。同时，自愿实施紧急救助行为对于因此造成的受助人的损害属于免责事由，而非减责事由。刘某江因实施救助行为造成受助人王某某损害，不承担侵权责任。

第九章　诉讼时效

[案例1]　金某海与李某刚侵害发明专利权纠纷案①

案情介绍　2001 年 8 月 10 日，金某海向国家知识产权局申请了名为"反向地面刨毛机"的发明专利，授权公告日为 2003 年 12 月 17 日，目前专利有效。

2018 年 6 月 1 日，李某刚在门面标识有"五金机电城 29 幢 9 号建筑机械"的店铺内以 2050 元的价格销售了一台被诉侵权产品给金某海的委托代理人张某超。广东省广州市南粤公证处对该销售行为进行了证据保全。

法院于 2020 年 6 月 9 日收到金某海向法院邮寄的本案立案材料。法院认为"反向地面刨毛机"发明专利在有效期限内，法律状态稳定，其权利人已履行了缴纳专利年费的义务，故该专利为有效专利，应受国家法律保护。李某刚未经专利权人许可，以生产经营为目的销售侵权产品，侵犯了金某海享有的发明专利权，应承担停止侵权、赔偿损失的民事责任。

法院判决李某刚立即停止销售侵害金某海享有发明专利权的产品，并赔偿金某海经济损失及维权合理费用。

重点条文　《中华人民共和国民法典》第一百八十八条　向人

---

① 案件来源：中华人民共和国最高人民法院民事判决书（2021）最高法知民终 278 号。

民法院请求保护民事权利的诉讼时效期间为三年。法律另有规定的，依照其规定。

诉讼时效期间自权利人知道或者应当知道权利受到损害以及义务人之日起计算。法律另有规定的，依照其规定。但是，自权利受到损害之日起超过二十年的，人民法院不予保护，有特殊情况的，人民法院可以根据权利人的申请决定延长。

法理剖析　本案的重要问题是金某海的起诉是否已过诉讼时效。根据《中华人民共和国民法典》第一百八十八条第一款规定，"向人民法院请求保护民事权利的诉讼时效期间为三年。法律另有规定的，依照其规定。"本案应适用于《中华人民共和国民法典》规定的三年诉讼时效期间。金某海知道或者应当知道侵权行为应为公证取证时间 2018 年 6 月 1 日，法院于 2020 年 6 月 9 日收到金某海向法院邮寄的本案立案材料主张权利，金某海的起诉未超过三年诉讼时效期间。

[案例 2]　乌鲁木齐 YX 工贸有限公司与克拉玛依市独山子 TRX 商贸有限公司股权转让纠纷案①

案情介绍　克拉玛依市独山子 TRX 商贸有限公司（以下简称 TRX 公司）与乌鲁木齐 YX 工贸有限公司（以下简称 YX 公司）股权转让纠纷一案，乌鲁木齐市中级人民法院于 2014 年 10 月 29 日作出（2014）乌中民二初字第 88 号民事判决。YX 公司不服，上诉至区高级人民法院，该院于 2015 年 4 月 27 日作出（2015）新民二终字 41 号民事判决：驳回上诉，维持原判。上述判决发生法律效力后，TRX 公司于 2015 年 7 月 30 日向乌鲁木齐市中级人民法院申请强制执行。2015 年 12 月 25 日，乌鲁木齐市中级人民法院作出（2015）乌中执字第 377-1 号民事裁定：终结乌鲁木齐市中级人民法院作出的（2014）乌中民二初字第 88 号民事判决的本次执行程序。

2015 年 10 月 19 日，TRX 公司起诉 XY 公司、YX 公司房屋买卖

---

① 案件来源：中华人民共和国最高人民法院执行裁定书（2022）最高法执监 73 号。

合同纠纷一案，TRX 公司的诉讼请求是要求 XY 公司向其交付房产、土地及酒店设施等。新疆维吾尔自治区克拉玛依市独山子区人民法院于 2018 年 4 月 28 日作出（2015）独民二初字第 152 号民事判决，支持 TRX 公司的诉讼请求。XY 公司不服该判决，向新疆维吾尔自治区克拉玛依市中级人民法院提起上诉，该院于 2018 年 12 月 7 日作出（2018）新 02 民终 378 号民事判决驳回 TRX 公司全部诉讼请求。TRX 公司向区高级人民法院申请再审，区高级人民法院于 2019 年 6 月 20 日作出（2019）新民申 776 号民事裁定书，驳回 TRX 公司的再审申请。

TRX 公司于 2021 年 5 月向执行法院申请强制执行。乌鲁木齐市中级人民法院作出（2021）新 01 执异 367 号执行裁定。YX 公司向区高级人民法院申请复议请求。区高级人民法院作出（2021）新执复 117 号执行裁定：驳回 YX 公司的复议申请，维持乌鲁木齐市中级人民法院（2021）新 01 执异 367 号执行裁定。YX 公司不服区高级人民法院（2021）新执复 117 号执行裁定，向最高人民法院申诉。

最高人民法院判决驳回 YX 公司的申诉请求。

重点条文 《中华人民共和国民法典》第一百九十五条　有下列情形之一的，诉讼时效中断，从中断、有关程序终结时起，诉讼时效期间重新计算：

（一）权利人向义务人提出履行请求；

（二）义务人同意履行义务；

（三）权利人提起诉讼或者申请仲裁；

（四）与提起诉讼或者申请仲裁具有同等效力的其他情形。

法理剖析 本案执行监督程序审查的焦点：YX 公司申诉主张申请执行已经超过时效期间，依据是否充分。

《中华人民共和国民事诉讼法》第二百五十条规定，申请执行的期间为二年。申请执行时效的中止、中断，适用法律有关诉讼时效中止、中断的规定。前款规定的期间，从法律文书规定履行期间的最后一日起计算；法律文书规定分期履行的，从最后一期履行期限届满之日起计算；法律文书未规定履行期间的，从法律文书生效之日起计算。《中华人民共和国民法典》第一百九十五条规定，"有下列情形之一的，诉讼时效中断，从中断、有关程序终结时起，诉讼时效期间重新计算：（一）权利人向义务人提出履行请求；（二）义务人同意履行义务；（三）权利人提起诉讼或者申请仲裁；（四）与提起诉讼或者申请仲裁具有同等效力的其他情形。"本案中，执行依据即乌鲁木齐市中级人民法院（2014）乌中民二初字第 88 号民事判决确定的债务履行期限于 2015 年 5 月 7 日届满。该判决生效后，TRX 公司就判决第一项关于返还股权转让款 200 万元的判项没有申请执行，而是于 2015 年 10 月 19 日另案提起诉讼，主张债权债务抵销。依照上述法律规定，TRX 公司提起另案诉讼主张债权债务抵销，属于导致时效中断的情形。该另案经区高级人民法院于 2019 年 6 月 20 日裁定驳回 TRX 公司的再审申请后，申请强制执行的时效期间重新计算。TRX 公司于 2021 年 5 月向执行法院申请强制执行，没有超过法定二年期间。YX 公司关于 TRX 公司申请执行已经超过时效期间的申诉主张，与法律规定不符，最高人民法院不予采纳。YX 公司据此请求撤销区高级人民法院复议裁定、乌鲁木齐市中级人民法院异议裁定，没有事实和法律依据，最高人民法院不予支持。

第二编
物　权

［案例1］ 山东 BH 集团有限公司与王某新等不动产登记纠纷案①

案情介绍 王某新原系山东 BH 集团有限公司旗下公司职工，与胡某华系夫妻关系。2003 年，山东 BH 集团有限公司为办理贷款需要，将位于桓台县××镇 BH 生活区 9 号楼 3 单元 201 室的房产及相应土地使用权登记在王某新名下，由王某新顶名办理贷款事宜。山东 BH 集团有限公司将贷款还清后，双方于 2013 年 7 月到桓台县不动产登记中心办理了涉案房产的所有权转移登记手续，而涉案房产的土地使用权转移手续，王某新、胡某华一直未予配合办理，故山东 BH 集团有限公司诉至法院，要求王某新、胡某华协助办理桓国用（2003）第××056-27 号的土地使用权转移登记手续。

法院判决王某新、胡某华协助山东 BH 集团有限公司将土地使用权转移登记至山东 BH 集团有限公司名下。

重点条文 《中华人民共和国民法典》第二百一十四条 不动产物权的设立、变更、转让和消灭，依照法律规定应当登记的，自记载于不动产登记簿时发生效力。

法理剖析 根据《中华人民共和国民法典》第二百一十四条的规定，结合《房屋所有权证》《淄博市房屋产权登记审批表》《房屋所有权转移登记申请书》《国有土地使用权证》等证明所显示的信息，位于桓台县××镇 BH 生活区 9 号楼 3 单元 201 室的淄博市房权证桓台县字第××-1922967 号房产所有人为山东 BH 集团有限公司，故山东 BH 集团有限公司要求王某新、胡某华协助办理涉案房产的土地使用权转移登记的请求合理合法。

---

① 案件来源：山东省桓台县人民法院民事判决书（2023）鲁 0321 民初 648 号。

［案例2］渠某申与牡丹江市 LM 房地产开发有限公司等不动产登记纠纷案①

案情介绍 2007 年 6 月 30 日，渠某申与牡丹江市 LM 房地产开发有限公司（以下简称 LM 公司）签订了商品房买卖合同，并以现金方式支付房屋房款，渠某申购得涉案房屋且占有使用房屋至今。渠某申曾多次要求 LM 公司办理产权登记，并向法院提起诉讼，法院判决渠某申与 LM 公司所签订的商品房买卖合同有效。但是，由于该房屋被孟某梅办理了预告登记，LM 公司不能协助渠某申办理产权登记。

2012 年 3 月 19 日，孟某梅与 LM 公司签订了商品房买卖合同，约定孟某梅购买 LM 公司开发的位于牡丹江市西安区房屋进行顶账，但该合同上未约定价款，本案涉及的房屋也是孟某梅与 LM 公司之间房屋中的一户。2012 年 9 月 18 日，LM 公司协助孟某梅在房产部门为上述房屋办理了商品房预告登记。涉案房屋所在小区于 2013 年 9 月就具备办理房屋产权证照的条件且有办理记录，但孟某梅在涉案房屋可以办理产权登记后一直未办理登记。

基于上述情况，2021 年 7 月 21 日，渠某申请求法院判决涉案房屋归其所有并由 LM 公司协助办理产权登记保护其合法权利。

法院判决 LM 公司协助渠某申办理房屋所有权登记手续。

重点条文 《中华人民共和国民法典》第二百二十一条 当事人签订买卖房屋的协议或者签订其他不动产物权的协议，为保障将来实现物权，按照约定可以向登记机构申请预告登记。预告登记后，未经预告登记的权利人同意，处分该不动产的，不发生物权效力。

法理剖析 本案系因 LM 公司一房多卖而引发的纠纷。渠某申与 LM 公司签订的房屋买卖合同合法有效，而孟某梅与 LM 公司之间签

---

① 案件来源：黑龙江省牡丹江市西安区人民法院民事判决书（2021）黑 1005 民初 1447 号。

订的房屋买卖合同也是双方的真实意思表示，签订的合同也同样合法有效。根据审理一房多卖案件的处理原则，在两个涉案共同标的物合同均有效、均已支付价款、均未办理房产所有权登记的情况下，应根据先行占有的原则，确定合同的先后履行顺序。渠某申与 LM 公司签订房屋买卖合同、交付购房款、取得涉案房屋均先于孟某梅。渠某申与 LM 公司之间签订的商品房买卖合同有效，LM 公司应协助渠某申办理诉争房屋所有权登记手续，但渠某申不能因此直接确认诉争房屋所有权。关于孟某梅辩称涉案房屋已由其取得商品房预告登记，对房屋享有所有权的问题，根据《中华人民共和国民法典》第二百二十一条的规定，涉案房屋所在小区于 2013 年 9 月就可以办理产权证照，且孟某梅在该案件审理过程中也应当知道该小区能够办理产权证照的事实，却在渠某申起诉前仍未办理，也未通过法律途径进行维权，故孟某梅未在法律规定的期限内申请办理产权证，其办理的预告登记已经失效，孟某梅未取得诉争房屋的物权。

［案例 3］盐城市 XL 通风设备厂与吴江市 JY 差别化纤维有限公司所有权确认纠纷案①

案情介绍　2011 年 11 月 13 日，盐城市 HJ 暖通设备厂（以下简称 HJ 厂）作为供方与吴江市 JY 差别化纤维有限公司（以下简称 JY 公司）作为需方，就 JY 公司一期风管的制作和安装签订《工业品买卖合同》一份，约定 HJ 厂在 JY 公司厂内现场制作并安装无机玻璃钢风管，价款合计 500000 元；运输方式和费用负担为供方自付；标的物自从货、款双清之日起转移，但买受人未履行支付价款义务的，标的物属于出卖方所有，买方应承担损失。

2014 年 3 月 17 日，JY 公司作为反担保抵押人与 HT 公司作为反担保抵押权人签订《最高额反担保抵押合同》一份，JY 公司同意以其自有风管及配件（7600 平方米）、压缩机、卸货电梯等设备，对

---

① 案件来源：江苏省苏州市中级人民法院民事判决书（2017）苏 05 民终 4175 号。

HT 公司在 2014 年 3 月 17 日至 2016 年 3 月 17 日为债务人提供担保所形成的债权提供反担保抵押。该抵押合同所附动产抵押清单载明风管及其配件为 7600 平方米，评估价值为 500000 元，抵押价值为 331500 元。2014 年 3 月 17 日，JY 公司与 HT 公司就上述设备在苏州市吴江工商行政管理局办理抵押登记，动产抵押登记书编号为苏 E5-5-2014-××××，登记债权数额为 6000000 元。

2014 年 4 月 19 日，JY 公司就二期风管向盐城市 XL 通风设备厂（以下简称 XL 厂）出具证明一份，载明"现有盐城市 XL 通风设备厂在 2012 年 4 月给我公司所做 72 位空调风管一套，当时双方协商好该套设备安装时再支付风管款，不安装就暂不支付。现在我公司行情不好，所以现根据双方协商，由于没有支付设备款，所以该套风管设备属于盐城市 XL 通风设备厂投资人罗某所有，不属于我公司财产"。

2014 年 8 月 26 日，因债务人 JY 公司未履行法院判决的给付义务，债权人吴江苏南农村小额贷款股份有限公司（以下简称苏南公司）向法院申请强制执行。在该案执行中，一审法院依法对登记于被执行人 JY 公司坐落于吴江区××镇××工业集中区的部分房地产（包括厂区内装修装饰及附着物价值）及设备资产、办公用品进行评估，并在苏州市吴江区人民法院淘宝网司法拍卖网络平台上实施公开拍卖、变卖活动。2014 年 10 月 14 日，苏州天中资产评估事务所就该执行案件涉及的 JY 公司部分资产作出资产评估报告，该报告书对风管及其配件的评估内容为：风管及其配件，数量 7600 平方米，重置价为 525000 元，成新率为 50%，评估价 262500 元，该资产抵押给 HT 公司。在 2015 年 7 月 1 日至 7 月 2 日的变卖活动中，竞买人 YS 公司以 6542000 元竞得上述房地产及资产。法院于 2015 年 7 月 21 日裁定变卖登记在被执行人 JY 公司名下坐落于苏州市吴江区××镇××工业集中区的部分房地产及公司内的相关机器设备等资产归买受人 YS 公司所有。

因 JY 公司在 2014 年 4 月 19 日出具证明之后未付二期风管价款，XL 厂依据该证明主张其为二期风管的所有权人，故引起本案诉争。

法院判决该标的风管所有权归 JY 公司，并驳回 XL 厂的诉讼请求。

重点条文 《中华人民共和国民法典》第二百二十四条 动产物权的设立和转让，自交付时发生效力，但是法律另有规定的除外。

法理剖析 该案中的二期风管系 XL 厂与 JY 公司口头买卖合同项下标的物，因双方不存在关于所有权保留之约定，XL 厂在 JY 公司现场制作并安装风管即已完成标的物交付，该风管所有权即为 JY 公司所有。2014 年 4 月 19 日，JY 公司向 XL 厂出具的《证明》载明，根据双方协商，风管属于 XL 厂投资人罗某所有，系双方对上述风管所有权所作出的重新约定。依据《中华人民共和国民法典》第二百二十四条之规定，动产物权的设立和转让，自交付时发生效力，JY 公司向 XL 厂出具《证明》后，双方未完成风管的交付，动产物权未发生变更，在涉案设备变卖前，其所有权仍为 JY 公司所有。一审法院对包括上述风管在内的 JY 公司资产进行整体拍卖并由 YS 公司竞得，在该过程中，XL 厂亦未主张权利，故上述资产转移由 YS 公司所有，XL 厂主张对涉案风管的所有权并据此主张 JY 公司返还上述空调风管或赔偿 500000 元，不能成立。因风管不能返还，XL 厂可另行向 JY 公司主张合同权利。

［案例 4］兰州 TR 汽车销售有限公司与韩某财产损害赔偿纠纷案①

案情介绍 2010 年年底，尤某学因承包铅锌矿拉矿石工程需要货车联系马某杰，马某杰遂召集沈某才、马某原、尕西木、马某忠商议购车挣运费事宜。后因五人未联系到合适车辆，由尤某学帮助联系购买。

2010 年 11 月 20 日，出卖人兰州 TR 汽车销售有限公司（以下简称 TR 公司）、承租人尤某学、出租人 GY 租赁公司三方签订《融资租赁合同》，约定 GY 租赁公司将 5 辆福田牌自卸车租给尤某学使用，

---

① 案件来源：中华人民共和国最高人民法院民事裁定书（2017）最高法民申 2553 号。

每辆车款 31.2 万元，租金总额 156 万元。首期租金支付 46.8 万元，后期租金每月支付一次，共付 12 次。每期租金金额为当期应偿还租赁本金加当期应偿还租赁利息。租赁物所有权归出租人。租赁期满，承租人在付清全部租金及租赁合同项下应付的所有款项，并支付每辆车 100 元的名义价款后，出租人将租赁物所有权转移给承租人。如承租人违约支付租金达 90 天，出租人有权授权出卖人收回及出售租赁车辆，并将出售款项抵偿承租人应付款项。合同签订后，五人陆续向尤某学及其指定账户汇款 102 万元，其中马某原支付购车款 19 万元。

2011 年 3 月，TR 公司将 5 辆福田牌自卸车交给承租人尤某学，尤某学将自卸车交给五人，每辆车定价 38.3 万元。五人接车后先后在多个矿点陆续拉运煤及石料，由尤某学负责结算、清偿剩余购车款。2012 年 2 月，原车辆购买人马某原以 24 万元的价格将车辆转让给韩某；马某忠将车辆以 24 万元作价与马某龙合伙。对车辆以 24 万元价格转让一事，尤某学及马某杰等人均知情。2012 年 8 月 16 日，尤某学向买受人韩某出具证明，"至 2011 年 12 月底，交车款总计 30 万元，余 8.3 万元，因未结账，至今未付"。2012 年 10 月 30 日，TR 公司、尤某学在未告知韩某真实情况下，以 GPS 需要更换为由将车辆收回。至扣车日，尤某学共向 TR 公司支付 1142443.79 元。扣车后，韩某曾与 TR 公司取得联系，双方就扣车还款一事协商未果。2012 年 12 月 3 日，GY 租赁公司出具权益转让确认书，确定将《融资租赁合同》项下所有剩余的权利及义务一并转让给 TR 公司。2013 年 3 月 15 日，TR 公司将四辆车以 55 万元价格打包销售给江西省万载县一汽运有限公司。2013 年 3 月，韩某等人因扣车一事向格尔木市公安局报案。公安机关对尤某学进行讯问，最终未予立案。

韩某遂以财产损害为由将 TR 公司和尤某学作为共同被告诉请法院，要求其承担连带损害赔偿责任。另，韩某自占有车辆起从未办理车辆行驶证、货物运输许可证。

法院判决涉案车辆归韩某所有。

重点条文 《中华人民共和国民法典》第二百二十五条 船舶、航空器和机动车等的物权的设立、变更、转让和消灭，未经登记，不得对抗善意第三人。

法理剖析 韩某已通过合法手段取得涉案车辆的所有权。首先，从《中华人民共和国民法典》第二百二十五条之规定看，机动车所有权登记仅是对抗要件，并非生效要件，故交付仍是机动车所有权转移的基本方式。其次，从事实看，马某原委托尤某学以分期付款的方式购买车辆，并交付了19万元首付款，后尤某学擅自超越委托权限通过签订《融资租赁合同》取得涉案车辆后，将该车交付给马某原，由于该车没有进行产权登记，除非当事人另有约定，否则通过交付即发生所有权变动，故马某原通过这种交付行为就已经取得了该车的所有权。后马某原又将该车出售给韩某，由韩某承继了马某原在本案中的权利、义务。

据马某原等人向尤某学或TR公司职员账户支付车款、接收车辆并进行拉运、尤某学负责运费结算、清偿剩余车款等事实，以及尤某学向韩某出具证明支付车款的内容看，马某原等人与尤某学形成事实上的委托合同关系，符合委托合同关系的法律特征，即马某原等人与尤某学通过约定或具体行为，由尤某学处理马某原等人事务。基于马某原与尤某学委托合同关系的债权基础，以及马某原后又将车辆让与韩某之事实关系，韩某依法取得车辆占有、使用、收益之财产权益。

[案例5] 张某平与李某锋、旬邑县湫坡头镇A村村民委员会承包地征收补偿费用分配纠纷案①

案情介绍 李某锋和张某平均系A村村民。张某平的祖父张某杰曾在该村"老树沟"地块有2.67亩人口地，数年后弃耕。2016年颁发的土地承包经营权证确认张某平及其父亲张某某的承包地在该

---

① 案件来源：陕西省咸阳市中级人民法院民事判决书（2023）陕04民终897号。

村"岭上"和"中山"地块。

2009年元月，李某锋和A村村委会签订了一份《关于阳安山果园地承包协议书》。该协议载明：村委会将该村"阳安山"上至山顶，下至水，即原来果园112亩耕地，包括地内的柿子树、核桃树发包给李某锋经营；承包期限30年，自2009年1月1日起至2038年12月31日止；承包费30年共8000元。后李某锋依约耕作经营，在该地内栽植了五角枫等风景树。

2021年4月，旬邑县水利局在属于A村的沟内修建水库时，征收了部分土地，支付了征地补偿款。A村村委会将其中3.5亩被征收土地的土地补偿费42000元分配给了张某平，将相应的地上附着物补偿费21000元分给了李某锋。后李某锋要求村委会给其支付土地补偿费未果，遂以A村村委会为被告诉至法院。

法院判决李某锋无权取得土地补偿费。

重点条文 《中华人民共和国民法典》第二百四十三条 为了公共利益的需要，依照法律规定的权限和程序可以征收集体所有的土地和组织、个人的房屋以及其他不动产。

征收集体所有的土地，应当依法及时足额支付土地补偿费、安置补助费以及农村村民住宅、其他地上附着物和青苗等的补偿费用，并安排被征地农民的社会保障费用，保障被征地农民的生活，维护被征地农民的合法权益。

征收组织、个人的房屋以及其他不动产，应当依法给予征收补偿，维护被征收人的合法权益；征收个人住宅的，还应当保障被征收人的居住条件。

任何组织或者个人不得贪污、挪用、私分、截留、拖欠征收补偿费等费用。

法理剖析 《中华人民共和国民法典》第三百二十七条规定，因不动产或者动产被征收、征用致使用益物权消灭或者影响用益物权行使的，用益物权人有权依据本法第二百四十三条、第二百四十五条的规定获得相应补偿。第二百四十三条第二款规定，征收集体所有的土地，应当依法及时足额支付土地补偿费、安置补助费以及农村村民住宅、其他地上附着物和青苗等的补偿费用，并安排被征地农民的社会保障费用，保障被征地农民的生活，维护被征地农民的合法权益。《最高人民法院关于审理涉及农村土地承包纠纷案件适用法律问题的解释》第二十条规定，承包地被依法征收，承包方请求发包方给付已经收到的地上附着物和青苗补偿费的，应予支持。承包方已将土地经营权以出租、入股或者其他方式流转给第三人的，除当事人另有约定外，青苗补偿费归实际投入人所有，地上附着物补偿费归附着物所有人所有。第二十二条规定，农村集体经济组织或者村民委员会、村民小组，可以依照法律规定的民主议定程序，决定在本集体经济组织内部分配已经收到的土地补偿费。征地补偿安置方案确定时已经具有本集体经济组织成员资格的人，请求支付相应的份额的，应予支持……

从以上规定可以看出，农村集体土地被征收的，土地补偿费归村集体所有，村集体可以在集体内部分配该款项；青苗补偿费归承包方或实际投入人所有。李某锋属于承包方，依照法律规定，有权取得青苗补助费；A 村村委会属于发包方，有权取得土地补偿费。至于李某锋能否参与土地补偿费的分配，获得相应份额，取决于 A 村村委会制定的分配方案，以及李某锋是否具有本集体经济组织成员资格等因素。由于 A 村村委会制定分配方案规定，土地补偿费由土地承包经营权人取得，也就是用益物权人取得。A 村村委会认定涉案土地承包经营权归张某平一户，据此将土地补偿费分配给了张某平一户。这样一来，李某锋是否具有涉案土地的承包经营权便成为关键。

《中华人民共和国农村土地承包法》第四十九条规定，以其他方式（招标、拍卖、公开协商等）承包农村土地的，应当签订承包合同，承包方取得土地经营权。由于李某锋和 A 村村委会 2009 年签订的果园地承包协议是个人与村委会以自愿协商的方式，就双方权利义务、承包期限、承包费等达成合意而形成的民事法律关系，李某锋由此取得的是土地经营权，而非土地承包经营权，该权利属于一种债权，不属于用益物权。故李某锋无权取得土地补偿费。

［案例6］ 湖南省生态保护志愿服务联合会与吴某民事公益诉讼案①

案情介绍 吴某自幼喜爱饲养宠物，2020年12月在百度贴吧"平原巨蜥吧"看到巨蜥图片后，便想购买一条平原巨蜥进行饲养。2020年12月29日，吴某明知平原巨蜥是国家保护野生动物，在没有办理经营驯养野生动物许可证的情况下在百度贴吧发布求购平原巨蜥的信息，与卖家周某协商后约定，周某以1000元的价格出售一条身长60厘米左右的平原巨蜥给吴某。2020年12月29日晚，周某将平原巨蜥送至吴某居住的楼下，收取吴某1000元，吴某将该条巨蜥放置在住房内驯养。因吴某同住女友厌恶巨蜥，当晚吴某便再次在百度贴吧发布出售信息，准备将其购买的平原巨蜥出售。

2021年1月14日，长沙市森林公安局在吴某租住的长沙市天心区内查获并扣押上述平原巨蜥活体，随后送至长沙市野生动物收容救护中心。2021年1月28日，经华南动物物种环境损害司法鉴定中心鉴定：送检的蜥蜴活体为《濒危野生动植物种国际贸易公约》（CITES）附录Ⅱ中的爬行纲蜥蜴目巨蜥科巨蜥属平原巨蜥。吴某对其非法收购、出售行为所造成的野生动物资源损失及生态环境损害，应依法承担相应民事侵权责任，故湖南省生态保护志愿服务联合会提起民事公益诉讼。

法院判决吴某承担非法破坏野生动物资源的民事责任。

重点条文 《中华人民共和国民法典》第二百五十一条　法律规定属于国家所有的野生动植物资源，属于国家所有。

法理剖析 野生动物是整个自然生态系统的重要组成部分，依法保护野生动物对于保障生物多样性、促进人类可持续发展、构建

---

① 案件来源：湖南省长沙市中级人民法院民事判决书（2021）湘01民初687号。

人与自然和谐共生的地球家园具有重要意义。根据《中华人民共和国野生动物保护法》第三条第一款、第二十八条第一款的规定，野生动物资源属于国家所有，禁止出售、购买、利用国家重点保护野生动物及其制品。本案中，吴某非法收购、出售珍贵、濒危野生动物的行为，已被依法追究刑事责任。《中华人民共和国民法典》第一千二百二十九条规定，因污染环境、破坏生态造成他人损害的，侵权人应当承担侵权责任。据此，吴某虽然受到刑事处罚，但并不能免除其民事赔偿责任。涉案的平原巨蜥依法已核准为国家二级保护野生动物，具有重要的生态、科学、社会价值，吴某对其非法收购、出售，破坏了野生动物资源、生物多样性和生态环境平衡，侵害了国家和社会公共利益，依法应承担相应的民事侵权责任。

根据《最高人民法院关于审理环境民事公益诉讼案件适用法律若干问题的解释》第十八条之规定，对破坏生态，损害社会公共利益的行为，法律规定的机关和有关组织以及检察机关可以请求被告承担停止侵害、排除妨碍、消除危险、恢复生态环境、赔偿损失、赔礼道歉等民事责任。吴某的行为还侵害了社会公众享有的美好生态环境权益，其应通过公开道歉方式取得社会公众谅解。

综上所述，吴某非法破坏野生动物资源，致国家和社会公共利益受到损害，依法应当承担相应的民事责任。

［案例7］A 高层商住小区业主委员会与新疆 TY 房地产开发有限公司等建筑物区分所有权纠纷案①

案情介绍 2005 年，A 高层商住小区建成，该小区由新疆 TY 房地产开发有限公司（以下简称 TY 房产公司）开发建设，宗地的土地使用权由 TY 房产公司首先取得。该商住小区为两座联体裙楼，其中一楼至五楼为商业用房，五楼以上为住宅。该小区一楼至五楼的

---

① 案件来源：新疆维吾尔自治区乌鲁木齐市中级人民法院民事判决书（2021）新 01 民终 4071 号。

商业用房登记在 TY 房产公司名下，出租于新疆 A 综合购物有限公司（以下简称 A 购物公司），由 A 购物公司用于经营超市。

自 2007 年起，A 购物公司经乌鲁木齐市停车场管理中心批准办理了在新疆 A 综合购物中心门前道路临时占用许可手续进行停车收费，其中 2012 年至 2013 年 8 月 20 日批准临时占用面积为 962.50 平方米（长 192.50 米、宽 5 米）；2013 年 8 月 20 日至 2014 年 8 月 20 日因钱塘江路改造，乌鲁木齐市停车场管理中心批准临时占用面积改为长 52.5 米、宽 5 米，面积 262.5 平方米+48 平方米（道闸）。A 购物公司在实际停车收费管理中将 A 高层商住楼南侧至钱塘江路及西侧至黄河路的空地均围拦进行停车收费。根据 A 高层商住小区业主土地使用权证显示，该宗土地的土地使用权类型为出让，使用权面积为 16595.87 平方米，商住楼至公共道路间场地在该宗土地红线范围内。另，2012 年 6 月，A 高层商住小区业主委员会成立，并于 2012 年 6 月 15 日在乌鲁木齐市沙依巴克区和田街街道办事处办理备案手续。

法院判决涉案停车场不能视为业主共有，归 TY 房产公司所有。

重点条文 《中华人民共和国民法典》第二百七十五条　建筑区划内，规划用于停放汽车的车位、车库的归属，由当事人通过出售、附赠或者出租等方式约定。

占用业主共有的道路或者其他场地用于停放汽车的车位，属于业主共有。

法理剖析 根据《中华人民共和国民法典》第二百七十五条之规定，涉案停车位依规划而建，业主委员会并没有证据证明涉案车位占用了业主共有的道路或者其他场地，因此，涉案停车场不能视为业主共有。同时，《中华人民共和国民法典》第三百五十二条规定："建设用地使用权人建造的建筑物、构筑物及其附属设施的所有权属于建设用地使用权人，但是有相反证据证明的除外。"TY 房产公司开发建设涉案 A 小区时，该小区建设用地使用人系 TY 房产公司，涉案车位系规划车位，由 TY 房产公司建造、构筑，在业主委员会无证据证明涉案车位属于他人或者业主共有的情况下，TY 房产公司为涉案车位的所有权人。

[案例8] 乌鲁木齐市沙依巴克区 A 社区广晟园小区业主委员会与新疆 B 物业管理有限公司建筑物区分所有权纠纷案[①]

案情介绍 2021 年 12 月 17 日，广晟园业委会成立，并由乌鲁木齐市沙依巴克区炉院街片区管理委员会确认，该委员会于 2021 年 12 月 29 日出具文件写明："广晟园小区业主委员会和业主大会真实、合法、有效。广晟园小区业主委员会和业主大会于 2021 年 12 月 17 日正式成立……"

2022 年 3 月 9 日，乌鲁木齐市沙依巴克区 A 社区广晟园小区业主委员会（以下简称广晟园业委会）要求与新疆 B 物业管理有限公司（以下简称 B 物业公司）解除物业服务合同关系。广晟园业委会向法院起诉，请求判令 B 物业公司把收取业主共有部分产生收入的管理权（停车费、广告费、厂地租赁费等）移交给广晟园业委会收取。

广晟园业委会称："不是管理权，仅是移交费用收取权利"及"现在我们的诉请主张的是停车费、广告费和场地租赁费由我们来收取，如果被告继续向我小区提供物业服务，费用可以委托被告代收，双方协商扣除每月收入比例的部分费用，剩余部分是原告的。"同时称："业主代表参会签字所形成的记录是有的，但是不向法庭提供。"广晟园业委会称目前 B 物业公司所使用的位于乌鲁木齐市沙依巴克区仓房沟北路 834 号广晟园小区 6 栋某 1、某 2、某 3 号办公用房系小区的公共用房。

法院判决驳回小区业主委员会移交管理费的诉讼请求。

重点条文 《中华人民共和国民法典》第二百七十八条 下列

---

① 案件来源：新疆维吾尔自治区乌鲁木齐市中级人民法院民事判决书（2023）新 01 民终 2273 号。

事项由业主共同决定：

（一）制定和修改业主大会议事规则；

（二）制定和修改管理规约；

（三）选举业主委员会或者更换业主委员会成员；

（四）选聘和解聘物业服务企业或者其他管理人；

（五）使用建筑物及其附属设施的维修资金；

（六）筹集建筑物及其附属设施的维修资金；

（七）改建、重建建筑物及其附属设施；

（八）改变共有部分的用途或者利用共有部分从事经营活动；

（九）有关共有和共同管理权利的其他重大事项。

业主共同决定事项，应当由专有部分面积占比三分之二以上的业主且人数占比三分之二以上的业主参与表决。决定前款第六项至第八项规定的事项，应当经参与表决专有部分面积四分之三以上的业主且参与表决人数四分之三以上的业主同意。决定前款其他事项，应当经参与表决专有部分面积过半数的业主且参与表决人数过半数的业主同意。

法理剖析 本案涉及的是广晟园业委会向 B 物业公司主张移交收取业主共有部分产生收入的管理权的问题。广晟园业委会经业主大会选举，由沙依巴克区炉院街片区管理委员会备案后产生，该程序符合法律规定。《中华人民共和国民法典》第二百七十八条规定："……业主共同决定事项，应当由专有部分面积占比三分之二以上的业主且人数占比三分之二以上的业主参与表决……"但广晟园业委会提交的证据仅通过张贴公告的方式征求小区业主的意见，无法证实主张 B 物业公司向其移交收取业主共有部分产生收入的管理权已经得到法定占比人数的表决同意，故其应当承担举证不能的不利后果。

[案例 9] 北京 A 物业管理有限公司与北京 B 物业管理有限公司等物业服务合同纠纷案①

案情介绍 卢卡新天地小区位于北京市昌平区××号院，由世纪上越公司开发建设，世纪上越公司聘用北京 A 物业管理有限公司（以下简称 A 公司）作为卢卡新天地小区的前期物业服务企业。

2015 年 8 月 1 日至 9 日，卢卡新天地小区召开首次业主大会会议，选举成立业委会。2015 年 9 月 1 日，天通苑南街道办出具《业主委员会备案单》，载明物业项目卢卡新天地，业主总人数 365 人，建筑物总面积 42000 平方米。

2017 年 4 月 8 日，业委会发出《卢卡新天地小区召开 2017 年第一次业主大会告知函》，载明："北京市昌平区天通苑南街道办事处领导：卢卡新天地小区将于 2017 年 5 月 1 日至 2017 年 6 月 30 日召开业主大会，特向贵处告知。本次业主大会采取书面征求意见方式召开，召开地点是小区范围内。望贵处依法依规给予协助、指导与监督，以确保整个投票过程公平公正。"业委会称该告知函已送达天通苑南街道办。2017 年 4 月 16 日，业委会发出《关于召开卢卡新天地小区 2017 年第一次业主大会会议的公告》，载明："会议审议通过如下议题，终止前期物业服务企业'北京 A 物业管理有限公司'的事实服务，授权业主委员会以公开招标的方式选聘新的物业服务企业。"同日，业委会发出《2017 年第一次业主大会邀请函》，载明："北京市昌平区天通苑南街道办事处领导：卢卡新天地小区将于 2017 年 5 月 1 日至 2017 年 6 月 30 日召开业主大会，特向贵处告知。本次业主大会采取书面征求意见方式召开，召开地点是小区范围内。望贵处依法依规给予协助、指导与监督，以确保整个投票过程公平公正。"业委会称该邀请函已送达天通苑南街道办。2017 年 5 月 30 日，业委会发出《卢卡新天地小区 2017 年第一次业主大会开箱验票邀请

① 案件来源：北京市高级人民法院民事裁定书（2022）京民申 2466 号。

函》，载明："经过业主委员会研究决定，我小区于 2017 年 6 月 3 日对本次投票进行开箱验票。现邀请天通苑南街道办事处领导能够在百忙之中对本次业主大会进行协助、指导、监督。"业委会称该邀请函已送达天通苑南街道办。2017 年 6 月 3 日，业委会作出《卢卡新天地小区 2017 年第一次业主大会决议》，载明："业主大会实际发出表决票 244 票，收回 244 票，占业主表决权数的 67.4%。本次业主大会合法有效。同意终止前期物业服务企业 A 公司的事实服务，授权业委会以公开招标的方式选聘新的物业服务企业，获得 241 户业主同意，占有表决权的业主 362 户的 66.57%，表决面积 241 户，表决权 243 套房屋。经过统计同意面积 19145.71 平方米占规划专业建筑面积的 70.91%。"

业委会主张 2017 年 6 月 23 日委托青宇（北京）国际招标有限公司公开招标选聘物业服务企业，北京 B 物业管理有限公司（以下简称 B 公司）中标。其后于 2017 年 8 月 4 日向天通苑南街道办发出《卢卡新天地小区召开 2017 年第二次业主大会告知函》，请求天通苑南街道办对本次业主大会给予协助、指导与监督。同日，业委会在小区内发出《关于召开卢卡新天地小区 2017 年第二次业主大会会议的公告》，载明业主大会于 2017 年 8 月 20 日至 9 月 23 日召开并进行投票，对"选聘本次招标活动中排名第一的中标企业 B 公司为卢卡新天地小区物业服务单位，授权业委会与 B 公司签订已于 2017 年 8 月 4 日公示的物业服务合同"事项进行投票表决。2017 年 9 月 10 日，业委会就决议结果做出《卢卡新天地小区 2017 年第二次业主大会决议》，载明业主大会实际发出表决票 261 票，其中同意表决事项的 256 户，占有表决权的业主的 70.52%，同意面积占规划专业建筑面积的 74.91%。业委会主张其将该决议抄送了天通苑南街道办及居委会。2017 年 9 月 29 日，业委会与 B 公司签订了《北京市物业服务合同》，载明由 B 公司为北京市昌平区卢卡新天地小区提供物业服务，物业服务期限为两年，自 2017 年 9 月 29 日至 2019 年 9 月 28 日。

2017 年 9 月 30 日，业委会主张通过快递方式向 A 公司发出《卢卡新天地小区物业交接告知函》，要求 60 日内完成与业委会的交接，并撤出物业管理区域。A 公司主张其并未收到该份告知函。

法院判决支持业委会要求 A 公司撤离小区物业服务区域、移交物业用房和相关设施及物业服务所必须的相关资料的请求。

重点条文 《中华人民共和国民法典》第二百八十四条　业主可以自行管理建筑物及其附属设施，也可以委托物业服务企业或者其他管理人管理。

对建设单位聘请的物业服务企业或者其他管理人，业主有权依法更换。

法理剖析 业主可以设立业主大会，选举业主委员会。选聘和解聘物业服务企业或者其他管理人由业主共同决定，应当经专有部分占建筑物总面积过半数的业主且占总人数过半数的业主同意。因此，业主大会的决议是否合法有效涉及人数与面积两个要素。《房屋登记办法》规定，房地产开发企业申请房屋所有权初始登记时，应当对建筑区划内依法属于全体业主共有的公共场所、公用设施和物业服务用房等房屋一并申请登记。《城市商品房预售管理办法》规定，申请预售许可应提供商品房预售方案。预售方案应当说明预售商品房的位置、面积、竣工交付日期等内容，并应当附预售商品房分层平面图。因此，预售许可证面积应当同房屋买卖合同的面积一致。业委会自述 2015 年筹备成立业委会时，卢卡新天地小区业主均未能办理产权证书，小区的预售许可证面积能与当时物业提供的缴纳公共维修基金情况表中显示的专有面积相互印证，故主张采用该小区的预售许可证面积作为建筑物总面积。在相关单位均未提供建筑物总面积数据的情况下，可以以预售许可证面积作为建筑物总面积。关于业主人数，根据《最高人民法院关于审理建筑物区分所有权纠纷案件适用法律若干问题的解释》的规定，业主人数可以按照专有部分的数量计算，一个专有部分按一人计算。但建设单位尚未出售和虽已出售但尚未交付的部分，以及同一买受人拥有一个以上专有部分的，按一人计算。按此规定，业主人数原则上应当按照专有部分的数量计算。

该次业主大会采用书面征求意见的形式，有物业管理区域内专有部分占建筑物总面积过三分之二的业主且占总人数过三分之二的业主参加，且已满足经专有部分占建筑物总面积过半数的业主且占总人数过半数的业主同意的条件，故该次业主大会程序合法，决议结果有效。

［案例10］ 刘某与王某龙、王某华等相邻关系纠纷案①

案情介绍 刘某与王某龙、王某华系同村村民，双方宅院位于北京市顺义区×××村，刘某宅院位于王某龙、王某华宅院西北方位。

王某龙、王某华在其宅院建有二层楼房一栋，其宅院西侧墙体尚未抹灰，宅院西侧有一胡同，刘某称该胡同在其1954年草契中，但不在1993年颁发的集体土地建设用地使用证范围内。刘某宅院开东南门出行，在胡同南端亦建有一个大门，胡同南端宽约3.33米（从王某龙、王某华隔胡同西邻的东院墙外皮量至王某龙、王某华宅院西院墙外皮），该胡同北端建有水泥缓坡，胡同南端地面由刘某用渣石进行铺设。胡同北端宽约3.12米（从王某龙、王某华隔胡同西邻北房保温外皮量至其楼房西山墙外皮）。王某龙、王某华宅院北侧东西长约9.51米（从王某龙、王某华东邻北房西山墙外皮量至其楼房西山墙外皮），王某龙、王某华楼房东西长约9.05米，王某龙、王某华宅院南端东西长约9.01米（从东南门门垛东沿外皮量至西院墙外皮）。刘某宅院南北长约30.61米（从楼房后山墙内皮量至南邻北房后山墙外皮），刘某宅院东西长约23.9米（从楼房东山墙外皮量至西院墙内皮），从刘某南邻北房后山墙外皮向南量至1.37米处建有一大门（刘某宅院东南门），在王某龙、王某华楼房西侧约0.12米处建有一个彩钢棚子。王某龙、王某华宅院与其东邻之间有一回垄，该回垄北窄南宽，北端宽约0.42米，南端宽约1.73米，王某

---

① 案件来源：北京市高级人民法院民事裁定书（2023）京民申1950号。

龙、王某华宅院西院墙南侧向西出檐约 0.05 米。王某龙、王某华宅院西侧胡同中间宽约 3.2 米。

刘某与王某龙、王某华签有邻里协议一份，主要内容：……（二）王某龙新房与刘某胡同相邻处房山超占部分（以老墙旧基为准），如果不超占，此条作废，此房不在（再）做保温、不在（再）抹墙……（五）南半部砌墙不能出原基础，并按北半部超占面积大小收回去……欲证明王某龙、王某华承诺若超占则不做保温和抹墙，而且承诺南半部砌墙不超出原基础并按北半部超占面积大小收回去。王某龙、王某华认为第二条不能证明所建房屋超占了，故该条款不产生约束力。对于第二条的理解，王某龙、王某华认为若超占的话就不抹灰，不做保温，若不超占的话，王某龙、王某华就可以抹灰和做保温。刘某认为第二条和第五条应做整体解释，当时王某龙、王某华认可向西侧超占了，认可不抹灰和不做保温。"如果不超占，此条作废"应该是在混乱的情况下，没有注意写的，是多余的。双方确认签该协议时王某龙、王某华一层已建完，西院墙和南房尚未建。

法院判决刘某在王某龙、王某华为其宅院西侧墙体进行抹灰、防水和做保温施工时为其提供便利条件，并驳回拆除涉诉两道铁门和彩钢棚的诉讼请求。

重点条文 《中华人民共和国民法典》第二百八十八条 不动产的相邻权利人应当按照有利生产、方便生活、团结互助、公平合理的原则，正确处理相邻关系。

法理剖析 不动产的相邻权利人应当按照有利生产、方便生活、团结互助、公平合理的原则，正确处理相邻关系。妨害物权或者可能妨害物权的，权利人可以请求排除妨害或者消除危险。关于拆除涉诉铁门和彩钢棚问题，涉诉胡同内的南北两道铁门和彩钢棚均不在刘某宅基地使用范围内，且涉诉两道铁门和彩钢棚对王某龙、王某华查看、维护、管理宅院西侧墙体存在明显不利影响，故刘某应拆除涉诉两道铁门和彩钢棚。刘某主张涉案两道铁门和彩钢棚建造时间早于王某龙、王某华的建房时间，故不同意拆除涉诉两道铁门和彩钢棚的意见，不能被支持。关于抹灰、防水和做保温问题，王某龙、王某华为其宅院西侧墙体进行抹灰、防水及做保温施工，属常见的房屋建筑措施，亦属合理的生活需要，刘某作为相邻方应当提供便利条件，王某龙、王某华在为其宅院西侧墙体进行抹灰、防水和做保温施工时，刘某不得阻拦并应提供便利。

[案例 11] 吕某、李某英等与雷某筠等房屋买卖合同纠纷案①

案情介绍 贾某英（2002 年 12 月 6 日死亡）与雷某明系夫妻关系，二人于 1984 年结婚，雷某筠系二人之女。贾某举（2000 年死亡）与陈某敏贾某英之父母。

1999 年 12 月 4 日，雷某明与北京市丰台区六里桥农工商联合公司（该公司于 2004 年 11 月更名为北京天创伟业投资公司）签订《内销住宅楼房买卖契约》，约定雷某明购买北京市丰台区六里桥×××小区 7 号楼 4 单元 6 层 601 号房屋（后该房屋更名为×××北路 1 号院 4 号楼 4 单元 601，即涉案房屋）。

2008 年 6 月 13 日，雷某明（卖方、甲方）与吕某、李某英（买方、乙方）签订《房屋买卖合同》，合同载明：甲方拥有坐落在北京市丰台区×××北路 1 号院 4 号楼 4 门 601 室房屋一套，房屋性质为农民（工龄）平价楼，现经双方自愿协商达成买卖协议，特立此合同，以便双方共同遵守。

2008 年 6 月 13 日，雷某明书写收条一张，载明：房款已付清（总款：陆拾捌万元整）。此后，雷某明将涉案房屋交付给吕某、李某英，吕某等人自 2008 年居住至今。2017 年 11 月 1 日，李某英代雷某明补交购房款 78735.6 元，并交纳 2000 元产权办理费用。2017 年 11 月 15 日，雷某明又收到李某英支付的 41264.4 元。

后陈某敏、雷某筠以雷某明未经房屋共有人同意擅自处分共有

---

① 案件来源：中华人民共和国最高人民法院民事裁定书（2021）最高法民申 3068 号。

物为由提起第三人撤销之诉。

法院判决支持陈某敏、雷某筠的诉讼请求。

重点条文 《中华人民共和国民法典》第三百零一条 处分共有的不动产或者动产以及对共有的不动产或者动产作重大修缮、变更性质或者用途的，应当经占份额三分之二以上的按份共有人或者全体共同共有人同意，但是共有人之间另有约定的除外。

法理剖析 涉案房屋系贾某英与雷某明婚姻关系存续期间取得的财产，应为夫妻共同财产。贾某英死亡后，陈某敏、雷某筠作为贾某英的继承人对涉案房屋享有权利。涉案房屋未进行分割前，陈某敏、雷某筠与雷某明对涉案房屋应是共同共有。根据《中华人民共和国民法典》第三百零一条之规定，吕某、李某英没有证据证明雷某明处分涉案房屋时经过陈某敏、雷某筠的同意，陈某敏、雷某筠亦不认可自己同意雷某明出售涉案房屋，因此雷某明的行为属于未经全体共有权人的同意处分涉案房屋。根据上述规定，共同共有时应经全体共同共有人同意，所以在未获得全体共同共有人同意的情况下，吕某、李某英要求雷某明履行非金钱给付义务及履行办理涉案房屋转移登记的义务，属于法律上不能履行。

［案例 12］刘某涛、颜某治与刘某论等所有权纠纷案①

案情介绍 2003 年 7 月，刘某涛、颜某治向阿勒泰市国土资源局递交关于阿勒泰市××路 11 区 423 栋房屋旁的云母二矿山坡 540 平方米土地的用地申请。所申请用地的供地方式为划拨，用途为住宅，东为空地，南为相邻私宅，西为颜某平房屋，北为空地。2003 年 7 月 24 日，刘某涛、颜某治缴纳了国有土地补偿费。2003 年，两人在取得土地使用权的上述土地上建设云母加工厂房及其他附属物，对院子地面进行水泥硬化。2005 年，两人将上述房屋交由颜某平管理。

---

① 案件来源：新疆维吾尔自治区伊犁哈萨克自治州阿勒泰地区中级人民法院民事判决书（2020）新 43 民终 646 号。

2014 年 4 月 9 日，颜某平与刘某论签订《房屋出售协议》，内容为"1. 颜某平自愿将其阿勒泰市××路 11 号 423 号房屋（阿市房字第 00××7148）出售给刘某论，房屋所有人颜某平，面积 100.4 平方米，土地使用证 628.15 平方米，有证没有过户（阿市国土籍字第 00×××号），另外划拨的 600 多平方米有批文，没有土地使用证，共计 1300 多平方米，出售给刘某论；2. 房屋、土地出售共计 60 万元整，刘某论先付订金 10 万元，过户时一次性付清剩余款项，刘某论承担所有过户费用，颜某平先将（阿市国土籍字第 00×××号）土地使用证给刘某论保管；3. 在 2014 年 4 月底前完成过户，双方不得违约，颜某平违约退还订金 10 万元，并赔偿违约金 10 万元，刘某论违约订金 10 万元不退"。颜某平所持《房屋出售协议》中有颜某平、刘某论签字；刘某论所持《房屋出售协议》除有颜某平、刘某论签字外还有颜某平前妻陆某签字。当日，刘某论向颜某平支付订金 10 万元，由颜某平出具收条 1 张，2014 年 4 月 24 日，刘某论付清全部房款，由颜某平出具包括以上 10 万元定金在内的 60 万元的收条 1 张。

2014 年 5 月 4 日，刘某论与颜某平将房屋所有人为颜某平的、房屋产权证为阿市房字第 00××7148、面积 100.4 平方米的房产过户至刘某论的妻子庞某红名下。2017 年，阿勒泰市国有地上房屋征收与补偿办公室计划对云母二矿进行棚户区改造。涉案争议房屋列入征迁范围。

2017 年 11 月，刘某涛、颜某治称，得知刘某论、颜某平将争议房屋及附属出售，遂对此提出异议。颜某治是刘某涛的舅舅，是颜某平的哥哥。双方当事人对颜某平名下已过户至刘某论的妻子庞某红名下的阿市房字第 00××7148 房屋无争议，对《房屋出售协议》中约定的"另外划拨的 600 多平方米有批文，没有土地使用证"的房屋及其他附属物存在争议。争议的土地和房屋自 2014 年 4 月 24 日刘某论购买后至 2017 年 11 月发生争议前由刘某论使用和管理。2018 年 1 月 11 日，刘某涛、颜某治起诉刘某论、颜某平，请求确认 2014 年 4 月 9 日颜某平与刘某论签订《房屋出售协议》中对属于刘某涛、颜某治共有的房屋出售的约定无效，判令刘某论、颜某平返还房屋。

法院判决驳回刘某涛、颜某治的诉讼请求。

重点条文 《中华人民共和国民法典》第三百一十一条 无处分权人将不动产或者动产转让给受让人的，所有权人有权追回；除法律另有规定外，符合下列情形的，受让人取得该不动产或者动产的所有权：

（一）受让人受让该不动产或者动产时是善意；

（二）以合理的价格转让；

（三）转让的不动产或者动产依照法律规定应当登记的已经登记，不需要登记的已经交付给受让人。

法理剖析 按刘某论陈述及颜某平与刘某涛、颜某治系亲属关系的情况可推定刘某论在购买诉争财产时出于善意，并无自身恶意或与颜某平恶意串通的事实。虽然双方当事人未提供2014年同类财产的市场交易价格，但根据2018年政府征收补偿的价款，结合当地房地产市场价格上涨情况及双方当事人陈述，刘某论在购买诉争财产时支付了合理对价。涉案房屋在本案《房屋出售协议》签订后，即已交付给刘某论占有、使用、收益，其中虽然涉及两处房屋，但该两处房屋在刘某论接收时并无产权登记或准建手续，2018年政府征收补偿亦是按无产权登记房屋补偿。故此，依照《中华人民共和国民法典》第三百一十一条的规定，刘某论系善意取得诉争财产所有权。刘某涛、颜某治不能因无权处分而直接要求确认买卖合同无效，其二人可向本案诉争财产的无权处分人颜某平另行主张权利。

［案例13］ 袁某兵与陈某刚遗失物返还纠纷案①

案情介绍 袁某兵与陈某刚系同一个村委会的村民，袁某兵系搞养殖的。2020年9月2日，袁某兵放羊回到家后发现羊丢了一只，当时去找没找到。后得知羊被陈某刚捡到，袁某兵便找到陈某刚，

---

① 案件来源：云南省陆良县人民法院民事判决书（2021）云0322民初108号。

陈某刚拒绝把羊还给袁某兵。后袁某兵向陆良县大莫古派出所报警，经村委会、派出所多次调解未果。袁某兵遂向法院起诉，陈某刚要求袁某兵支付拾得期间的管理费。

法院判决陈某刚及时将袁某兵的白奶山羊一只返还；并由原告袁某兵支付被告陈某刚拾得山羊期间的管理费 740 元。

重点条文 《中华人民共和国民法典》第三百一十四条 拾得遗失物，应当返还权利人。拾得人应当及时通知权利人领取，或者送交公安等有关部门。

法理剖析 袁某兵对其所有的山羊享有所有权，其所有权受法律保护。陈某刚拾得袁某兵所有的白奶山羊，依法应当予以返还。袁某兵要求陈某刚返还拾得的山羊，基于管理羊确需开支成本的事实，根据实际情况可酌情确定管理费。根据《中华人民共和国民法典》第三百一十四条（拾得遗失物，应当返还权利人。拾得人应当及时通知权利人领取，或者送交公安等有关部门）和第三百一十七条（权利人领取遗失物时，应当向拾得人或者有关部门支付保管遗失物等支出的必要费用。权利人悬赏寻找遗失物的，领取遗失物时应当按照承诺履行义务。拾得人侵占遗失物的，无权请求保管遗失物等支出的费用，也无权请求权利人按照承诺履行义务）之规定，陈某刚应承担及时将山羊返还给袁某兵的民事责任。

[案例 14] 杨某强与李某不当得利纠纷案①

案情介绍 杨某强于 2020 年 4 月 9 日在天津市武清区××镇××部遗失手机一部，其于 4 月 9 日 13 点 57 分向遗失手机发送短信，商请捡到手机的人退还手机并愿意支付 5000 元报酬。其后李某用杨某强遗失的手机向杨某强拨打了电话，要求杨某强必须先支付 2500 元才愿意见面，见面再支付 2500 元后退还手机。杨某强向李某微信转账 2500 元后与李某约定于天津市武清区武清人民医院对面的某地点退

---

① 案件来源：天津市武清区人民法院民事判决书（2021）津 0114 民初 1521 号。

还手机。双方见面后杨某强将 2500 元在微信平台转账给了李某，李某当即将手机退还给了杨某强。杨某强回家后发现其支付宝转账因多次密码错误已被冻结，故此认为李某试图窃取其财物，诉至法院要求退还 5000 元。

法院判决驳回杨某强的诉讼请求。

重点条文 《中华人民共和国民法典》第三百一十七条 权利人领取遗失物时，应当向拾得人或者有关部门支付保管遗失物等支出的必要费用。

权利人悬赏寻找遗失物的，领取遗失物时应当按照承诺履行义务。

拾得人侵占遗失物的，无权请求保管遗失物等支出的费用，也无权请求权利人按照承诺履行义务。

法理剖析 失主向其遗失的手机发送悬赏短信的行为属于悬赏广告。悬赏广告的成立需具备以下构成要件：一是须依广告的方法对不特定人进行悬赏的意思表示；二是须有对完成某项指定行为给付一定报酬的内容；三是须有行为人按照广告特定的要求完成指定的行为；四是须不违反我国法律和行政法规的强制性规定。杨某强遗失手机，李某拾得，杨某强在对拾得人不明确的情况下向遗失手机发送悬赏短信，属于向不特定的人发送的悬赏的意思表示，短信显示若拾得人完成归还遗失手机这一行为，其愿意给付 5000 元作为报酬，且李某作为手机的拾得人也给予了联系方式，并按照短信中的特定要求完成了指定行为，杨某强的悬赏广告内容亦不违反我国法律和行政法规的强制性规定，故本悬赏广告成立。根据诚实信用原则，杨某强通过悬赏的方式找到遗失物，就应向拾得人即李某履行其在悬赏广告中的义务。李某取得杨某强给付的 5000 元系酬金，取得该款额有法律依据，不属于不当得利。

［案例 15］ 夏某忠与夏惠某居住权纠纷案①

案情介绍 夏某桥与何某带系夫妻关系，共生育夏某开、夏某明、夏某忠、夏惠某、夏某金、夏某霞、夏某珍七名子女。夏某桥于 2016 年 1 月 26 日去世，何某带于 2017 年 2 月去世。

2016 年 11 月 15 日，何某带与夏某忠、夏惠某等七名子女一起办理继承权公证和赠与公证事宜，何某带、夏某开、夏某明、夏某忠、夏某金、夏某霞、夏某珍放弃继承夏某桥拥有的坐落在花县赤坭镇西边村 9 队地号为戊 9 的农村宅基地房屋的二分之一份额，由夏惠某一人继承该房屋的二分之一份额，同时何某带将坐落在花县赤坭镇西边村 9 队地号为戊 9 的农村宅基地房屋的二分之一份额无偿赠与夏惠某。

2017 年 2 月 15 日，夏惠某立下一份字据，内容为："夏惠某现有房屋一间，150m²，现承诺给夏某忠居住前房一间，从 2017 年 2 月开始居住，直至百年归老，经几兄弟商议决定，特立此为据。"立据人夏惠某签名并捺印。

2019 年 3 月 20 日，夏某忠与周某英登记结婚。

2023 年，夏某忠与夏惠某就夏某忠是否享有居住权发生纠纷。

法院判决驳回夏某忠要求确认其及其配偶周某英对涉案房屋享有居住权的请求。

重点条文 《中华人民共和国民法典》第三百六十六条 居住权人有权按照合同约定，对他人的住宅享有占有、使用的用益物权，以满足生活居住的需要。

法理剖析 《中华人民共和国民法典》第三百六十六条规定："居住权人有权按照合同约定，对他人的住宅享有占有、使用的用益物权，以满足生活居住的需要。"第三百六十七条第一款规定："设立居住权，当事人应当采用书面形式订立居住权合同。"第三百六十

①　案件来源：广东省广州市中级人民法院民事判决书（2023）粤 01 民终 15638 号。

八条规定："居住权无偿设立，但是当事人另有约定的除外。设立居住权的，应当向登记机构申请居住权登记。居住权自登记时设立。"根据上述规定，居住权应通过书面形式订立，采取登记生效主义。夏惠某于 2017 年 2 月 15 日立下字据，承诺提供涉案房屋的前房一间给夏某忠居住直至百年归老，以书面形式对居住权进行了约定。由于该约定在《中华人民共和国民法典》颁布之前，此时我国尚未确立居住权制度，客观上确实无法办理居住权登记，但是《中华人民共和国民法典》颁布之后双方仍未向房屋管理部门进行登记，因此在涉案房屋之上并未成立有效的居住权。夏某忠要求确认其及其配偶周某英对涉案房屋享有居住权，依据不足。

［案例 16］ 许某晖与季某生企业借贷纠纷案①

案情介绍 唐山 TH 机械制造有限公司与原债权人中国建设银行股份有限公司唐山冀东油田支行签订贷款合同及两份抵押合同。其中一份抵押合同约定，唐山 TH 机械制造有限公司以其拥有的开平区唐线路土地使用权为上述借款提供抵押担保，并办理了抵押登记手续。另一份抵押合同约定，唐山 TH 机械制造有限公司以其机器设备为上述借款提供抵押担保，并办理了抵押登记。此外，中国建设银行股份有限公司唐山冀东油田支行与许某晖、季某生签订了自然人保证合同，二人自愿为上述借款提供无限连带责任保证。2013 年 8 月 1 日，中国建设银行股份有限公司唐山冀东油田支行依约发放此笔贷款。借款期限届满后，唐山 TH 机械制造有限公司未能如约履行还款义务，许某晖、季某生也未能履行相应的担保责任。2015 年 11 月 5 日，中国建设银行股份有限公司唐山冀东油田支行与中国信达资管理股份有限公司签订了债权转让协议，将上述债权转让给了信达公司河北省分公司。2015 年 11 月 6 日，双方联合在河北日报发布了《债权转让通知暨债务催收联合公告》，将上述债权转让协议通知

---

① 案件来源：中华人民共和国最高人民法院民事裁定书（2019）最高法民申 4234 号。

了相关债务人和担保人。2016 年 12 月 8 日，信达公司河北省分公司与中国建设银行股份有限公司唐山冀东油田支行签订了《债权转让协议》，将该笔债权转让给了中国建设银行股份有限公司唐山冀东油田支行。

后中国建设银行股份有限公司唐山冀东油田支行向法院起诉，要求对上述抵押的机器设备拍卖或者变卖所得价款优先受偿，并获得法院判决支持。许某晖、季某生申请再审，称双方虽然签订了动产抵押合同，但是并未办理动产抵押登记，涉案《动产抵押登记书》是伪造的证据。

法院判决支持银行对上述抵押的机器设备拍卖或者变卖所得价款优先受偿的诉讼请求。

重点条文 《中华人民共和国民法典》第四百零三条　以动产抵押的，抵押权自抵押合同生效时设立；未经登记，不得对抗善意第三人。

法理剖析 根据《中华人民共和国民法典》第四百零三条之规定，对于机器设备的抵押，抵押权自抵押合同生效时即设立，并非以登记作为生效要件。而许某晖、季某生并不否认双方所签动产抵押合同的真实性，因此，在该合同生效时，债权人对机器设备的抵押权即设立。动产抵押登记书是否伪造，并不影响该案判决对涉案机器设备抵押权的认定，不改变该案的结果。

［案例 17］皮山 HQ 生物科技有限公司与新疆 KL 农业科技发展（集团）有限责任公司动产质权纠纷案①

案情介绍 2018 年 9 月中旬，皮山 HQ 生物科技有限公司（以下简称皮山 HQ 公司）与新疆 KL 农业科技发展（集团）有限责任公司（以下简称 KL 公司）签订《借款合同》，合同约定皮山 HQ 公司

---

① 案件来源：新疆维吾尔自治区和田地区中级人民法院民事判决书（2022）新 32 民终 587 号。

向 KL 公司借款 205 万元用于偿还皮山 HQ 公司欠付向农户收购驴奶的货款，借款期限为 3 个月。该合同第四条以担保条款形式约定，由皮山 HQ 公司以此前保管存放驴奶的皮山县乔达乡和科克铁热克乡冷库中的 68535.49 公斤驴奶作为质物，质物交付方式为 KL 公司在仓库门上加锁即视为"简易交付"，又约定"保管责任由乙方（皮山 HQ 公司）自行承担，在确保质物不减损的情况下对于乙方（皮山 HQ 公司）的保管甲方（KL 公司）应予以开锁配合"。

2018 年 10 月初，KL 公司将冷库门锁更换为自己掌管钥匙的门锁。2019 年 2 月间，发现冷库中的驴奶变质问题，皮山 HQ 公司与 KL 公司遂因质物保管责任问题引发争议，至 2019 年 9 月 7 日，前述 68535.49 公斤驴奶无害处理后全部灭失。

皮山 HQ 公司与 KL 公司之间就动产质押合同是否发生效力、质权是否生效引发争议。

法院判决认定动产质权生效。

重点条文 《中华人民共和国民法典》第四百二十九条 质权自出质人交付质押财产时设立。

法理剖析 皮山 HQ 公司与 KL 公司明确表示存在抵押合同法律关系，皮山 HQ 公司按照双方借款合同中的抵押条款的约定，已经与 KL 公司完成了质物的交付，皮山 HQ 公司按照借款合同的约定与 KL 公司完成质押物的交付，虽然 KL 公司称按照抵押条款的约定，KL 公司并未实际占有该质物，只是对质物取得了监督、监管的权利，并非对质物享受实际的占有、处分及保管的权利。根据《中华人民共和国民法典》第四百二十九条"质权自出质人交付质押财产时设立"的规定，既然皮山 HQ 公司与 KL 公司按照抵押条款履行完交付的行为，那么皮山 HQ 公司与 KL 公司之间的质权就已经生效。

［案例 18］ 蒋某明与 HA 证券股份有限公司股权质权纠纷案①

案情介绍 2016 年 8 月 5 日，HA 证券股份有限公司（以下简称 HA 证券，证券经营机构）受前海管理公司委托，作为资金融出方 HA 理财安兴 23 号定向资产管理计划管理人与甲方蒋某明（融入方）签订一份编号为 HAZG-QHKY-××××××-1 的《HA 证券股票质押式回购交易业务协议》，主要约定：甲方以其合法持有的 8500 万股 SW 股份股票向乙方质押融资 8.35 亿元，初始交易日为 2016 年 8 月 5 日，购回交易日为 2017 年 8 月 3 日，购回年利率 5.87%，购回日利率＝年利率÷360；股票质押回购利息根据甲方待购回期间实际占用的资金数量和占用时间，按自然日逐日计息。甲方按季支付利息，每季度末月的 20 日为结息日，甲方应在结息日次日支付当期利息，在到期日支付最后一期利息；甲方应当于约定的购回交易日向乙方支付购回交易金额，到期购回成交金额＝初始交易成交金额＋甲方应支付利息－甲方已支付利息－甲方已提前偿还本金金额；乙方以其管理的定向资产管理计划参与股票质押回购，已经获得定向资产管理客户的合法授权，相关资产管理合同已约定质权人登记为乙方，并约定由乙方根据前海管理公司指令进行交易申报、盯市管理、违约处置等事项。待回购期间，标的证券产生的无须支付对价的股东权益，如送股、转增股份、现金红利等，一并予以质押登记；本协议项下的质押财产所担保的债权为融出方对甲方享有的如下债权：甲方在协议项下的全部义务、责任、陈述、保证及承诺事项，包括但不限于购回本金 8.35 亿元、利息、违约金、损失赔偿金、手续费、其他为签订或履行本合同而发生的费用以及乙方实现债权和质权的费用（包括但不限于诉讼费、律师费、差旅费等），等等。

当日，蒋某明与 HA 证券办理了 8500 万股 SW 股份质押回购交

---

① 案件来源：中华人民共和国最高人民法院民事判决书（2018）最高法民终 1207 号。

易，融资 8.35 亿元，并将 8500 万股 SW 股份办理了质押登记。2016年 8 月 10 日，SW 股份就上述交易进行了公告。2017 年 6 月 7 日，SW 股份实施利润分配，每 10 股派现 0.15 元，以资本公积金转增股本，每 10 股转增 8 股。涉案交易的 8500 万股相应获得转增股本6800 万股，现金红利 127.5 万元，并办理了质押登记。

待回购期间，蒋某明支付利息至 2017 年 6 月 20 日，共计43432293.06 元，此后未再支付利息。2017 年 8 月 3 日，蒋某明未按协议约定在购回交易日回购股票并支付利息。2018 年 1 月 16 日，SW 股份发布《关于持股 5% 以上股东股票质押式回购交易到期的公告》称：接蒋某明先生的《告知函》，涉案股票质押回购交易到期后，到目前为止仍正与相关金融机构协商股票再质押或回购事宜；该部分股票质押交易其已按协议约定的利率支付了 2016 年 8 月至2017 年 6 月的利息。

双方关于 HA 证券就涉案债权能否主张质权产生争议。

法院判决认定质权依法设立。

重点条文　《中华人民共和国民法典》第四百四十一条　以汇票、本票、支票、债券、存款单、仓单、提单出质的，质权自权利凭证交付质权人时设立；没有权利凭证的，质权自办理出质登记时设立。法律另有规定的，依照其规定。

法理剖析　涉案协议约定，蒋某明以 8500 万股 SW 股份向 HA证券质押融资，质押财产及于质押证券因送股、公积金转增、拆分股权等所形成的派生股权，以及因持有质押证券及其派生股权而取得的股息红利等孳息收入，质押财产所担保的债权包括但不限于购回本金 8.35 亿元、利息、违约金、损失赔偿金以及实现债权和质权的费用（包括但不限于诉讼费、律师费、差旅费等）。协议签订后，涉案 8500 万股 SW 股份依约办理了质押登记，待回购期间转增的6800 万股 SW 股份及派现 127.5 万元亦一并办理了质押登记，故质权依法设立，HA 证券就涉案债权对蒋某明质押的 1.53 亿股 SW 股份及 127.5 万元现金红利及后续的分红转股享有优先受偿权。

第三编
合　同

［案例1］陈某1与XZ大厦有限责任公司租赁合同纠纷案[①]

案情介绍　2015年11月6日，XZ大厦（甲方）与陈某1（乙方）签订《商品房租赁合同》，合同第2-1条约定："由甲方将位于拉萨市娘热路和北京中路的部分沿街商品房共计54间（1-3层）出租给乙方使用。甲方同意双方续签今后两年的租赁合同，即本合同自2016年5月1日起至2018年4月30日止，但本合同生效的时间、要件和基本条件是乙方付清尚欠的684.088505万元的租金当天，否则合同不生效。如果在本合同签订三日之内（包括三日），乙方还不能交清尚欠的684.088505万元租金，本合同作废，甲方有权将本合同项下的全部财产出租给任何社会第三人，如有损失一概由乙方负担，甲方无责，同时甲方有权继续追诉尚欠租金直至彻底清欠。"第3-1条约定："本合同第一年的租金为340.00万元，第二年的租金为350.00万元。"第3-2条约定："乙方应提前支付半年租金，即每年的5月1日之前支付上半年的租金170.00万元，当年12月31日之前支付后半年的租金170.00万元。乙方交付租金的方式为转账至甲方指定账户。乙方必须按期支付每期租金，任何一期逾期未支付的，均视为违约，甲方有权按照年利率24%要求乙方承担占用资金的利息并有权按照所欠租金的30%主张违约金直到付清。同时，甲方有权视情节依法行使合同解除权利。"第8-1条约定："甲、乙双方同意在租赁期内，针对本合同的约定条款，双方无遗留问题的，有下列情形之一的，甲方在接到上级部门整体规划、改扩建、拆迁正式文件并且政府部门核发施工许可证后五天内通知乙方，在乙方接到通知之日起，本合同解除及终止履行，并在一个月内搬迁完毕，双方及时清欠当期租金，返还财产，双方互不负责。（一）商品房占用范围内的土地所有权依法提前收回的；（二）商品房因社会公共利益被依法征收的；（三）商品房因城市建设需要被依法列入房屋拆迁许

[①]　案件来源：XZ自治区高级人民法院民事判决书（2022）藏民终36号。

可范围内的；（四）商品房因国资委或藏旅集团决定整体规划、改扩建、拆迁范围内的；（五）商品房毁损、灭失的；（六）因国家、政府政策变化，不能继续履行合同的。"第8-2条约定："甲、乙双方同意，有下列情形之一的，一方可书面通知另一方解除本合同。违反合同约定的一方，应向另一方按年租金的30%支付违约金；给对方造成损失的，除支付对方违约金外，还应承担对方因此造成的全部损失（包括对方因本合同可产生的全部收益）。（一）未经甲方同意乙方擅自抵押、质押、转让、整体转租商品房的；（二）乙方未征得甲方同意改变商品房用途，致使房屋损坏的；（三）因乙方原因造成房屋主体结构损坏的；（四）甲方擅自单方终止或变更合同，干涉乙方正常经营管理；（五）乙方逾期拖欠任何一期租金累计超过15日的。"第10-4条约定："鉴于双方长期合作，本着互惠的原则甲方对乙方作如下承诺：在本合同期满后本合同涉及的商品房未开发前甲方继续租赁给乙方一年，但租金按照上一年租金不高于5%上涨。"

按照约定，陈某1自2016年5月1日至2018年4月30日从XZ大厦处承租位于拉萨市娘热路和北京中路的部分沿街商品房共计54间（1-3层）。期间的租金，陈某1支付至2017年10月31日。后期租金，双方确认陈某1尚欠XZ大厦租金175.00万元（2017年11月1日至2018年4月30日）。

合同期满后，双方对涉案租赁房屋租期约定延长一年，即从2018年5月1日延长至2019年4月30日。延长期一年内，陈某1尚欠XZ大厦租金350.00万元。

2019年4月30日，合同履行期届满后即2019年5月1日起陈某1仍使用该租赁物。

2020年8月1日，XZ大厦负责人李某兰、张某与陈某1等人磋商房屋租赁事宜并形成《会议纪要》，内容为："根据XZ大厦2020年4月20日上报的《关于XZ大厦化解历史债务及二所商品房续签合同的请示》（藏厦字【2020】11号），2020年6月18日国资委《关于XZ国际旅游文化投资集团所属XZ大厦解决历史遗留问题的批复》和集团公司 2020 年 7 月 17 日（24 号会议纪要）及 2020 年 7 月 23 日会议（25 号会议纪要）精神，2020 年 8 月 1 日（上午 10：30），XZ 大厦与陈某 1 就债权债务的处理及二所商品房继续租赁一事进行协商，初步达成以下协议：一、双方一致同意 XZ 大厦按照 690.00 万元清偿陈某 1 方持有的 XZ 大厦贷款本息合计 684.38 万元债务；二、双方一致同意二所商品房租赁合同续签 3 年（合同签订以签订之日起计算）；三、2019 年 12 月 25 日大厦与陈某 1 方原协商年租金按照 15% 的系数递增，此次协商过程中陈某 1 方提出因疫情影响需减少递增系数，为此大厦同意减少 5% 的递增系数，在原合同年租金 350.00 万元的基础上递增 10%，XZ 大厦按照 385.00 万元收取年租金（2019 年 5 月 1 日至新合同签订之日的年租金按 10% 递增）；四、新合同租金（三年期限）自签订之日起第一年在 385.00 万元的基础上递增 5%，之后两年的租金在前一年租金的基础上每年递增 5%；五、按照自治区及区政府国资委和 XZ 国际旅行集团公司对相关疫情减免政策，XZ 大厦减免陈某 1 方 3 个月租金（同时要求陈某 1 方必须对所承租商户减免 3 个月租金，减免时间为 2020 年 2 月至 4 月）。会议召开时间：2020 年 8 月 1 日（10：30）；会议地点：集团公司 5 楼会议室。会议参加人员：李某兰、普布单增、强巴登珍、张某、央某（律师）、陈某 1、江某铭、白玛。"上述《会议纪要》明确二所商品房租赁合同续签 3 年（合同签订以签订之日起计算），新合同租金（三年期限）自签订之日起第一年在 385.00 万元的基础上递增 5%，之后两年的租金在前一年租金的基础上每年递增 5%。另纪要还明确从 2019 年 5 月 1 日至新合同签订之日的年租金按 10% 递增，由 XZ 大厦按照 385.00 万元收取年租金，之后两年的租金在前一年租金的基础上每年递增 5%。该《会议纪要》无公司盖章确认。

目前，双方在 2019 年 4 月 30 日合同履行期满后未签订新的房屋租赁合同，双方对于《会议纪要》内容是否实质构成新的租赁合同产生争议。

法院判决认定《会议纪要》内容实质构成新的租赁合同。

重点条文 《中华人民共和国民法典》第四百六十九条 当事人订立合同，可以采用书面形式、口头形式或者其他形式。

书面形式是合同书、信件、电报、电传、传真等可以有形地表现所载内容的形式。

以电子数据交换、电子邮件等方式能够有形地表现所载内容，并可以随时调取查用的数据电文，视为书面形式。

法理剖析 根据《中华人民共和国民法典》第四百六十九条之规定，涉案《会议纪要》为书面文件，可作为体现合同内容的载体。《会议纪要》的名称对于纪要内容是否构成一份合同，法院认为其名称并无实质的决定意义。通常而言，《会议纪要》只是记录会议或磋商谈判的过程和所达成的原则性意见。首先，涉案《会议纪要》虽未冠称为合同，但如其内容涉及当事人之间设立、变更或终止民事权利义务关系，是各方当事人的一致意思表示且该意思表示的内容具体明确，具有可执行性，当事人并无排除受其约束的意思，则具备了民事合同的要件，可以构成一份法律意义上的合同。其次，涉案《会议纪要》第一段载明双方协商的事项为债权债务的处理及二所商品房续租事宜并初步达成一致，该内容可表明双方就协商事宜达成一致意思表示。就协议载明的 XZ 大厦按 690.00 万元清偿对陈某 1 负有的贷款本息债务 684.38 万元、二所商品房租赁合同续签 3 年，年租金递增系数及减免租金等内容，系对双方设立新的民事权利义务关系的约定且约定内容明确具体，已具备合同主要条款并具有可执行性。最后，《中华人民共和国民法典》第四百九十条第一款规定："当事人采用合同书形式订立合同的，自当事人均签名、盖章或者按指印时合同成立。在签名、盖章或者按指印之前，当事人一方已经履行主要义务，对方接受时，该合同成立。"该条规定的当事人签名或者盖章，同样适用于法人签订的合同，法定代表人代表法人签署合同的，无须另行加盖法人公章。涉案《会议纪要》上 XZ 大厦一方已由其法定代表人签字，已经满足当事人签字的条件。因此，据《会议纪要》协商内容，陈某 1 与 XZ 大厦间设立的新的租赁合同关系于 2020 年 8 月 1 日成立。

［案例 2］ 江西 SH 医疗器械有限公司与 SC 县人民医院买卖合同纠纷案①

案情介绍 2021 年 9 月，经 SC 县人民医院招投标，江西 SH 医疗器械有限公司（以下简称 SH 公司）中标，2021 年 12 月 21 日，SC 县人民医院与 SH 公司签订《设备采购合同》。

SC 县人民医院康复器材采购项目（四次）竞争性谈判招标文件中，第 5 章载明货物需求一览表及技术规格。SH 公司的投标文件中投标分项报价表及货物说明一览表与 SC 县人民医院康复器材采购项目（四次）竞争性谈判招标文件货物需求一览表和 25 种医疗仪器的详细参数要求一致。且在货物说明一览表最后一页下方 SH 公司法定代表人或其委托代理人处有许某龙的签字和 SH 公司的签章。许某龙为 SH 公司涉案销售医疗器材的受委托人。

2022 年 1 月 20 日、2022 年 3 月 30 日、2022 年 4 月 16 日、2022 年 4 月 18 日，SC 县政府采购项目经过四次验收，验收报告一致，验收不合格。

2022 年 6 月 16 日，SC 县人民医院向 SH 公司提出，其提供的医疗器材不符合招标文件的参数，验收不合格，要求 SH 公司在接到律师函之日起 3 日内，根据《设备采购合同》之约定，将已提供的货物运走（若不及时运走导致发生货损或货物丢失，人民医院概不负责，后果由 SH 公司承担），并支付合同价款 778000 元的 30% 违约金 233400 元。

2022 年 4 月 5 日，在向 SC 县人民医院发送关于申请对康复器材交付验收的报告中，SH 公司表示招标文件对 8 台仪器参数设置、性能要求、临床效果等表述过于细化，SH 公司尽可能按照要求提供，

---

① 案件来源：新疆维吾尔自治区喀什地区中级人民法院民事判决书（2023）新 31 民终 850 号。

但在当前市场产品中，不存在两个不同厂家的产品或设备的参数、性能完全一致，除非由指定厂家供货，否则招标采购就不能完全满足招标文件所规定的参数要求，这完全是正常的情况，只要性能相同，临床使用满足功效，参数出现细微差别在所难免，要所有的参数一模一样除非是按照招标单一来源采购才能完全符合。SH 公司认为 8 台仪器设备虽然参数没有完全相符，但实际功效是完全相同的。

法院判决解除合同并由 SH 公司支付 SC 县人民医院违约金。

重点条文 《中华人民共和国民法典》第四百七十三条 要约邀请是希望他人向自己发出要约的表示。拍卖公告、招标公告、招股说明书、债券募集办法、基金招募说明书、商业广告和宣传、寄送的价目表等为要约邀请。

商业广告和宣传的内容符合要约条件的，构成要约。

法理剖析 SH 公司依据 SC 县人民医院发布的招标文件进行投标，中标后与 SC 县人民医院签订《设备采购合同》。该合同是双方真实意思表示，符合相关法律规定，为有效合同，双方均应如约履行。《中华人民共和国民法典》第四百七十二条规定："要约是希望与他人订立合同的意思表示，该意思表示应当符合下列条件：（一）内容具体确定；（二）表明经受要约人承诺，要约人即受该意思表示约束。"第四百七十三条第一款规定："要约邀请是希望他人向自己发出要约的表示。拍卖公告、招标公告、招股说明书、债券募集办法、基金招募说明书、商业广告和宣传、寄送的价目表等为要约邀请。"要约区别于要约邀请的实质在于，要约的内容具体明确并且对于该内容具备愿意受法律拘束的意思。本案中，SC 县人民医院对外发布的招标文件中对于设备的参数要求具体明确，对于后续的投标和采购合同有实质性影响，招标文件的相关内容应认定为要约。招标文件中的相关参数属于合同内容的一部分，对合同双方具有法律约束力。SH 公司未提供与招投标文件中参数要求相符合的产品的行为构成合同的根本违约，因此，根据双方《设备采购合同》的约定，SC 县人民医院有权拒收 SH 公司不符合合同要求的涉案医疗器械，有权要求解除合同，并且要求支付违约金。

［案例 3］ 抚松 BJ 长白山天池饮品实业有限公司与江苏茅山 LH 生态农业发展有限公司企业借贷纠纷案①

案情介绍 2010 年，BJ 公司向茅山 LH 公司借款 1000 万元，借款期限为一年。2011 年 8 月 17 日、8 月 26 日，BJ 公司通过中国农业银行抚松县支行汇款的形式，分别偿还茅山 LH 公司借款人民币 200 万元和 957510.14 元。2010 年 7 月 25 日，BJ 公司（甲方）与 TW 国际集团有限公司（乙方）签订了投资合约书，约定："乙方以自己的名义投资美金两百万元作为甲方的流动资金，委托甲方扩大中国饮料市场，获取利益。甲方对乙方投入的资金全权管理，精心自主运作，并承担市场风险。"

2011 年 7 月 29 日 15 时 10 分，詹某玲发送的电子邮件载明："鹿总裁：您好！'抚松 BJ 长白山天池饮品实业有限公司'于 2010 年 7 月 28 日，向我司'江苏茅山 LH 生态农业发展有限公司'借款人民币 1000 万元，借款期为一年，应于 2011 年 7 月 27 日到期偿还我司。按中国人民银行公布的一年期贷款利率计算，共计利息为 584953.42 元，到期本利和为 10584953.42 元。我司已于 2011 年 6 月 15 日去函通知还款，但至今未收到贵司的还款讯息。"

2011 年 8 月 16 日 10 时 25 分，詹某玲发送的电子邮件载明："抚松 BJ 长白山天池饮品实业有限公司：贵司于 2010 年 7 月 28 日向我司借款人民币 1000 万元，已于 2011 年 7 月 27 日到期，借款期为一年，按中国人民银行公布的一年期贷款利率计算，共计利息为 584953.42 元，到期本利和为 10584953.42 元。"

2011 年 8 月 17 日 12 时 13 分，BJ 公司发送的电子邮件载明："詹小姐您好！关于人民币 1000 万元的还款，我司预计汇美金 120 万元至贵司账户，请告知美元汇款资料；同时请按照今日的汇率，

---

① 案件来源：吉林省高级人民法院民事判决书（2014）吉民二终字第 16 号。

换算出我司还需要汇去的人民币金额，谢谢！抚松 BJ 长白山天池饮品实业有限公司。"

2011 年 8 月 19 日 14 时 38 分，詹某玲发送的电子邮件载明："黄总您好！来信收到，您现在有美金，为避免账务错误，请您直接按我司提供的还款途径直接汇款还给 TW 国际集团有限公司的部分本金。谢谢您！詹某玲 8/19。"

2011 年 8 月 19 日 19 时 22 分，BJ 公司发送的电子邮件载明："詹小姐您好！不好意思久等了，美金七十万元的汇款水单，详见附档，请查收，收到请回复，谢谢！BJ 公司。"附 70 万美金汇款单中载明收款人为 TW 国际集团有限公司。

2011 年 8 月 22 日 10 时，詹某玲发送的电子邮件载明："黄总您好！已经收到您 8/19 汇出的美金 70 万元了，上周五（8/19）您来不及汇出的 50 万美元，请于今天汇出并将汇款单传给我，我好即时向余警官汇报。谢谢您！詹某玲 8/22。"

2011 年 8 月 22 日 18 时 41 分，BJ 公司发送的电子邮件载明："詹小姐您好！汇款表格刚刚收到，详见附档，请查收！不好意思让您久等了，谢谢！祝顺利！抚松 BJ 长白山天池饮品实业有限公司。"附 50 万美金汇款单中载明收款人为 TW 国际集团有限公司。

2011 年 8 月 23 日 11 时 44 分，詹某玲发送的电子邮件载明："黄总您好！8/22 还款 50 万美元已到账，谢谢您！詹某玲 8/23。"

此外，茅山 LH 公司由 TW 国际集团有限公司出资设立。江苏 TW 实业有限公司是 TW 国际集团有限公司设立的另外一家公司，詹某玲是江苏 TW 实业有限公司的总稽核。詹某玲可以代表茅山 LH 公司、TW 国际集团有限公司负责追讨借款及投资款。

BJ 公司与茅山 LH 公司就该 120 万元美金还款是属于 BJ 公司偿还 TW 国际还是茅山 LH 公司的款项产生争议。

法院判决认定 BJ 公司汇出的美金 120 万元为偿还所欠茅山 LH 公司的款项。

重点条文 《中华人民共和国民法典》第四百八十条　承诺应

当以通知的方式作出；但是，根据交易习惯或者要约表明可以通过行为作出承诺的除外。

法理剖析 根据《中华人民共和国民法典》第四百八十条之规定，BJ 公司在 2011 年 8 月 19 日 14 时 38 分之后汇出 120 万美元的行为，与前述 BJ 公司要约之内容一致，该要约内容明确，指向清晰，排除了偿还 TW 国际集团有限公司的意思表示，该要约表明茅山 LH 公司若接收美元将成为该要约的承诺。詹某玲在 2011 年 8 月 22 日 10 时、2011 年 8 月 23 日 11 时 44 分分别对 BJ 公司汇入的 70 万元、50 万元美金确认接收，并未提出异议，应视为茅山 LH 公司对 BJ 公司以美元形式偿还其欠款的要约作出了承诺，故应认定 BJ 公司汇出的美金 120 万元为其偿还所欠茅山 LH 公司借款。

［案例 4］上海 RJ 文化传播有限公司与杨某闻其他合同纠纷案①

案情介绍 2020 年 4 月 27 日，作为甲方的上海 RJ 文化传播有限公司（以下简称 RJ 公司）与作为乙方的杨某闻签订模特经纪协议。协议约定，合同有效期内，杨某闻在合同约定的模特表演活动范围内的一切事项均授权 RJ 公司代理，RJ 公司是杨某闻的唯一经纪人，双方是委托代理关系。双方同时还签订了保密协议，约定："不论在合同有效期内或者合同解除后，乙方对因履行本协议所获知的涉及甲方的商业秘密负有保密义务（包括但不限于客户信息、价格等），且不得从事有损甲方声誉的事情，否则需向甲方支付违约金 20 万元人民币。"协议还约定，违反保密协议应当赔偿包括合理律师费在内的救济费用。

2021 年 4 月 26 日，杨某闻向 RJ 公司邮寄通知称：根据双方模特经纪协议的约定，"本人决定合约到期终止，暂不续约"。该通知于 2021 年 4 月 27 日由 RJ 公司签收。此后，杨某闻仍通过微信接收

---

① 案件来源：上海市第二中级人民法院民事判决书（2022）沪 02 民终 5176 号。

RJ 公司的模特活动通告，并参加相关活动，最后一起活动时间为 2021 年 6 月 29 日。

2021 年 6 月 11 日，杨某闻与案外人 A 公司签订独家经纪协议，协议期限自 2021 年 6 月 20 日至 2022 年 6 月 19 日。

2021 年 6 月 11 日 18 时 16 分，杨某闻与××公司工作人员宋某（RJ 公司客户）微信说："宋老师，我换公司啦，下次要定工作可以找我的新经纪人。"宋某回复："哦，好的。哪个公司啊？"杨某闻向宋某推送了一张微信个人名片，称"这是老板"。

2021 年 7 月 10 日，RJ 公司以杨某闻"违反合同里的保密协议，私自把客户宋某给了下一个经纪公司（而且是无缝衔接）"为由，在前期欠付杨某闻的活动报酬中扣除了 20 万元。双方就杨某闻是否违反了保密义务并应承担违约责任发生争议。

法院判决驳回 RJ 公司要求杨某闻承担违约责任的诉讼请求，并要求 RJ 公司向杨某闻支付模特活动报酬。

重点条文 《中华人民共和国民法典》第五百零一条 当事人在订立合同过程中知悉的商业秘密或者其他应当保密的信息，无论合同是否成立，不得泄露或者不正当地使用；泄露、不正当地使用该商业秘密或者信息，造成对方损失的，应当承担赔偿责任。

法理剖析 商业秘密，是指不为公众所知悉、能为权利人带来经济利益、具有实用性并经权利人采取保密措施的技术信息和经营信息。RJ 公司作为指称他人侵害其商业秘密的一方，应当对其拥有的商业秘密符合法定条件、杨某闻采取不正当手段侵害其商业秘密等事实负举证责任。RJ 公司认为杨某闻侵害其商业秘密主要体现为两方面：一是杨某闻将其新经纪公司工作人员的联系方式推送给××公司高级管理人员宋某；二是杨某闻将 RJ 公司客户拍摄的照片给新经纪公司使用。根据相关法律规定，商业秘密中的客户名单，一般是指由客户的名称、地址、联系方式以及交易的习惯、意向、内容等构成的区别于相关公知信息的特殊客户信息。即商业秘密意义上的客户名单，是经过权利人不断努力和积累，耗费了人力、物力和财力后而形成的相对稳定的、有其客户自身交易习惯和特点、区别于相关公知信息的客户名单。因此，RJ 公司主张宋某联系方式属于商业秘密的前提，在于该信息至少满足不为公众所知悉、具有商业价值、权利人采取了合理的保密措施三个要件。在本案中，RJ 公司所主张的宋某微信号仅系其联系方式的一种，并未反映该客户的特别之处，也未反映客户的交易习惯、意向及区别于一般交易记录的其他深度信息。且该信息亦不属于需要投入大量人力、物力、财力进行开发、竞争对手难以取得的客户信息。故单纯的宋某个人微信号难以认定属于法律保护的商业秘密。同时，杨某闻将新经纪公司工作人员微信名片推送给宋某，能否获得利益还需要尊重客户的意愿，并不必然获得相应的商业利益或者带来潜在的商业价值。而对于 RJ 公司主张的杨某闻擅自发布客户的成衣样式照片，杨某闻称该照片系从客户单位工作人员朋友圈获取，并不具备秘密性、保密性的要求，且 RJ 公司或其客户单位亦未对该图片采取保密措施。综上，RJ 公司主张的客户微信联系方式以及照片并不具备秘密性，亦不必然给企业带来商业价值，难以作为商业秘密予以保护。RJ 公司主张杨某闻侵害其商业秘密并据此要求杨某闻承担违约责任，缺乏事实与法律依据。

［案例 5］ ZJ 第二建筑公司等与张某英债权人代位权纠纷案①

案情介绍 2021 年 6 月 12 日，KD 公司向张某英出具《债权确认函》载明：我司确认截至 2020 年 12 月 23 日，尚欠你 301850 元未予结清，承诺将于 2021 年年底尽快安排资金付清相应款项，如不能如期付清款项，将从 ZJ 第二建筑公司应收账款中偿还。诉讼中，张某英称该款项为提成款，即张某英向 KD 公司介绍项目，使用 KD 公司的混凝土，涉案项目也是由张某英向 KD 公司介绍，其与 KD 公司

---

① 案件来源：北京市第二中级人民法院民事判决书（2023）京 02 民终 9266 号。

不存在劳动关系。

根据 KD 公司与 ZJ 第二建筑公司签署的《物资结算单》，最后一次进料日期为 2020 年 12 月 23 日，结算时间段为 2020 年 9 月 21 日至 2020 年 12 月 23 日，最终结算金额（含税）为 3953080 元。根据双方签署的供货合同第 4.1 条的约定，按月结算，当月 20 日结算上月 21 日至本月 20 日货款，双方办理完毕《物资预结算单》后 30 个工作日内按以下约定支付结算货款：完成当月混凝土施工后支付至结算金额 100%；完成全部混凝土施工后结清全部混凝土货款。第 4.9 条"资金风险共担"项下第 4.9.3 条约定："乙方接受甲方的任何缓付、迟付的货款均不计取利息，亦不向甲方主张违约责任及赔偿金。"诉讼中，ZJ 第二建筑公司认可欠付 KD 公司到期债权 301850 元，付款日期应为 2020 年 12 月 23 日后 30 个工作日。

双方就利息部分的约定是否有效，债权人是否有权主张的问题产生争议。

法院判决对 ZJ 第二建筑公司关于债权不计利息的主张不予支持。

重点条文　《中华人民共和国民法典》第五百零六条　合同中的下列免责条款无效：

（一）造成对方人身损害的；

（二）因故意或者重大过失造成对方财产损失的。

法理剖析　ZJ 第二建筑公司提出的第 4.9.3 条约定，属于免责条款，根据法律规定，因故意或者重大过失造成对方财产损失的免责条款无效。该条款免除了 ZJ 第二建筑公司在任何情形下的缓付、迟付责任。此外，该条款系基于资金风险共担所做的约定，而 ZJ 第二建筑公司未举证其未付款原因系业主未按照相关合同付款且其已经积极进行了催款。综上，不计利息的主张没有事实和法律依据。根据合同约定及实际情况，利息应自 2020 年 12 月 23 日后 30 个工作日予以确定即 2021 年 2 月 4 日起按照同期贷款市场报价利率计算至付清之日止。

[案例6] 仁怀 LT 公司与北京 JH 公司计算机软件开发合同纠纷案①

案情介绍 仁怀 LT 公司（甲方）与北京 JH 公司（乙方）于 2015 年 8 月签订涉案合同。涉案合同约定主要内容如下：根据甲方提供的定制商城平台的需求，经乙方核定，双方同意乙方为甲方定制商城平台功能点。乙方收到甲方支付的合同款之日起 3 个工作日内，向甲方提供《定制商城平台需求确认单》，甲方需按照该确认单准备相应的材料，材料准备完毕并经双方签字盖章确认无误后 15 个工作日内，乙方向甲方提供甲方定制的商城平台下载地址（ios 版本依据 Appstore 审核时间确定）及操作后台，乙方交付后，甲方需要在乙方提供的项目验收单中签字确认。合同第 3.2 条约定，乙方为甲方提供电商平台代运营服务，酌情优惠收取费用。乙方的代运营服务收费基本原则为：从甲方定制商城平台的入驻商户数量、内容存储量、使用人数（占用带宽量）这几方面考虑。乙方收费的最小间隔为 12 个月，商城平台代运营服务费按照每月 12 万元收取。甲方一次性支付乙方商城平台代运营服务费 144 万元，代运营服务费自双方在《定制商城平台需求确认单》上签字确认之日起算。合同并未就北京 JH 公司瑕疵履行的问题约定违约责任。

北京 JH 公司已经开发并交付了可独立运行的、符合涉案合同约定的涉案软件，并进行了部分代运营服务，如产品完善升级服务项、商城平台上架及更新项。但代运营服务除版本更新、平台上架外，还包括多项服务内容，如培训、客户服务、运营数据分析、数据导出，北京 JH 公司未完全完成上述服务。

关于北京 JH 公司应否收取代运营服务费用双方产生争议。

法院判决北京 JH 公司应向仁怀 LT 公司退还代运营服务费 108

---

① 案件来源：中华人民共和国最高人民法院民事判决书（2022）最高法知民终 1634 号。

万元。

重点条文 《中华人民共和国民法典》第五百一十条 合同生效后，当事人就质量、价款或者报酬、履行地点等内容没有约定或者约定不明确的，可以协议补充；不能达成补充协议的，按照合同相关条款或者交易习惯确定。

法理剖析 北京 JH 公司进行了涉案软件部分代运营服务，存在履行不充分的情形。涉案合同并未就北京 JH 公司瑕疵履行的问题约定违约责任，双方也未就此达成补充协议。《中华人民共和国民法典》第五百一十条规定："合同生效后，当事人就质量、价款或者报酬、履行地点等内容没有约定或者约定不明确的，可以协议补充；不能达成补充协议的，按照合同相关条款或者交易习惯确定。"由于代运营服务是持续性工作，可以根据查明的事实，综合考虑北京 JH 公司履行部分占整体服务项目的比重、持续履行的时间，合理确定北京 JH 公司应收取的代运营服务费用。

［案例 7］云南 DC 公司与 KL 公司、YY 公司植物新品种合同纠纷案①

案情介绍 2017 年 12 月 24 日，KL 公司、YY 公司与 DC 公司签订《杂交玉米亲本自交系使用协议》。协议约定：1. DC 公司于2017 年 12 月 31 日前一次性支付给 KL 公司、YY 公司亲本自交系使用费 85 万元，此费用包含恩玉 8 号父本 YA8201 及恩玉 918 母本YA8204 的使用；2. DC 公司只能在云南省内销售恩玉 8 号，除云南外其他区域交由 KL 公司、YY 公司独占性引种、开发销售。DC 公司、KL 公司、YY 公司只能在约定区域销售恩玉 88（即恩玉 8 号），否则视为违约；3. DC 公司使用 YA8204 只限于在恩玉 918（YA8204×NH-37）上使用；4. DC 公司提供恩玉 8 号（恩玉 88）母本（AH931，

---

① 案件来源：中华人民共和国最高人民法院民事判决书（2022）最高法知民终184 号。

纯度98%以上）5公斤给 KL 公司、YY 公司，KL 公司、YY 公司提供亲本自交系（YA8201，纯度98%以上）5公斤给 DC 公司；5. 本协议自签订之日起，关于 EG 公司、DC 公司、KL 公司、YY 公司于2015年3月6日签订的《杂交玉米新品种合作选育和开发协议》终止执行；6. 以上条款 KL 公司、YY 公司与 DC 公司双方共同遵守，如有违约，违约方需要承担违约责任，赔偿100万-150万元给守约方。涉案合同签订后，KL 公司、YY 公司向 DC 公司交付"恩玉8号"父本（YA8201繁殖材料），DC 公司向 KL 公司、YY 公司寄送了"恩玉8号"母本（AH931繁殖材料）。

2018年1月4日，KL 公司、YY 公司向 DC 公司发送了《关于催收亲本自交系使用费的函件》，在该函件中依照涉案合同向 DC 公司催收恩玉8号父本 YA8201 及恩玉918母本 YA8204 使用费85万元，并要求对方在收到后5日内支付款项，同时还告知了 KL 公司的收款账户信息。DC 公司认可收到了上述函件。2018年1月15日，DC 公司向 KL 公司、YY 公司支付许可使用费5万元。

KL 公司、YY 公司要求 DC 公司与其连带债务人支付玉米亲本自交系使用费80万元及违约金60万元，DC 公司主张在 KL 公司、YY 公司未向其提供 YA8204 繁殖材料以及用于"恩玉918"品种审定所需的 YA8204 的相关授权资料、评审材料的情况下，DC 公司拒绝支付80万元系依法行使同时履行抗辩权。

法院判决认定 DC 公司的主张不构成同时履行抗辩，DC 公司至今未继续履行合同约定的剩余80万元使用费的支付义务，存在违约行为。

重点条文 《中华人民共和国民法典》第五百二十五条 当事人互负债务，没有先后履行顺序的，应当同时履行。一方在对方履行之前有权拒绝其履行请求。一方在对方履行债务不符合约定时，有权拒绝其相应的履行请求。

法理剖析 涉案合同均系 DC 公司与 KL 公司、YY 公司三方当事人真实意思表示，各方均应按合同约定履行自己的义务。三方签订的《杂交玉米亲本自交系使用协议》并没有明确约定 KL 公司、YY 公司提供前述材料的合同义务，在合同没有约定，也不能因植物新品种权的许可与繁殖材料的转移密不可分的特性，将繁殖材料的交付认定为许可人的当然义务或附随义务的情况下，DC 公司的同时履行抗辩权主张不能成立。并且，涉案合同约定 DC 公司在 2017 年12 月 31 日前一次性支付给 KL 公司、YY 公司亲本自交系使用费 85 万元。2018 年 1 月 15 日，DC 公司向 KL 公司、YY 公司支付许可使用费 5 万元。DC 公司在被催告后，仍有 80 万元余款至今未付，违反合同约定。即使交付审定需要的申报材料构成附随义务，履行顺序也晚于合同约定的许可使用费支付义务，DC 公司的主张不构成同时履行抗辩。此外，恩玉 918 已于 2021 年通过审定，且 DC 公司没有证据证明其对于申报材料提出请求。可见，KL 公司、YY 公司不存在违约行为，DC 公司至今未继续履行合同约定的剩余 80 万元使用费的支付义务，存在违约行为。

［案例 8］ BND 公司与广东 LK 公司计算机软件开发合同纠纷案①

案情介绍 2019 年 12 月 28 日，LK 公司（甲方）与 BND 公司（乙方）签订涉案合同，甲方委托乙方为其提供 LK 家居平台系统软件开发服务，双方约定了服务范围、交付、开发进度、项目试运行、验收及标准、违约责任等条款。

根据双方签订的《LK 家居系统开发合同》第 3.2 条的规定，BND 公司应根据合同及《项目功能清单》（附件一）的约定向 LK 公司交付产品。合同第 4.1 条规定，该项目 90 日完成，同时 PC 电脑端即可使用。

涉案合同签订后，BND 公司从 2020 年 3 月 20 日开始开发涉案软件，本应于 2020 年 6 月 19 日向 LK 公司交付符合合同要求的涉案

---

① 案件来源：上海市高级人民法院民事判决书（2023）沪民终 430 号。

软件，但直至 2020 年 8 月 BND 公司仍未向 LK 公司发送交付的书面通知，双方仍在就软件开发存在的问题进行沟通。经对 BND 公司提交的软件进行勘验，合同附件一中所列明的 310 个功能描述中，有 110 个功能描述不存在，43 个功能描述有瑕疵或有部分未实现。

LK 公司于 2019 年 12 月 31 日向 BND 公司付款 50000 元，于 2020 年 4 月 30 日、6 月 15 日、9 月 14 日分别向 BND 公司付款 30000 元，以上 LK 公司共计向 BND 公司付款 140000 元。

LK 公司主张 BND 公司存在严重违约行为，根据双方签订的合同，该项目 90 日完成，但 BND 公司一直都没有按照合同履行。BND 公司主张 LK 公司未支付合同款项的事实已经构成根本违约。

法院判决驳回 BND 公司要求 LK 公司支付合同款项的诉讼请求。

重点条文 《中华人民共和国民法典》第五百二十六条 当事人互负债务，有先后履行顺序，应当先履行债务一方未履行的，后履行一方有权拒绝其履行请求。先履行一方履行债务不符合约定的，后履行一方有权拒绝其相应的履行请求。

法理剖析 关于 LK 公司未履行合同付款义务是否构成根本违约，根据《中华人民共和国民法典》第五百二十六条的规定，当事人互负债务，有先后履行顺序，应当先履行债务一方未履行的，后履行一方有权拒绝其履行请求。先履行一方履行债务不符合约定的，后履行一方有权拒绝其相应的履行请求。涉案双务合同的双方当事人所承担的合同义务有先后履行顺序，BND 公司应当先开发完成符合合同约定要求的软件并向 LK 公司进行交付，而 LK 公司应在验收合格后向 BND 公司支付相应开发费用。因 BND 公司未能向 LK 公司交付符合合同要求的软件，导致涉案软件开发合同的合同目的无法实现。因此，作为后履行一方，LK 公司基于其先履行抗辩权而拒绝 BND 公司要求其履行支付剩余开发款项之请求，并不构成根本违约。

[案例 9] 刘某闻与 PY 公司工会委员会股权转让纠纷案①

案情介绍 2016 年 12 月,刘某闻欲收购 PY 公司股份,2016 年 12 月 30 日,PY 公司工会委员会(以下简称工会委员会)就向刘某闻转让所持 PY 公司 88%股份事宜,与刘某闻签订《股权转让意向书》。

2017 年 3 月 24 日,PY 公司职工持股会作出四届七次会员代表大会决议:一、以 4.3 亿元作为工会委员会股权转让的总标的(8000 万股)价格,即每股交易价 5.375 元(含税),此次工会拟转让总股数为 7040 万股。二、授权理事会与受让方协商确定股权转让最终协议。三、授权理事长王某荣、工会主席郑某与受让方签订股权转让最终协议。四、股权转让的支付方式:分三次支付,第一次按总价款的 10%在 2017 年 4 月 10 日支付,第二次按总价款减去第一次付款减去 2000 万元的剩余金额在 2017 年 5 月 31 日前支付,受让方预留 2000 万元在协议期满 2 年经清算后支付。2000 万元授权理事会负责清算。

2017 年 3 月 31 日,工会委员会作为转让方与刘某闻作为受让方签订《股份收购协议书》,约定了标的股份、标的股份转让价格与定金、股份交割与公司接管等事宜。

2016 年 12 月 9 日,刘某闻向 PY 公司账户支付定金 1000 万元。2017 年 4 月 10 日,刘某闻向《股份收购协议书》约定的"共管账户"支付定金 2784 万元。以上共计支付定金(亦为首期股份转让款)3784 万元。2017 年 4 月 10 日,PY 公司向刘某闻移交法定代表人王某荣私章一枚,工会委员会向刘某闻移交财务专用章一枚。

2017 年 9 月至 2018 年 1 月,刘某闻曾通过邮件向工会委员会表示其欲通过向第三方融资获取第二期股份转让款所需资金,并为此与工会委员会协商设立交易资金托管账户或三方共管账户事宜,但双方最终未签署正式文件。2018 年 3 月 7 日,工会委员会向刘某闻

---

① 案件来源:中华人民共和国最高人民法院民事判决书(2021)最高法民终 1043 号。

发送《告知函》，告知刘某闻未如期支付第二期股份转让款的行为违反了双方就相应股份转让款签订的《补充协议二》之约定。

2018年6月，目标公司职工及退休持股会员（股东）联名致信莆田市国资委、莆田市交通局，称"公司高层违背市场规律，没有对刘某闻资质、财产、银行资信等相关事宜进行论证，是否有利益关联不得而知；刘某闻从始至今没有足够的资金完成股权收购，不断拖延股权转让款支付时间，企图用公司赖以生存的公交车辆和固定资产抵押贷款来支付转让款；工会委员会发函给刘某闻一直未得到回复"。

刘某闻主张工会委员会在履约中存在未建立共管账户、合作建房未登记至目标公司名下、未解决因协通公司土地租赁事项向刘某闻赔偿损失的计算问题、未披露为PY公司提供3150万元担保事项等违约行为，导致刘某闻行使不安抗辩权中止支付股权转让款。

双方就刘某闻未支付第二期股权转让款的行为是构成根本违约还是属于行使不安抗辩权产生争议。

法院判决刘某闻不能主张不安抗辩权，应按合同支付第二期股权转让款。

重点条文　《中华人民共和国民法典》第五百二十七条　应当先履行债务的当事人，有确切证据证明对方有下列情形之一的，可以中止履行：

（一）经营状况严重恶化；

（二）转移财产、抽逃资金，以逃避债务；

（三）丧失商业信誉；

（四）有丧失或者可能丧失履行债务能力的其他情形。

当事人没有确切证据中止履行的，应当承担违约责任。

法理剖析　首先，联名信系目标公司职工及退休持股会员向莆田市国资委、莆田市交通局反映情况、表达诉求的信件，而非向刘某闻发出的不再履行合同义务的意思表示，且引发联名信事件的起因系刘某闻多次迟延支付股权转让款导致目标公司职工不满，刘某闻没有确切证据能够证明工会委员会因联名信事件而丧失了商业信誉。其次，PY 公司职工持股会已于 2017 年 3 月 24 日作出会员代表大会决议，同意进行股权转让，并将与受让方签订股权转让最终协议的权利授予理事长、工会主席，此后并未有新的会员代表大会决议，亦未撤销授权，故目标公司职工及退休持股会员在联名信中表达的关于要求政府介入收购等相关诉求，并不能造成工会委员会丧失或者可能丧失履行涉案股权转让协议的能力。因此，刘某闻没有确切证据证明联名信事件使得工会委员会有严重丧失商业信誉及可能丧失履行能力的情形，不构成不安抗辩权，故其中止履行缺乏事实及法律依据。刘某闻向工会委员会支付第一期股权转让款即定金 3784 万元后，无正当理由未在合同约定时间以及工会委员会宽限期内支付剩余股权转让款，构成根本违约。

［案例 10］ 安徽 HG 公司与山西 GC 公司计算机软件开发合同纠纷案①

案情介绍 2018 年 9 月 15 日，山西 GC 公司委托安徽 HG 公司开发网约车出行软件，山西 GC 公司作为甲方与安徽 HG 公司作为乙方签订涉案合同，约定甲方委托乙方开发网约车出行软件，即可以在 IOS、Android 主流版本环境下运行的软件，软件需求由双方协商确定，乙方保证已研发的网约车出行软件功能模块及未来新技术研发所有模块功能无条件为甲方进行同步更新升级及维护，且包含完整的后台管理、数据分析监测功能。软件还应包含与其功能匹配的网约车出行小程序以及公众号，同时含汽车后市场小程序（免开发费用，由甲方只需自行承担小程序实际产生的流量费用）。合同内容涉及商业模式、软件定制开发及后续合作等。合同约定从软件验收且收到书面验收报告 5 个月内乙方负责完成交通运输部的数据接口

---

① 案件来源：中华人民共和国最高人民法院民事判决书 （2022）最高法知民终 1117 号。

对接工作且成功取得对接报告。相关责任说明：若由于乙方技术原因和资料提交不及时（在甲方积极配合的前提下）导致未能在约定期内拿到交通运输部的数据接口对接报告，则乙方全额无息退还甲方已缴纳给乙方的全部款项（具体金额以打款凭据为准，服务器、数据库及短信费用除外）；由于期限内（5 个月）政府政策原因或甲方自身原因以及一些外部不可抗力原因导致未能在约定期内拿到交通运输部的数据接口对接报告，乙方不承担责任，也不退还甲方已缴纳给乙方的软件开发费款项（具体金额以打款凭据为准）。此外，山西 GC 公司还在合同中明确委托安徽 HG 公司协助办理与交通运输部数据接口对接工作，并要求：数据对接报告必须是乙方为甲方独立部署的服务器平台与交通运输部对接办理，数据对接通过报告必须以甲方名义签署，所有权归属甲方，对接过程中不得以任何形式出现乙方相关标识。

安徽 HG 公司组织人力、物力对涉案软件进行了开发，2019 年 2 月 13 日，山西 GC 公司签署了软件接收单。合同履行过程中，山西 GC 公司将数据对接的主体由山西 GC 公司变更为青岛 GC 公司。

安徽 HG 公司向交通部门推送了相关对接数据，但并未持续跟进，在山西 GC 公司询问相关情况时，表示后续联系事宜由山西 GC 公司负责。后山西 GC 公司以青岛 GC 公司为主体申请与交通部门数据接口对接，承担了主要的数据对接工作，直至 2020 年 12 月 25 日，山西 GC 公司才取得具备接入交通运输部网约车监管信息交互平台条件的情况说明。在完成与交通部门的数据对接后，山西 GC 公司还要求安徽 HG 公司交付上线运营的软件版本，但未有足够证据证明安徽 HG 公司已交付满足上线运营要求的软件以及"包含与其功能匹配的网约车出行小程序以及公众号"且实际上线运营。

山西 GC 公司主张解除双方于 2018 年 9 月 15 日签订的涉案合同。安徽 HG 公司主张其已经按照约定为山西 GC 公司开发了软件，并如约交付，安徽 HG 公司没有违约，目前合同履行期已经届满，山西 GC 公司的合同目的已经实现，其要求解除涉案合同没有事实和法律依据。

法院判决认定安徽 HG 公司的行为构成根本违约，山西 GC 公司有权根据法律规定要求解除合同。

重点条文 《中华人民共和国民法典》第五百六十三条　有下列情形之一的，当事人可以解除合同：

（一）因不可抗力致使不能实现合同目的；

（二）在履行期限届满前，当事人一方明确表示或者以自己的行为表明不履行主要债务；

（三）当事人一方迟延履行主要债务，经催告后在合理期限内仍未履行；

（四）当事人一方迟延履行债务或者有其他违约行为致使不能实现合同目的；

（五）法律规定的其他情形。

以持续履行的债务为内容的不定期合同，当事人可以随时解除合同，但是应当在合理期限之前通知对方。

法理剖析 从合同目的来看，涉案软件为网约车平台软件，根据涉案合同的约定，安徽 HG 公司应当负责完成交通部门的数据接口对接工作并取得对接报告。因此，山西 GC 公司与安徽 HG 公司签订涉案合同的目的不仅仅是为了在一定期限内获取软件开发成果，而且要与交通运输部网约车监管信息交互平台完成数据对接，实现软件上线运营，安徽 HG 公司则通过提供软件开发服务并代为办理相关资质获取报酬。

从履约行为来看，合同履行过程中，安徽 HG 公司未按"甲方使用的所有软件平台乙方保证统一部署在独立服务器上"的约定部署独立服务器，虽然安徽 HG 公司向交通部门推送了相关对接数据，但并未持续跟进。安徽 HG 公司的上述行为与合同约定不符，致使合同迟延履行。作为履约义务方，安徽 HG 公司提交的证据不足以证明系政策原因或山西 GC 公司的原因导致数据无法对接。此外，在完成与交通部门的数据对接后，山西 GC 公司还要求安徽 HG 公司交付上线运营的软件版本，但安徽 HG 公司未能证明其已交付满足上线运营要求的软件以及"包含与其功能匹配的网约车出行小程序以及公众号"且该软件实际上线运营。

综上，根据合同的目的和实际履行情况可以认定安徽 HG 公司的行为构成根本违约，山西 GC 公司有权根据法律规定要求解除合同。

［案例 11］ GA 公司与 SY 公司土地租赁合同纠纷案[①]

案情介绍　2005 年 9 月 5 日，出租方 GA 公司（甲方）与承租方 SY 公司（乙方）签订《企业闲置空地租赁合同》（以下简称《租赁合同》）。合同约定：甲方将生产区内闲置的空地以及经鉴定为危房拆除后的空地租赁给乙方改造建设为灯具照明电器商场。租赁期限为 20 年，自 2006 年 1 月 1 日起至 2025 年 12 月 31 日止，租赁到期，双方无重大条款调整，按本合同条件再续租 10 年。租赁期内，乙方向甲方支付租金及安置 50 名下岗职工的劳动保险费，租金和劳动保险费每半年支付一次。合同对每期的租金和劳动保险费进行了详细约定。《租赁合同》同时约定：甲方租赁范围内乙方认为不予保留和利用的固定资产（厂房、其他建筑物），经双方确认平方面积，待甲乙双方签订租赁合同，甲方收到 50 万元租金和劳动保险费后，由甲方分期拆除（具体拆除范围和时间，按乙方需求双方另行约定。政府建盖的解困住房，必须在职工集资房建好搬迁后，方能拆除）。为了妥善拆迁安置居住在生产区内的职工，由甲乙双方合作，组织甲方职工全额集资在生活一区内建盖经济适用房。经济适用房的规划审批和招标，办理相关减免手续，经济适用房集资分配方案、职代会决议由甲方负责。若乙方未按时足额支付租金、安置下岗职工的劳动保险费，甲方有权解除合同，追究乙方的违约责任，若甲方违约则追究甲方的违约责任，双方经协商达成一致情况除外。

2005 年 11 月 30 日至 2007 年 1 月 30 日，GA 公司与 SY 公司就

[①]　案件来源：云南省高级人民法院民事判决书（2020）云民终 409 号。

前述《租赁合同》签订补充协议（一）（二）（三）（四）。2008年9月5日，GA公司与JHR公司签订《补充协议（五）》，双方同意《租赁合同》中乙方投资的昆明新昙华灯具建材城第二期改建工程项目沿用第一期模式，以土地使用权产权单位GA公司名义向政府相关部门申报规划、立项、报批、建设等及办理房产证手续，项目的投资建设及相关法律责任由乙方承担。

《租赁合同》签订后，GA公司依约向SY公司交付了生产一区27260平方米、生产二区15662.80平方米、原电子手表厂3647.90平方米土地。生活二区3923平方米土地在《租赁合同》签订之时建盖有GA公司6栋共80套职工简易用房，双方约定由GA公司建盖职工经济适用房后完成该80套简易用房的搬迁及土地交付。

GA公司职工经济适用房于2005年开始启动立项报批手续，2006年7月24日被列入昆明市2006年经济适用住房建设投资计划。2008年11月21日取得《建设工程规划许可证》，2009年11月25日取得《建筑工程施工许可证》，2010年1月15日开工建设，2011年6月10日竣工验收。根据GA公司于2015年起诉案外人高某新（2015）昆民一终字第355号返还原物纠纷一案法院审理查明的事实，GA公司分别于2011年7月27日、2011年9月22日和高某新签订了《经适房交房协议》和《职工集资建经济适用房协议》，约定：高某新自愿参加GA公司集资建房，高某新有义务在领取集资建房钥匙两个月内搬出原住房。

昆明新昙华灯具建材城项目建设过程中SY公司因建设资金困难和经营管理缺陷，无法完成该项目。2007年7月12日，经引进股东后新注册成立了JHR公司，由JHR公司继续履行SY公司与GA公司签订的《租赁合同》的全部内容条款并享有全部合同权利，继续完成项目建设和经营管理，SY公司与该项目再无资产和经营关系。但为了保持原合同的原始和真实性，未进行合同主体变更，但不影响JHR公司作为《租赁合同》实际主体并享有昆明新昙华灯具建材城的实际经营和管理权。

自 2007 年 7 月起，SY 公司与 JHR 公司多次催促询问 GA 公司职工经济适用房的建设及生活二区土地的搬迁、交付问题。GA 公司共收到 SY 公司和 JHR 公司支付的租金及劳动保险费共计 15287500 元，除 2006 年度、2007 年度足额支付外，其余年度均有拖欠。

GA 公司主张 SY 公司、JHR 公司应向其支付未按照合同约定支付租金和劳动保险费的资金占用费（按照中国人民银行公布的同期同类贷款利率上浮 50% 计算的利息）。SY 公司、JHR 公司则主张 GA 公司应承担其未交付"生活二区"土地给其带来的土建施工损失和租金利润损失。

法院判决双方继续履行合同，并要求 SY 公司和 JHR 公司向 GA 公司支付截至 2019 年 6 月 30 日之前的租金、劳动保险费和资金占用费。

重点条文　《中华人民共和国民法典》第五百七十七条　当事人一方不履行合同义务或者履行合同义务不符合约定的，应当承担继续履行、采取补救措施或者赔偿损失等违约责任。

法理剖析　关于 SY 公司、JHR 公司的违约责任承担：虽然双方当事人在涉案《租赁合同》中未约定若 SY 公司、JHR 公司未按照合同约定按期、足额缴纳租金和劳动保险费应承担的违约责任，但 SY 公司、JHR 公司确实未按照上述合同约定的时间及金额按期、足额向 GA 公司缴纳租金和劳动保险费，即 2006 年度和 2007 年度 SY 公司、JHR 公司向 GA 公司交付的租金和劳动保险费数额符合合同约定，但存在未按期缴纳的情形，此后年度存在数额与缴纳时间均有违约，故 GA 公司有权向 SY 公司、JHR 公司主张未按照合同约定支付租金和劳动保险费的资金占用费。

关于 GA 公司的违约责任承担：鉴于 GA 公司未向 SY 公司、JHR 公司交付"生活二区"的土地系违约，该行为会对 SY 公司、JHR 公司就本案《租赁合同》所租赁土地的整体使用带来不便和一定程度的影响，故可以参考上述"生活二区"土地在双方约定的租金中所占的比重以及双方当事人实际履行合同的情况，以及 GA 公司经济适用房于 2011 年 6 月已竣工验收和 GA 公司此后通过诉讼方式要求返还原物的事实，酌情确定赔偿基数，自 2011 年 7 月 1 日起至 2019 年 8 月 19 日止按照中国人民银行公布的同期同类贷款基准利率上浮 50%的标准、自 2019 年 8 月 20 日起至"生活二区 3923 平方米"土地交付之日止按照全国银行间同业拆借中心公布的贷款市场报价利率上浮 50%的标准计算的损失。

［案例 12］ FG 公司与 DF 公司技术服务合同纠纷案①

案情介绍 2018 年 11 月 11 日，FG 公司作为甲方、DF 公司作为乙方在广州番禺签订涉案合同，主要内容包括：1. 合作形式。甲方提供 FG 平台（包括商城平台、旺旺微信小程序平台）、会员、供应链体系、财务体系；乙方负责平台的日常运营与发展、推广策划、会员服务、商品采销的联合运营模式；甲方负责 FG 平台的财务管理、统计、核算和最终审核。2. 运营期限、目标及对应奖励。2.1 运营期限自 2018 年 11 月 10 日至 2020 年 12 月 31 日。2.2 可分配净利润为协议有效期间产品、服务的毛利扣除商城运营所有费用及公摊办公和税款后形成的净利润的 20%作为甲方收益，80%作为乙方收益。合同签订之日前形成的债权债务或未完结事项，与乙方及后期形成的利润没有关系，不参与可分配利润……2.4 技术服务费用：甲方提供网站维护、财务管理、技术支撑等技术服务，保障乙方顺利运营 FG 平台，技术服务费用为 5 万元/月，由乙方承担，每月 10 日前支付给甲方……5. 违约责任。5.1 甲方在委托运营期间，如有以下违约行为，应承担违约责任，并向乙方支付 100 万违约金及经济损失，且乙方有权选择继续履行协议或终止协议：（1）擅自将 FG 平台经营权授权给乙方以外第三方运营的；（2）乙方未违反本协议约定，且甲方委托经营期尚未届满，甲方提前单方面终止本协议的；（3）故

---

① 案件来源：中华人民共和国最高人民法院民事判决书（2022）最高法知民终108 号。

意干扰乙方的经营致使其无法实现经营目的的；（4）甲方未按期向乙方支付奖励的。5.2 乙方在委托经营期内，如有以下违约行为，应承担违约责任，并向甲方支付 100 万元违约金及经济损失，且甲方有权选择继续履行协议或终止协议：（1）乙方没有经过甲方同意擅自将 FG 平台经营权授权给第三方的……（2）甲方未违反本协议约定，且甲方委托经营权尚未届满，乙方提前单方面终止本协议的……（5）乙方未经甲方同意将 FG 用户吸引到 FG 平台以外的平台或场所进行交易或绕开指定付款方式进行交易的，以及非法获取 FG 数据、利用 FG 平台谋取不正当利益或从事非法活动的，甲方有权暂停向乙方提供服务；（6）甲方同意乙方平台商城（典范智选）可以植入 FG 网中进行入驻和销售。

由 DF 公司掌握的 FG 平台运营微信账号"FG 运营 2"分别在 2020 年 2 月 26 日、3 月 11 日向 FG 用户发送典范智选商城链接并告知通过该链接下单。FG 公司主张，DF 公司通过 FG 平台客服微信引导客户到典范智选商城下单，属于未经同意将 FG 用户吸引到 FG 平台以外的平台进行交易的违约行为，损害了 FG 公司的流量利益，应当按照涉案合同第 5.2 条第 5 项的约定支付 100 万元违约金。

关于 FG 公司的违约金主张及上述对涉案合同第 5.2 条第 5 项约定的适用情形及法律后果引发争议。

法院判决驳回 FG 公司要求支付违约金的诉讼请求。

重点条文 《中华人民共和国民法典》第五百八十五条 当事人可以约定一方违约时应当根据违约情况向对方支付一定数额的违约金，也可以约定因违约产生的损失赔偿额的计算方法。

约定的违约金低于造成的损失的，人民法院或者仲裁机构可以根据当事人的请求予以增加；约定的违约金过分高于造成的损失的，人民法院或者仲裁机构可以根据当事人的请求予以适当减少。

当事人就迟延履行约定违约金的，违约方支付违约金后，还应当履行债务。

法理剖析 根据法律对于违约金的上述规定看，违约金的基本性质仍然为补偿性，虽然法律并不排除当事人约定适用惩罚性违约金，但该约定仍然需要遵循公平原则，并以损害赔偿额为参照。从涉案合同内容来看，第 5.2 条第 5 项是对故意造成 FG 平台用户流失，损害 FG 公司利益的重大违约行为的约定，双方对此约定了高额违约金，在根据该条款确定违约责任时，应当考量如果该条款被适用，其法律责任与当事人的行为性质及可预见的后果是否存在明显失衡。即便如 FG 公司所主张，其许可的"植入"仅限于从 FG 平台页面跳转进入典范智选商城，并不包含通过 FG 平台客服微信推送链接的方式，DF 公司的行为也不能被认定为违反涉案合同第 5.2 条第 5 项约定的重大违约行为，具体理由为：第一，FG 用户通过 FG 平台页面跳转进入典范智选商城的交易完全独立于 FG 平台，除 FG 公司所称的"日活量"数据等流量利益外，FG 公司并不能从该交易中获取其他利益。第二，在案证据不足以证明 DF 公司在双方合作期间存在故意规避平台页面跳转进而谋取不正当利益的情形。第三，FG 公司未能证明 FG 平台"日活量"减少，也未能证明其因 DF 公司的行为遭受重大损失，其主张 100 万元违约金缺乏事实依据。退一步来说，即便 DF 公司构成违约，该违约行为的性质、所造成的损害后果与涉案合同第 5.2 条第 5 项的约定也并不协调。

［案例 13］ 李某军与王某喆定金合同纠纷案①

案情介绍 2022 年 10 月 29 日，李某军与链家公司签订《房屋出租委托登记表》，约定李某军委托链家公司出租北京市顺义区×××602 号房屋。后王某喆有承租涉诉房屋意向，并通过链家公司经纪人孟某某与李某军协商涉诉房屋租金为 3000 元/月。后王某喆向李某军支付定金 3000 元。2023 年 1 月 3 日，李某军在《租赁定金收据》上签字。该收据载明：本人李某军系北京市顺义区×××602 房屋的所有权人，现收到王某喆交来的租房定金 3000 元，双方约定于 2023 年

---

① 案件来源：北京市第三中级人民法院民事判决书（2023）京 03 民终 8588 号。

1月7日签订合同。注：经出租方和承租方协商一致同意，如承租方违约，此定金不予退还；如出租方违约，应按此定金金额的双倍返还给承租方，丙方费用违约方支付。

后双方因租金是否包含供暖费等费用产生争议，李某军不同意继续租赁涉诉房屋，并向王某喆退还定金，双方未签订租赁合同。王某喆认可收到李某军返还的3000元定金，但主张因李某军违约应当双倍返还定金。

李某军主张在不了解具体情况下签订了所谓的定金协议，且其收取的3000元款项性质并非定金，故不同意返还双倍定金。

法院判决李某军双倍返还定金。

重点条文《中华人民共和国民法典》第五百八十七条 债务人履行债务的，定金应当抵作价款或者收回。给付定金的一方不履行债务或者履行债务不符合约定，致使不能实现合同目的的，无权请求返还定金；收受定金的一方不履行债务或者履行债务不符合约定，致使不能实现合同目的的，应当双倍返还定金。

法理剖析李某军认可《租赁定金收据》为其本人所签，李某军作为完全民事行为能力人，其在定金收据上签字即视为其认可该定金收据所写内容。故该定金收据有效，双方均应按照定金收据约定履行相应义务。现李某军在收取定金后不同意按3000元出租房屋，构成违约，依据《中华人民共和国民法典》第五百八十七条的规定，应当向王某喆返还双倍定金。

［案例14］ 张某莲与张甲等无因管理纠纷案①

案情介绍张某林与唐某琴原系夫妻关系，二人于2003年3月31日在一审法院主持下调解离婚，二人在婚姻存续期间生育一子张甲、一女张乙。张某莲与张某林系兄妹关系。2014年4月，张某林曾因贲门血管瘤在中国人民解放军总医院海南分院住院治疗，在此

---

① 案件来源：青海省高级人民法院民事裁定书（2023）青民申54号。

期间，张某莲垫付医疗费 20000 元。2020 年 5 月 11 日，张某林曾因声音嘶哑、呼吸困难再次入住中国人民解放军总医院海南分院耳鼻喉科，2020 年 7 月 6 日出院，出院诊断为喉高分化鳞状细胞癌，在此期间，张某莲垫付医疗费 38411.52 元，门诊费 2163.46 元。2021 年 2 月 16 日，张某林因道路交通事故去世。张某林去世后，张某莲垫付丧葬费 65282.04 元。另查明，张某莲在张某林住院期间支付交通费 7138 元。

张某莲向张甲、张乙主张要求支付其为张某林垫付的住院费、生活费、药费、丧葬费、护理费共 279402.33 元。

法院判决张甲、张乙向张某莲支付全部医疗费、门诊费、丧葬费、交通费等必要费用，以及部分生活费、护理费、外购药费、购买冬虫夏草等费用。

重点条文 《中华人民共和国民法典》第九百七十九条　管理人没有法定的或者约定的义务，为避免他人利益受损失而管理他人事务的，可以请求受益人偿还因管理事务而支出的必要费用；管理人因管理事务受到损失的，可以请求受益人给予适当补偿。

法理剖析 首先，张某莲作为张某林的妹妹，在无法定赡养照顾义务情况下，在张某林生病期间替张某林子女张甲、张乙照顾张某林日常生活起居，根据《中华人民共和国民法典》第九百七十九条的规定，应认定张某莲的行为构成无因管理。

其次，张某莲作为无因管理人向受益人张甲、张乙主张偿还因管理事务而支出的费用应符合两方面的条件。一是支出的费用具有必要性，即支出费用为管理事务所不可或缺的费用；二是有确实充分的证据能够证实其支付必要费用的事实。对于张某莲所主张的医疗费、门诊费及丧葬费部分，必要性应予以认定。对于张某莲主张的生活费、护理费、外购药费、购买冬虫夏草等费用，应考虑本案中张某莲与张某林系兄妹关系的案件特殊性，并根据张某莲所提交证据的真实性、合法性、关联性、证明力等因素进行综合认定。

［案例 15］钱某俊与李某雯不当得利纠纷案①

案情介绍　2019 年 5 月 17 日，阿图什市 HX 小额贷款有限责任公司与陈某、钱某俊签订了《借款合同》，借款人陈某、钱某俊，借款金额为 200 万元（大写贰佰万圆）。同日，阿图什市 HX 小额贷款有限责任公司出具《委托书》，委托李某雯将 200 万元临时借款于 2019 年 5 月 17 日下午 5 时之前支付至钱某俊账户。同日，李某雯向钱某俊账户转款 200 万元。

2019 年 12 月 27 日，阿图什市 HX 小额贷款有限责任公司与喀什市 TX 小额贷款有限责任公司签订《债权转让协议》。协议约定："甲方（阿图什市 HX 小额贷款有限责任公司）将陈某、钱某俊的债权：借款合同及借款凭证 0000×××号，债权金额大写贰佰贰拾捌万元整（其中本金 2,000,000 元，利息 280,000 元）按双方协商的价格转让给乙方（喀什市 TX 小额贷款有限责任公司）。乙方同意受让甲方在陈某、钱某俊拥有的债权 2,280,000 元，并按 2,280,000 元协商价格收购。甲方保证转让给乙方的债权为甲方合法拥有，甲方保证已将该债权的转让通知债务人。"

阿图什市 HX 小额贷款有限责任公司与喀什市 TX 小额贷款有限责任公司协议签订《债权转让协议》后，喀什市 TX 小额贷款有限责任公司以陈某、钱某俊未向其偿还借款为由向法院提起诉讼。法院于 2021 年 8 月 20 日作出（2021）新 310 民初 2209 号民事判决书，认定李某雯根据《委托书》向钱某俊打款 200 万元，判决钱某俊与阿图什市 HX 小额贷款有限责任公司之间借款合同不成立，驳回喀什市 TX 小额贷款有限责任公司的诉讼请求。

双方就钱某俊收取李某雯 200 万元是否构成不当得利产生争议。法院判决钱某俊返还款项。

重点条文　《中华人民共和国民法典》第九百八十五条　得利

① 案件来源：中华人民共和国最高人民法院民事裁定书（2021）最高法民申 3068 号。

人没有法律根据取得不当利益的，受损失的人可以请求得利人返还取得的利益，但是有下列情形之一的除外：

（一）为履行道德义务进行的给付；

（二）债务到期之前的清偿；

（三）明知无给付义务而进行的债务清偿。

法理剖析 不当得利，是指无法律根据使他人受到损失而自己获得利益的事实。本案中，2019 年 5 月 17 日，李某雯称其受阿图什市 HX 小额贷款有限责任公司的委托向钱某俊账户转款 200 万元。李某雯与钱某俊之间不存在任何关于涉案款项的约定，李某雯亦不存在向钱某俊支付该笔款项的法定义务，现钱某俊不认可李某雯向其转账所依据的基础法律关系，故钱某俊取得该笔款项没有事实及法律依据，其取得该 200 万元构成不当得利。

第四编
人格权

[案例1]　陆某徽与黄某辉一般人格权纠纷案①

案情介绍　郑 S 记公司于 2017 年 5 月 18 日成立，注册资本为 100 万元，法定代表人为黄某辉，股东为郑某（认缴出资额 10 万元）、黄某辉（认缴出资额 90 万元）。2017 年 9 月 20 日，郑 S 记公司在其微信公众号"郑 S 记"上发布了一篇名为《百年郑 S 记，荣耀的回归》的文章，其中载明："清咸丰六年（1856 年），浙江宁波人陆某查（又名陆某清）迁居福州××街××下北馆现今仓山上、下藤一带，开设了一家以前店后坊的形式制作白粿的店铺，牌号唤作'S 记白粿店'……清光绪十年，1884 年福州阳厦人郑某丰（1869 年出生，系陆某查女婿）入店为学徒，此时'S 记'生意红火，客人络绎不绝。正巧陆某查膝下无子，见郑某丰性格踏实勤恳，为人正直老实，并从小又与陆氏青梅竹马，于是陆某查多年后便将女儿许配于其，由他继承了'S 记'。清光绪二十四年，1898 年郑某丰得一子郑某森（系嫡子），由于其外祖父的'S 记白粿店'名声远扬，因而得以'S 记'为名号……'S 记'的米铺及粮食制品店遍布于半个福州城，并于 1908 年被大家俗称为'郑 S 记'……时值 1956 年，在国家大环境的影响下，当时身为'郑 S 记'当家人的郑某英积极响应共产党的号召，将'郑 S 记'旗下的所有店铺进行私营工商业社会主义改造，建立了国营粮店和公私合营 S 记名牌白粿店。"此后，微信公众号"ZF 传媒"上又发布了一篇名为《郑 S 记——匠心独运的福州老味道》的内容相似的文章。

2019 年 3 月 22 日，黄某辉出具一份《致歉信》，内容为："致：陆某查及陆某清氏族等人和所有家族后人，鉴于本人初始恢复'郑 S 记'品牌故事中，涉及'S 记白粿'，在 2017 年公众号上发表的'百年郑 S 记，荣耀的回归'；2018 年 8 月'ZF 传媒'上发表的'郑 S 记——匠心独运的福州老味道'及 2019 年 3 月福州电视台三

---

① 案件来源：中华人民共和国最高人民法院民事裁定书（2021）最高法民申 3068 号。

频道'攀讲'栏目中提及内容，将'S记白粿店'和'S记米铺'两者的历史产生了混淆，用于商业推广中涉及到'S记白粿店'和'陆氏家族'的历史内容被改写到'S记米铺'和'郑氏家族'的历史故事中。对于内容中错论做出以下几点申明：1. 陆某查又名陆某清说法有误，此二人实为祖孙关系。2. 'S记白粿店'创始人为陆某查，而'S记米铺'创始人为郑某丰，内容中提及的郑某丰入赘陆氏一说事实不成立，确是有误，予以更正。3. 'S记白粿店'坐落于下北馆功名街，而'S记米铺'坐落于下北馆下藤路，引用书籍中对于白粿干的描述是指'陆氏家族'的'S记白粿店'，而非其他行号'郑S记'。4. 《台湾私法物权篇》中提及'台湾郑S记田园一所'与陆氏'S记白粿店'确无瓜葛。5. 1952年，郑某英并非接管'S记白粿店'而是由'S记米铺'改制的'郑S记商号'，不从事白粿业制造，制粿技艺也一直是源于陆氏的'S记白粿店'。6. 1956年，是由陆氏的'S记白粿店'公私合营为'S记名牌白粿店'后转为地方国营厂，而郑氏'S记米铺'公私合营为福州粮食局国营粮店。两者被混为一谈。7. 上述描述，未经详实核查，言论不实之处确有过错。特别是内容中提到'陆某查膝下无子'表述，对'陆氏后人'造成了巨大的名誉伤害，在此本人致以最诚挚的歉意，对于已造成的影响，本人愿意以最大能力予以挽回。目前已采取的措施以及承诺如下：1. 撤销公众号所有已发布媒体关于'郑S记'品牌中关于陆氏和'S记白粿店'描述的不实内容，并在相关媒体公开致歉以示诚意。2. 自动放弃已申请的非遗项目《福州白粿及白粿干制作技艺》。3. 撤销所有产品的宣传包装物中涵盖'S记白粿店'及非遗的项目内容。特此致歉！"

2020年11月11日，陆某徽向法院起诉，主张黄某辉、郑S记公司的行为侵害了陆某查、陆某清的姓名、名誉及陆某徽等陆氏后人的人格尊严，应就其侵权行为承担相应的侵权责任。

法院裁定驳回陆某徽的诉讼请求。

重点条文 《中华人民共和国民法典》第九百九十四条 死者

的姓名、肖像、名誉、荣誉、隐私、遗体等受到侵害的，其配偶、子女、父母有权依法请求行为人承担民事责任；死者没有配偶、子女且父母已经死亡的，其他近亲属有权依法请求行为人承担民事责任。

法理剖析　本案争议焦点在于陆某徽是否为适格当事人。陆某徽以黄某辉、郑 S 记公司侵害陆某查、陆某清及陆氏后人的人格利益为由提起本案诉讼，应符合《中华人民共和国民法典》第九百九十四条"死者的姓名、肖像、名誉、荣誉、隐私、遗体等受到侵害的，其配偶、子女、父母有权依法请求行为人承担民事责任；死者没有配偶、子女且父母已经死亡的，其他近亲属有权依法请求行为人承担民事责任"及第一千零四十五条第二款"配偶、父母、子女、兄弟姐妹、祖父母、外祖父母、孙子女、外孙子女为近亲属"规定的主体条件。本案中，陆某查已去世，陆某徽无法证明其系陆某查的近亲属，故其不具备提起本案之诉的原告主体资格。

［案例 2］汉中 YG 通讯有限责任公司与庞某涛侵权责任纠纷案[①]

案情介绍　庞某涛出生于陕西省汉中市宁强县，艺名庞某某，中国内地男歌手，曾一度走红网络，受到歌迷关注。汉中 YG 通讯有限责任公司于 2012 年 3 月 2 日注册设立，其经营范围为：手机终端销售；通信网络产品、器材、设备的销售、维修；计算机及外围设备的销售、服务；办公自动化及其耗材品销售；代办电信业务；广告制作、代理、发布等。汉中 YG 通讯有限责任公司以公司为主体认证了微信公众号"汉中微生活"（微信号：hzhz0916）。其微信公众号"汉中微生活"上发布图文情况为：2021 年 3 月 12 日《汉中歌手庞某某，被强制送精神病院！》（点击量 4750 人次），2021 年 5 月 25 日《汉中歌手庞某某，出院后首发声……》（点击量 849 人次），两

[①]　案件来源：陕西省汉中市中级人民法院民事判决书（2023）陕 07 民终 58 号。

篇图文均转载自网易娱乐、凤凰娱乐等。

庞某涛主张汉中 YG 通讯有限责任公司在上述公众号和文章中使用其肖像为广告引流，属于以营利为目的的商业运作行为，侵犯了其肖像权。

法院判决驳回庞某涛的诉讼请求。

重点条文 《中华人民共和国民法典》第九百九十九条 为公共利益实施新闻报道、舆论监督等行为的，可以合理使用民事主体的姓名、名称、肖像、个人信息等；使用不合理侵害民事主体人格权的，应当依法承担民事责任。

法理剖析 根据《中华人民共和国民法典》第九百九十九条关于人格权的合理使用之规定，为公共利益实施新闻报道、舆论监督等行为时，可以合理使用民事主体的姓名、名称、肖像、个人信息等。《中华人民共和国民法典》第一千零二十条作为针对肖像权合理使用情形的具体规定，也明确了为实施新闻报道不可避免地制作、使用、公开肖像权人的肖像，可以不经肖像权人同意。本案系汉中 YG 通讯有限责任公司利用公司微信公众号转载了其他新闻媒体对庞某涛的报道，是向当地关注庞某涛的粉丝报道的娱乐新闻，娱乐新文报道中使用庞某涛的照片作为配图，符合一般常理，不属于侵犯其肖像权。庞某涛作为演艺圈公众人物，对社会公众就其公开发布的照片理应负有一定的容忍义务，汉中 YG 通讯有限责任公司虽未经庞某涛同意，但并未对上诉人的肖像进行任何的丑化、贬损，且已经删除。因此，汉中 YG 通讯有限责任公司上述转载行为属于对肖像权的合法利用，没有明显过错，不构成侵权，不承担侵权赔偿责任。

［案例3］ 杜某与吕某性骚扰损害责任纠纷案①

案情介绍 吕某与杜某系同事关系，杜某为所在单位的厨师长。2020 年 9 月 17 日 9 时左右，吕某去杜某办公室拿厨师帽，拿到厨师

---

① 案件来源：北京市第二中级人民法院民事判决书（2021）京 02 民终 5153 号。

帽后随即离开。吕某于 2020 年 9 月 18 日向北京市公安局大兴分局天华路派出所报警，要求处理杜某对其性骚扰一案，该派出所对双方作了询问笔录后，杜某在该派出所出具保证书一份，载明："就员工吕某报警称我对其性骚扰一次（事），我认真反省，以后一定安心工作，事事处处为员工着想，决不做影响公司形象和员工身心健康的事情，决不通过语言、肢体骚扰他人。除工作之外决不和吕某有任何接触。保证人：杜某，2020.9.18。"此外，天华路派出所询问笔录中，酒店员工朱某 1 评价杜某："就是平时聊天爱讲黄段子。"酒店员工朱某 2 评价杜某："爱开玩笑，有时候开玩笑开得有点重。"杜某自述："人多时我可能说过黄段子，和其他员工单独的时候没说过黄段子。"

吕某主张杜某的行为超出了一般性、礼节性交往的范畴，且带有明显的性暗示，违背了自己意志，并对其造成了精神伤害，构成性骚扰。

法院判决杜某赔偿吕某精神损害抚慰金 5000 元。

重点条文 《中华人民共和国民法典》第一千零一十条 违背他人意愿，以言语、文字、图像、肢体行为等方式对他人实施性骚扰的，受害人有权依法请求行为人承担民事责任。

机关、企业、学校等单位应当采取合理的预防、受理投诉、调查处置等措施，防止和制止利用职权、从属关系等实施性骚扰。

法理剖析 违背他人意愿，以言语、文字、图像、肢体行为等方式对他人实施性骚扰的，受害人有权依法请求行为人承担民事责任。本案中，吕某主张杜某在工作过程中对其进行性骚扰，在天华路派出所调查中，杜某出具保证书，表示自己会认真反省，保证"绝不通过言语、肢体骚扰他人。除工作之外绝不和吕某有任何接触"。另外，天华路派出所询问笔录中，其他两名酒店员工询问笔录和杜某自述亦反映杜某"平时聊天爱讲黄段子"。综合以上证据，吕某关于曾受杜某性骚扰的主张，存在高度可能性，推定杜某的行为侵犯了吕某的人格尊严，并据此酌定其赔偿吕某精神损害抚慰金并无不当。杜某作为所在单位的厨师长，具有一定的管理地位，应充分尊重女员工的人格尊严和内心感受，规范自己的言行，营造文明健康的工作环境。

［案例4］吉林市 PB 物业公司与鲁某某物业服务合同纠纷案①

案情介绍 2012 年 10 月，吉林市 DJ 房地产开发有限公司与 PB 物业公司签订《前期物业服务委托合同》，双方约定由吉林市 DJ 房地产开发有限公司委托 PB 物业公司对吉林市昌邑区××世纪家园小区进行物业服务管理。物业费按业主房屋建筑面积缴纳，多层不带电梯住宅收费标准为 1.00 元/平方米/月，高层住宅收费标准为 1.55 元/平方米/月，网点 1.80 元/平方米/月，合同期限自 2012 年 10 月 15 日起至 2022 年 10 月 14 日止。

鲁某某系吉林市昌邑区××世纪家园小区 2 号楼 2 单元 13 层××号房屋业主，房屋建筑面积为 104.09 平方米。鲁某某自述于 2014 年入住涉案房屋，并于 2018 年 3 月 21 日办理了产权转移登记手续。鲁某某自 2017 年 6 月至 2021 年 6 月未缴纳物业服务费。

物业公司于 2020 年 10 月张贴公告，在没有征得大部分业主同意下，强行安装门禁、梯控，限制业主回家，并强行要求业主 7 天升级一次卡扣，且周六、周日不能升级。鲁某某认为物业是以封闭管理为由，变相催要物业费，这种行为导致很多业主经常有家不能回，有急事办不了，给生活和工作带来极大的损失和困扰。

鲁某某主张物业公司严重侵犯了业主的人身自由权。

法院判决鲁某某支付物业服务费。

重点条文 《中华人民共和国民法典》第一千零一十一条 以非法拘禁等方式剥夺、限制他人的行动自由，或者非法搜查他人身体的，受害人有权依法请求行为人承担民事责任。

---

① 案件来源：吉林省吉林市昌邑区人民法院民事判决书（2022）吉 0202 民初 4236 号。

法理剖析　《中华人民共和国民法典》第一千零一十一条是保护自然人人身自由的规定，我们每个自然人的人身自由权是不得被随意侵害的。鲁某某抗辩 PB 物业公司设置门禁卡、梯控限制业主出行的问题涉及身体自由权，身体自由权也称作行动的自由权，是指自然人按照自己的意志和利益，在法律规定的范围内作为和不作为，不受非法限制、剥夺、妨碍的权利。身体自由权所包含的，是自然人自由支配自己外在身体行动的权利。非法限制、妨碍或剥夺自然人的身体自由，即为侵权行为。PB 物业公司若无正当理由或超过必要限度，则构成对小区居民人身自由的侵犯。但若是在加强疫情防范、安全管理等公共利益前提下，设置门禁卡和梯控，并在具体应用时保证所有业主能够正常出入，则不构成对业主行动自由的剥夺、限制。

［案例5］ 杨某锋与通建三局姓名权纠纷案①

案情介绍　杨某锋于 2001 年 7 月 1 日入职通建三局并且目前双方仍具有劳动合同关系。杨某锋于 2007 年通过一级建造师考试，并于 2012 年 5 月 15 日取得国家颁发的一级建造师执业资格证书，专业类别为通信与广电工程，聘用企业为通建三局。

2021 年 3 月 10 日至 15 日，中华人民共和国工业和信息化部通信工程建设项目招标投标管理信息平台、中国铁塔在线商务平台、中国招标投标公共服务平台分别登出"中国铁塔股份有限公司赣州市分公司 2021 年宁都县城乡综治视频监控项目中标候选人公示"，公示文件中"中标候选人按照招标文件要求承诺的项目负责人姓名及其相关证书名称和编号"显示，通建三局人员包含杨某锋。

同年 3 月 15 日，通建三局向中国铁塔股份有限公司赣州市分公司出具"关于宁都县城乡综治视频监控项目人员变更申请"，变更申请中载明"我方于 2021 年 3 月 10 日中标贵公司中国铁塔……兹有我

---

①　案件来源：湖北省武汉市中级人民法院民事判决书（2022）鄂 01 民终 8283 号。

方员工杨某锋，因个人原因无法完成本项目现场交付工作，特此申请更换为我方员工蔡某志"，中国铁塔股份有限公司赣州市分公司行业拓展部于当日在上述申请中手写"同意"并盖章予以确认。次日，通建三局收到中标通知书，并于同年3月29日至6月30日完成宁都县项目的站点施工。

此外，通建三局在参加招投标过程中，通常会直接在标书中列明有资质的员工以参与竞标。如员工有异议，再另行作出更换人员的调整。杨某锋对此工作惯例表示认可。杨某锋因工资、岗位津贴发放等问题多次向通建三局提起劳动仲裁并诉至法院。

双方就通建三局在投标过程中披露杨某锋一级建造师证书信息的行为是否构成对杨某锋姓名权的侵害产生争议。

法院判决认定通建三局未侵犯姓名权。

重点条文 《中华人民共和国民法典》第一千零一十二条 自然人享有姓名权，有权依法决定、使用、变更或者许可他人使用自己的姓名，但是不得违背公序良俗。

法理剖析 姓名权属于具体人格权。侵害姓名权的行为主要表现为：（1）干涉他人决定、使用、改变姓名；（2）盗用他人姓名，即未经他人同意，擅自以他人名义实施某种活动以谋求不正当利益；（3）冒用他人姓名。

在劳动合同存续期间，通建三局基于工作需要，有权在用工范围内合理使用杨某锋的证书资格（含姓名）。建立生产经营的组织体系、运行模式及方式，合理配置人、财、物等资源，制定科学合理的操作规程和劳动纪律，既是用人单位保障生产经营目标实现的基本条件，也是劳动关系具有组织从属性的客观基础。

本案中，杨某锋与通建三局之间仍具有劳动合同关系。杨某锋的一级注册建造师资格证书是其在通建三局工作期间考取的，证书注明聘用企业为通建三局。通建三局在参与招投标过程中，通常会直接在标书中列明有资质的员工以参与竞标。在涉案工程投标中，杨某锋对通建三局披露其一级建造师证书信息并未提出异议，只是对通建三局后来更换人员提出异议。因此，通建三局的行为并非上述法律规定中"盗用他人姓名，即未经他人同意，擅自以他人名义实施某种活动以谋求不正当利益"情形。通建三局使用杨某锋的证书资格（含姓名）系劳动单位对杨某锋劳动内容的安排，符合通建三局的工作管理模式，该行为既未割裂杨某锋与其姓名之间的特定联系，也未对杨某锋身份信息和利益造成损害。

[案例6] 邱某浩与宁某梁同居关系子女抚养纠纷案①

案情介绍 邱某浩与宁某梁于 2015 年 7 月经人介绍相识相恋，某年某月某日，按当地习俗办理结婚酒席后同居生活，后生育女儿宁某。2018 年 8 月 30 日，双方因琐事发生争吵，协商不下，宁某梁带着女儿宁某离开邱某浩家，双方结束同居关系。从邱某浩家离开后，女儿宁某一直跟随宁某梁生活。后宁某梁与钟某源登记结婚，宁某跟随宁某梁及钟某源生活，宁某现在就读于北流镇××村幼儿园。

宁某出生时，出生医学证明登记的姓名是邱某妍，父亲姓名登记的是邱某浩，母亲姓名登记的是宁某梁。2020 年 10 月宁某落户在北流镇，户主钟某振（钟某源的父亲），与户主关系：孙女，户籍登记的名字是宁某。

邱某浩主张宁某梁在未征得自己书面同意的情况下，擅自将女儿邱某的姓氏变更为宁姓的行为严重违反相关法律的规定，要求宁某梁恢复女儿姓氏。

法院判决驳回邱某浩要求宁某梁恢复女儿姓氏的诉讼请求。

重点条文 《中华人民共和国民法典》第一千零一十五条 自然人应当随父姓或者母姓，但是有下列情形之一的，可以在父姓和母姓之外选取姓氏：

（一）选取其他直系长辈血亲的姓氏；

---

① 案件来源：广西壮族自治区玉林市中级人民法院民事判决书（2021）桂 09 民终 1572 号。

（二）因由法定扶养人以外的人扶养而选取扶养人姓氏；

（三）有不违背公序良俗的其他正当理由。

少数民族自然人的姓氏可以遵从本民族的文化传统和风俗习惯。

法理剖析 邱某浩与宁某梁对宁某是双方非婚生育的女儿均无异议，且有出生医学证明予以证实。双方非婚生女儿的出生医学证明填报为"邱某妍"，但公民的姓氏应以户籍登记机关的登记为依据，因此，"邱某妍"不属法律意义的姓名，本案不属于恢复非婚生女儿的姓氏问题。宁某梁到户籍登记机关登记女儿的姓氏时，未与邱某浩协商，确有不当之处。根据法律规定，子女可随父姓或者母姓，故女儿宁某在落户时随母姓，并未违反法律的规定。由于女儿一直随宁某梁生活，随宁某梁姓并无不当，邱某浩请求变更随其姓的理由不能成立。此外，待其女儿成年后，可由其自行决定姓氏。

［案例 7］ 金某某与舟山市 TXH 水产有限公司肖像权纠纷案[①]

案情介绍 金某某于 2022 年 6 月入职舟山市 TXH 水产有限公司（以下简称 TXH 公司），双方于 2022 年 6 月 8 日签订劳动合同及补充协议。劳动合同约定：合同期限自 2022 年 6 月 1 日至 2023 年 5 月 31日，月基本工资为 4000 元，工资发放日为每月的 20 日。补充协议约定：金某某担任主播岗位一职，每月工资总数含税 4000 元，另加交通、餐饮、通信等合计补贴费用 600 元/月，超出薪资部分则按实际销售额提成和净利润情况进行计算分红。补充协议又对销售额提成、净利润分红、工作考核事宜进行了约定，其中工作考核事项中约定直播间按照公司要求，在不滥竽充数的原则下，每个直播号每天短视频发布不得少于 1 篇。金某某在职担任主播期间，在 TXH 公司的抖音平台账号×××中为 TXH 公司从事带货工作，因带货需要，金某某会拍摄、上传相应的短视频为直播间进行广告推广、引流。

[①] 案件来源：浙江省舟山市中级人民法院民事判决书（2023）浙 09 民终 25 号。

2022 年 8 月 26 日，TXH 公司的管理人员通知金某某于周一（2022 年 8 月 27 日）到指定地点办理离职。2022 年 8 月 27 日，金某某向 TXH 公司提交了离职申请，双方于当月办理了离职手续。2022 年 9 月 13 日，金某某对 TXH 公司抖音平台账号中仍对外公布的包含其肖像的短视频予以截图保存。TXH 公司陈述，因点击率低、价值不高，其于 2022 年 9 月 10 日前已将尚存的涉及金某某肖像的短视频作了下架处理，未再对外发布，目前尚保存在 TXH 公司的抖音平台账号中。金某某陈述，TXH 公司是于 2022 年 9 月 23 日才将相关短视频下架。

双方就 TXH 公司在金某某离职后，仍在抖音平台使用含有金某某肖像的短视频，是否构成对金某某肖像权的侵害产生争议。

法院判决 TXH 公司赔偿金某某经济损失 500 元。

重点条文 《中华人民共和国民法典》第一千零一十八条 自然人享有肖像权，有权依法制作、使用、公开或者许可他人使用自己的肖像。

法理剖析 涉案短视频制作于金某某在 TXH 公司工作期间，根据双方劳动合同及补充协议的约定，金某某在 TXH 公司任主播一职，通过 TXH 公司的抖音平台账号为该公司直播带货并发布相关短视频，TXH 公司作为用人单位向金某某支付相应的劳动报酬。劳动关系下的直播带货必然涉及主播肖像的使用，其中既涉及肖像权保护，也涉及短视频作品利益在用人单位与劳动者之间的合理分配。金某某为 TXH 公司创作涉案短视频的事实基础是双方存在的劳动关系，双方劳动合同及补充协议关于主播权利义务的约定实质上包含了肖像使用的许可，因此双方劳动关系存续期间，可视为双方达成了由 TXH 公司在抖音平台使用金某某肖像的合意。在双方无特别约定的情况下，肖像许可使用的时间应认定为与劳动关系存续期间一致。双方劳动关系终止后，TXH 公司继续使用涉案短视频的事实基础发生了变化，双方事后亦未达成继续使用的合意，从有利于劳动者保护和肖像权保护的角度，劳动关系结束即视为肖像许可的终止。在劳动关系结束后，双方对含有金某某肖像短视频的使用未作出明确约定的情形下，TXH 公司在抖音平台继续维持该视频的发布状态，使用并公开金某某的肖像，缺乏合同依据，且不属于《中华人民共和国民法典》第一千零二十条关于肖像合理使用的情形，构成对金某某肖像权的侵害。

TXH 公司主张其对涉案短视频享有著作权，包含合理使用及网络传播的权利，对著作权的保护应当优于肖像权。肖像权是事关人格尊严的基本权利，肖像作品体现的人格权益决定了他人包括作品著作权人行使权利要受到肖像权人的制约，根据《中华人民共和国民法典》第一千零一十八条之规定，自然人有权使用或许可他人使用自己的肖像，在未经肖像权人同意的情况下，任何人无权以发表、复制、发行、出租、展览等方式使用或公开肖像权人的肖像。故本案无论 TXH 公司是否为涉案作品著作权人，在劳动关系结束后，未经金某某同意，均不能继续发布含有金某某肖像的短视频。即使 TXH 公司对涉案视频拥有著作权，相关使用行为亦构成肖像侵权。

[案例 8] SY 建筑科技有限公司与江某燕肖像权纠纷案[①]

案情介绍 江某燕系具有一定影响力的知名艺人。SY 建筑科技有限公司（以下简称 SY 公司）系微信公众号"SY 空间"的所有权人和管理人。2019 年 11 月 23 日，SY 公司在该微信公众号中发布《江某燕道歉了，请尊重专业！》一文，并配有江某燕的肖像图片 8 张，文章末尾附有 SY 空间微店微信号二维码。

经市场监督管理部门核准登记的 SY 公司的经营范围包括：建筑科技、新材料科技、计算机软件科技专业领域内技术开发、技术转让、技术咨询、技术服务，建筑安装工程，建筑装潢工程，建筑智能化工程，建筑智能化建筑工程设计与施工，建筑装修装饰建设工程专业施工，建筑设计，建筑设计咨询，人才咨询，商务咨询，展览展示服务，仓储服务（除危险化学品），建材销售，电子商务（不

---

① 案件来源：上海市第一中级人民法院民事判决书（2022）沪 01 民终 6511 号。

得从事增值电信、金融业务),从事货物进口及技术进口业务。

微信公众号"SY 空间"中简介载明:"首家专注于旅游行业快装建筑综合服务平台。"当用户关注该微信公众号后,便可收到自动回复:"想了解更多信息,请回复关键词:【1】过往精彩图文【2】线上建筑产品商城【3】新型材料(保温装饰一体)。"该微信公众号提供"画册订购""建筑商城""应用场景"服务。点击进入"画册订购",系 SY 公司经营的微店,展示和销售建筑画册类产品。点击进入"建筑商城",系 SY 公司产品和服务的介绍。点击进入"应用场景",包括"集装箱应用场景""亲子空间应用场景""创意文旅建筑产品""乡村振兴应用场景""建筑应用探索系列"。

《江某燕道歉了,请尊重专业!》一文顶部有以下内容:"关注SY 空间,总有你想要的建筑空间。"该文章底部有以下内容:"欢迎进入××店商城,这里不仅有文旅项目需要的《旅游快装建筑产品画册》,而且还有设计师、民宿主喜欢的新微设计'最美系列' 9 本丛书,分别是:《禅居》、《中式居住》、《私家小院》、《最美庭院》、《最美景观》、《最美酒店》、《最美民宿》第一部、《最美民宿》第二部、《最美民宿》第三部,每一部书都非常受大家的欢迎,涵盖了目前中国最知名的民宿!"

双方就 SY 公司是否侵犯江某燕的肖像权产生争议,SY 公司主张涉案文章的发布是新闻报道和舆论监督,属于典型的合理使用。

法院判决 SY 公司赔偿江某燕经济损失及维权费用。

重点条文 《中华人民共和国民法典》第一千零二十条 合理实施下列行为的,可以不经肖像权人同意:

(一)为个人学习、艺术欣赏、课堂教学或者科学研究,在必要范围内使用肖像权人已经公开的肖像;

(二)为实施新闻报道,不可避免地制作、使用、公开肖像权人的肖像;

(三)为依法履行职责,国家机关在必要范围内制作、使用、公开肖像权人的肖像;

（四）为展示特定公共环境，不可避免地制作、使用、公开肖像权人的肖像；

（五）为维护公共利益或者肖像权人合法权益，制作、使用、公开肖像权人的肖像的其他行为。

法理剖析 在互联网时代，人人都是自媒体，对公众人物肖像权的保护和对普通民众肖像权的保护存在一定差异。本案中，江某燕属于娱乐界的公众人物，对任何组织或者个人未经许可而使用其肖像应当负有一定程度的容忍义务，应当承受一定的利益减损。但是，这种容忍义务不能超出法定范围，即合理使用是有限度的。为此，有必要对 SY 公司在本案中是否存在合理使用江某燕肖像的情形进行判断。《中华人民共和国民法典》第九百九十九条规定："为公共利益实施新闻报道、舆论监督等行为的，可以合理使用民事主体的姓名、名称、肖像、个人信息等；使用不合理侵害民事主体人格权的，应当依法承担民事责任。"第一千零二十条规定："合理实施下列行为的，可以不经肖像权人同意：（一）为个人学习、艺术欣赏、课堂教学或者科学研究，在必要范围内使用肖像权人已经公开的肖像；（二）为实施新闻报道，不可避免地制作、使用、公开肖像权人的肖像；（三）为依法履行职责，国家机关在必要范围内制作、使用、公开肖像权人的肖像；（四）为展示特定公共环境，不可避免地制作、使用、公开肖像权人的肖像；（五）为维护公共利益或者肖像权人合法权益，制作、使用、公开肖像权人的肖像的其他行为。"从上述法律规定看，本案中根本不存在第一千零二十条第一项、第三项、第四项规定可以适用的情形。那么，是否存在第二项、第五项规定可以适用的情形呢？首先，SY 公司不属于为实施新闻报道，不可避免地使用江某燕的肖像。新闻报道是新闻单位对新近发生的事实的报道，包括有关政治、经济、军事、外交等社会公共事务的报道以及有关社会突发事件的报道。本案中，从内容看，《江某燕道歉了，请尊重专业！》一文不属于新闻报道，而属于评论性文章。退一步讲，即便涉案文章属于新闻报道，那么在为新闻报道而使用他人肖像时，必须注意是否不可避免这一必要性原则。所谓不可避免，是指如果不使用肖像权人的肖像就无法全面完整、真实准确地实施新闻报道。显然，SY 公司在本案中使用江某燕的肖像不存在不可避免的情形，其使用的根本目的在于吸引读者的注意力。其次，SY 公司不属于为维护公共利益而使用江某燕的肖像。公共利益一般是指关系全体社会成员或者社会不特定多数人的利益。SY 公司是微信公众号"SY 空间"的运营方。该公司系经市场监督管理部门登记而设立的有限责任公司，SY 公司作为《中华人民共和国公司法》意义上的"公司"，营利性是其基本特征之一。同时，从自媒体微信公众号向订阅用户所推送文章本身来看，不同类型文章通常带有不同程度的商业色彩，娱乐类文章比时政类文章显然具有更强的商业色彩。出于娱乐价值而在自媒体微信公众号中使用他人肖像，其合理使用的主张是极其薄弱的，即使是特定的娱乐类文章具有传递信息的公益属性，也往往同时伴随着商业性因素。本案中，从微信公众号"SY 空间"的内容看，该微信公众号具有极强的商业色彩，特别是《江某燕道歉了，请尊重专业！》一文的底部有 SY 公司运营的微店的介绍和相应的二维码。可见，SY 公司通过其运营的自媒体微信公众号向订阅用户推送涉案文章，其最终目的是将江某燕作为话题来吸引社会公众的关注以增加访问量，进而能够增加微店交易量、广泛宣传企业产品和服务、打造企业形象、保持品牌热度，而非为社会公共利益。退一步讲，即便 SY 公司在主观上不具有营利的动机，但客观上其在未支付任何对价的情况下能够从擅自使用江某燕的肖像中获利。在某种意义上，营利与非营利的主要区别并非完全是看使用者是否具有营利的动机，而是使用者是否能不支付通常的价格却从被使用的肖像中获利。最后，SY 公司使用江某燕的肖像不存在是为维护江某燕的合法权益的情形。

综上，SY 公司对江某燕的肖像非合理使用，侵犯了其肖像权。

［案例9］ 王某芝与大连 HT 物业管理有限公司等名誉权纠纷案①

案情介绍 2022 年 6 月，大连 HT 物业管理有限公司（以下简称 HT 公司）在其门口的电子屏上滚动播放以下内容："业主在广场粘贴'大字报'，对他人进行人身攻击，信口雌黄，歪曲事实，侵犯他人肖像权一事，我公司给予正面回应。""把小区绿地圈占、养家禽，很明显侵犯了其他业主的权益，并受到众多业主的举报和指责，物业经常接到业主投诉，要求对园区被侵占的公共绿地进行整顿。""2021 年，综合执法曾多次对其圈占的绿地栅栏等进行拆除，王某芝称小区绿地是买房子时一起买的，但无任何正规手续及证明，执法部门走后，又重新圈占，《中华人民共和国民法典》规定，小区公共绿地属于小区全体业主共有，严禁任何单位及个人破坏、圈占绿地，因此其行为严重侵犯了小区其他业主的权益，还经常煽动一些不明真相的业主，阻拦物业现场作业，并到物业公司扰乱办公秩序，攻击物业服务人员。在广场贴大字报多次进行各种人身攻击。""据业主反馈，王某芝以成立业主委员会为名，联合部分业主冒充物业工作人员上门调查、收费。还在微信群内倡导业主捐款，宣称用于上访使用。据了解，因捐款后钱款使用与她本人宣称不符和流向问题，曾有业主要求其退款，产生名誉权纠纷。""小区业主介绍，王某芝自称法律工作者，自 2013 年起不交物业费，却享受着和其他交费业主同样待遇的物业服务，因此很多交费的业主对其产生严重的不满，纷纷向物业提出建议。"

王某芝向法院起诉，请求判令：1. HT 公司在 HT 刊物、HT 业主群、HT 各小区大小门、各活动场所、HT 广场广告栏、物业公司电子屏等，进行每天 24 小时 40 天公开道歉，篇幅宽 1.2 米，长 1.5 米，重点道歉词语用彩色笔勾勒；2. 依法赔付王某芝精神抚慰金 30

---

① 案件来源：辽宁省大连市中级人民法院民事判决书（2023）辽 02 民终 5639 号。

万元。

法院判决驳回王某芝的全部诉讼请求。

重点条文 《中华人民共和国民法典》第一千零二十四条 民事主体享有名誉权。任何组织或者个人不得以侮辱、诽谤等方式侵害他人的名誉权。

法理剖析 名誉是对民事主体的品德、声望、才能、信用等的社会评价。名誉权是民事主体人格权的一种，是人们依法享有对自己所获得的客观社会评价、排除他人侵害的权利。是否构成侵害名誉权的责任，应当根据受害人确有名誉被损害的事实、行为人行为违法、违法行为与损害后果之间有因果关系、行为人主观有过错来认定。王某芝主张 HT 公司侵害其名誉权，应当以前述构成要件成立为前提。本案中，HT 公司与王某芝因物业管理服务事项引发纠纷进而产生一系列矛盾，HT 公司在小区显著位置张贴物业公告，并在其门口的电子屏滚动播放所张贴公告内容，发表了一些针对王某芝的言论，虽就维护公共利益而言，HT 公司处理问题的方式方法欠妥，措辞亦有不严谨之处，但从其内容来看，并没有侮辱、贬损性言辞，亦没有捏造并散布某些虚假的事实，未超过必要的限度，不足以产生对王某芝社会评价降低的损害后果。虽然王某芝主张损害后果主要集中体现在小区业主对其疏远，造成公众对其社会评价降低。但受害人社会评价是否降低，应当以社会一般人的评价为标准进行判断，不能仅以受害人自己的主观感受为标准。且社会评价的降低应具有普遍性，王某芝并无证据证明小区业主对其人品、能力产生了质疑，即使个别业主受言论的影响对其评价降低也未能上升到普遍层面。故对王某芝主张的 HT 公司行为造成其社会评价降低，并侵犯其名誉权的上诉主张，法院不予支持。

[案例10] 马某功与陈某森荣誉权纠纷案①

案情介绍 马某功原系烟台市××工作站站长、法定代表人。1998年至2012年，山东省农作物品种审定委员会审定烟台市××工作站为烟富1号、2号、3号、4号、5号、6号、7号、8号、9号、10号果树品种的选育单位，并准予将上述品种在全省苹果产区栽培利用。

陈某森系山东某大学教授。2010年9月10日，山东省农业厅与山东省财政厅发布鲁农科技字〔2010〕33号文件，公布了省现代农业产业技术体系创新团队组成成员和依托单位名单，其中，陈某森为水果团队的首席专家，烟台市××工作站为该团队的综合实验站。同年，山东省农业厅与山东某大学签订《山东省现代农业产业技术体系水果创新团队建设任务合同书》，该合同书载明陈某森、马某功分别为该团队的首席专家和综合实验站的负责人。

2018年4月24日，国家知识产权局授予发明人马某功等9人"持续多代芽变选种及其育种联合对苹果红色性状持续改良的方法"发明专利证书，专利权人为山东某大学。同年5月9日，中国泰山网（××/2018/0509/422825.shtml）刊登了文章《山农大团队揭示苹果起源于中国》，该文中有以下表述："陈某森团队以提质、增效和节本为核心在野生资源评价和亲本挖掘的基础上，创建杂种后代分离群体，并发现芽变材料，通过优中选优的芽变选种……团队先后从国光苹果中选育出'山农红'，从富士苹果中选育出'烟富1-10'等系列苹果优质红色芽变新品种，并申报了发明专利。"

2019年6月28日，马某功因上述媒体报道的文章内容与陈某森发生争议，双方通过手机短信进行了沟通，陈某森欲与相关单位负责人一起看望马某功并道歉，马某功回复称，山东某大学必须在国内主流媒体上发表公开声明并拒绝见面。马某功认为，正是因为陈

---

① 案件来源：山东省烟台市中级人民法院民事判决书（2020）鲁06民终548号。

某森在媒体上的宣传，才导致多人向其提出质询并质疑烟富1—10系列苹果新品种是否为马某功及其所在单位育种，从而侵犯了其荣誉权和名誉权。

马某功向法院起诉请求判令陈某森立即停止侵权、消除影响，在省级媒体公开赔礼道歉并澄清事实，以及赔偿损失。

法院判决驳回马某功的全部诉讼请求。

重点条文 《中华人民共和国民法典》第一千零三十一条 民事主体享有荣誉权。任何组织或者个人不得非法剥夺他人的荣誉称号，不得诋毁、贬损他人的荣誉。

获得的荣誉称号应当记载而没有记载的，民事主体可以请求记载；获得的荣誉称号记载错误的，民事主体可以请求更正。

法理剖析 荣誉，是自然人因对国家和社会有较大贡献、突出表现而获得国家或有关组织授予的光荣称号或嘉奖等；荣誉权，是指民事主体对自己的荣誉称号所享有的不受他人侵害的权利。侵害荣誉权的方式主要表现为，公开的否定性评价、贬低他人的荣誉，对其荣誉证书、奖杯等证物的毁损，或者非法剥夺他人的荣誉。

1998年至2012年，山东省农作物品种审定委员会审定烟台市××工作站为烟富1号、2号、3号、4号、5号、6号、7号、8号、9号、10号果树品种的选育单位，并准予将上述品种在全省苹果产区栽培利用。烟台市××工作站作为法人单位获得的荣誉由该法人单位享有荣誉权。而马某功因参与烟富1号、3号苹果新品种选育与高效生产技术配套技术项目而获得了山东省人民政府颁发的科技进步奖（贰等），位列获奖者第一位，对此享有荣誉权。2018年5月9日，中国泰山网刊登了文章《山农大团队揭示苹果起源于中国》，该文中表述："陈某森团队先后从国光苹果中选育出'山农红'，从富士苹果中选育出'烟富1—10'等系列苹果优质红色芽变新品种，并申报了发明专利。"马某功认为，陈某森在具有一定影响力的媒体上宣称上述内容，侵犯了其荣誉权。但从文章作者看，上述文章的作者是媒体记者，并非陈某森本人发表。另外，从上述媒体文章内容看，并未涉及山东省人民政府颁发的科技进步奖（贰等），更未对马某功获得的科技进步奖进行公开的否定性评价或对其荣誉证书的毁损，或者因该文章的发表使得马某功的荣誉被非法剥夺。上述内容仅涉及"烟富1-10"选育单位及专利权问题，而"烟富1-10"选育单位及专利权均属于烟台市××工作站，而非马某功个人。从实际情况看，在该文章发表之后，陈某森本人在全国性刊物发表了多篇专业性文章，均明确表述烟台市××工作站选育了烟富1-10号果树品种。故马某功的诉讼请求无法律依据。

[案例11] 贾某与赵某波隐私权纠纷案①

案情介绍 赵某波后建造的两层房屋（坐南朝北）与贾某建造的一层房屋（坐北朝南）相邻，两者相聚约0.9米。贾某修建的房屋窗户正对着赵某波的北屋。赵某波已采取在自家后墙上的12扇窗户上粘贴玻璃纸、安装防护网等措施。贾某主张自己盖房在先，现赵某波采取的措施不能消除对其隐私权的侵犯。贾某向法院起诉，请求判令赵某波立即对其居住的房屋南面一楼、二楼的所有窗户封闭，立即停止对贾某个人隐私权的侵害和正常生活的妨碍。

法院判决驳回贾某的诉讼请求。

重点条文 《中华人民共和国民法典》第一千零三十二条 自然人享有隐私权。任何组织或者个人不得以刺探、侵扰、泄露、公开等方式侵害他人的隐私权。

法理剖析 赵某波建造的二层房屋与贾某建造的一层房屋之间的间距约为0.9米，各自窗户相对，特别是贾某的卧室可能被赵某波二楼的窗户窥视，造成对其隐私权的侵犯。对此，赵某波已将其建造房屋南边（靠贾某一侧）的7个窗户（共计12扇）均安装上防护栏以及贴上玻璃纸，已对贾某一家居住的隐私起到了保护。故法院对贾某主张赵某波立即采用砌砖等方式封闭房屋南面一楼、二楼

---

① 案件来源：新疆维吾尔自治区高级人民法院民事裁定书（2023）新民申1278号。

所有窗户的诉讼请求不予支持。

[案例 12] 安某洁与刘某兴等隐私权纠纷案①

案情介绍 刘某兴、王某与安某洁为绵阳市 KDY B 区 2 栋一单元业主。该小区先后建立的微信群有"KDY AB 区业主交流群总群""KDY 和谐邻居群""KDY& 业主委员会筹备组""SG 业主交流群"。2018 年 4 月 16 日，法院立案受理安某洁与刘某兴、王某、绵阳 SG 房地产开发有限公司等物权保护纠纷，后安某洁将受理案件通知书、民事起诉状（含刘某兴和王某的姓名、性别、出生年月日、身份证号码、具体住址等信息）等诉讼文书发布至"SG 业主交流群"和"KDY& 业主委员会筹备组"微信群。刘某兴、王某以安某洁侵犯其隐私权为由提起诉讼。法院于 2018 年 5 月 22 日立案，向安某洁送达了起诉书副本等诉讼文书，后安某洁又将起诉书副本（含刘某兴和王某的姓名、性别、出生年月日、身份证号码、具体住址等信息）、传票等诉讼文书发布至"KDY& 业主委员会筹备组"微信群。

另查明，刘某兴、王某为证明其受损失情况，提交了 2018 年 5 月 24 日、2018 年 5 月 30 日在江油市人民医院的就诊病历和医疗费发票等证据，载明刘某兴诊断为睡眠障碍、王某诊断为焦虑状态，分别花费医疗费用 72.36 元、115.64 元。

刘某兴、王某提出诉讼请求：1. 判令安某洁在绵阳市 KDY 微信聊天群向刘某兴、王某赔礼道歉；2. 判令安某洁赔偿精神损失费等 3 万元。

法院判决安某洁向刘某兴、王某赔礼道歉，驳回刘某兴、王某的其他诉讼请求。

重点条文 《中华人民共和国民法典》第一千零三十四条 自然人的个人信息受法律保护。

法理剖析 自然人的个人信息受法律保护。任何组织和个人需

---

① 案件来源：四川省绵阳市中级人民法院民事判决书（2018）川 07 民终 2098 号。

要获取他人个人信息的，应当依法取得并确保信息安全，不得非法收集、使用、加工、传输他人个人信息，不得非法买卖、提供或者公开他人个人信息。安某洁将双方当事人因物权保护纠纷而诉至法院的另案诉讼文书及本案起诉书副本公布于双方所在的业主微信群里，从而公开了刘某兴、王某的身份证号码、住址等个人信息，其行为侵犯了刘某兴、王某的隐私权，依法应承担民事责任。

［案例 13］ 王某与 A 市国有资产监督管理和金融工作局隐私权纠纷案①

案情介绍 A 市国有资产监督管理和金融工作局（以下简称国金局）的工作职能包括负责全市国有资产监督管理工作，根据市政府授权，依法履行出资人职责，承担对市属国资国企的监督管理责任。B 质检公司系受国金局监督管理的国有独资公司。王某原系军人，于 1998 年 12 月 1 日退役，2020 年 7 月到 B 质检公司工作。2020 年 12 月 7 日，A 市人力资源和社会保障局对王某在部队因公致残问题出具了［2020］42 号认定工伤决定书，认定为视同工伤。后王某与 B 质检公司因停工留薪期问题发生纠纷，并诉至法院。法院以（2021）川 0180 民初 928 号立案受理。2021 年 3 月 5 日，国金局纪检监察组工作人员持中国共产党 A 市纪律检查委员会介绍信到 A 市中医医院查询调取了王某的治疗记录。2021 年 3 月 10 日，国金局向 B 质检公司移交了纪检组调取的王某的工伤病历资料。2021 年 3 月 18 日，在该案庭审中，B 质检公司提交了王某在 A 市中医医院治疗的病历材料。该案庭审笔录载明："第一组证据：劳动能力鉴定结论书、A 市中医医院门诊病历和治疗记录、病情证明书，证明原告的病情与治疗情况并没有达到需要停工来休养的程度，在鉴定结论中明确系左腕关节炎，并没有建议原告住院或休养治疗……"王某以国金局将其病历资料交与 B 质检公司，B 质检公司将该病历资料

---

① 四川省简阳市人民法院民事判决书（2021）川 0180 民初 2100 号。

作为证据材料在庭审中出示，侵犯了其隐私权为由，向法院提起诉讼。

法院判决驳回王某的诉讼请求。

重点条文 《中华人民共和国民法典》第一千零三十九条 国家机关、承担行政职能的法定机构及其工作人员对于履行职责过程中知悉的自然人的隐私和个人信息，应当予以保密，不得泄露或者向他人非法提供。

法理剖析 隐私权，一般是指自然人享有的对自己的个人秘密和个人私生活进行支配并排除他人干涉的一种人格权。本案所涉的病历资料属于王某的个人信息，但国金局作为对 B 质检公司具有监管职责的国家机关，其有权对 B 质检公司的资产情况、人员管理等进行监督。国金局纪检监察组依职权到 A 市中医医院调取王某的病历资料，并将该病历资料交由国金局转交 B 质检公司保管。B 质检公司作为王某的用人单位，在王某因工伤治疗的情况下，有权知晓王某的病情。故国金局的行为未侵犯王某的隐私权。法院对王某的诉讼请求依法予以驳回。

第五编
婚姻家庭

[案例1] 安某静与中国太平洋人寿保险股份有限公司 PL 中心支公司人身保险合同纠纷案①

案情介绍　2016 年 3 月 30 日，安某静亡夫赛某杰为安某静之子赛某航在中国太平洋人寿保险股份有限公司 PL 中心支公司投保了"东方红、状元红（尊享版）两全保险（万能型）"，保单号：26001163284××××，缴费年限为 10 年，年交保险 8000 元，累计缴费 7 期，累计缴费 56000 元。

2021 年 4 月 17 日，赛某杰因突发疾病意外身亡。2022 年 3 月 10 日，安某静为其子（赛某航）办理保险续费事宜时，中国太平洋人寿保险股份有限公司 PL 中心支公司通知安某静，根据相关法律及行业规定，因原投保人死亡，续费时需要安某静亡夫赛某杰的法定继承人共同授权同意将合同投保人变更为安某静后，才能继续缴纳保费。

因变更投保人手续复杂，无法在保险缴费到期日顺利变更，为保障孩子利益，使保险继续合法有效，安某静请求法院依法判决由其继续缴纳剩余保费。

法院判决准许安某静继续缴纳保单号为 26001163284××××的东方红、状元红（尊享版）两全保险（分红型）剩余三期保费。

重点条文　《中华人民共和国民法典》第一千零四十一条　婚姻家庭受国家保护。

实行婚姻自由、一夫一妻、男女平等的婚姻制度。

保护妇女、未成年人、老年人、残疾人的合法权益。

法理剖析　《中华人民共和国民法典》第一千零四十一条第三款规定，"保护妇女、未成年人、老年人、残疾人的合法权益"，安某静丈夫赛某杰为其子赛某航投保的"东方红、状元红（尊享版）两全保险（万能型）"，系其出于对子女的关爱，为保障孩子未来的

_____

① 案件来源：甘肃省华亭市人民法院民事判决书（2022）甘 0824 民初 3308 号。

教育、生活进行的一种理财投资。赛某杰作为投保人病故，剩余三期保费未缴纳。依据相关保险行规，需变更投保人后，由投保人缴纳保费，其他人无权进行缴纳。由于保费缴纳期临近，变更投保人手续烦琐，如未按期缴纳，将造成保险合同终止，严重损害被保险人赛某航的利益。为保障未成年人合法的财产权益，由赛某航的法定唯一监护人安某静缴纳剩余的三期保费，且太平洋人寿保险股份有限公司 PL 支公司亦同意在不变更投保人情况下由安某静缴纳剩余的保费，应尊重双方当事人的意愿，法院对安某静的诉请予以支持。

［案例 2］ 文某玉与郑某、蒋某确认合同无效纠纷案[①]

案情介绍 文某玉与郑某于 1994 年登记结婚。郑某与蒋某相识后，长期保持不正当男女关系。在郑某、蒋某保持不正当男女关系期间，郑某多次向蒋某赠与大量金钱，共计 387768 元。此外，蒋某为郑某购买的丰田汽车偿还贷款共计 111806.16 元。文某玉向法院提起诉讼，要求确认郑某、蒋某之间的赠与行为无效，并由蒋某返还不当得利。

法院判决确认郑某与蒋某之间为维持不正当男女关系发生的赠与行为无效，蒋某返还不当得利。

重点条文 《中华人民共和国民法典》第一千零四十二条　禁止包办、买卖婚姻和其他干涉婚姻自由的行为。禁止借婚姻索取财物。

禁止重婚。禁止有配偶者与他人同居。

禁止家庭暴力。禁止家庭成员间的虐待和遗弃。

法理剖析 在婚姻关系存续期间，夫妻双方对共同财产具有平等的权利，因日常生活需要而处理共同财产，任何一方均有权决定，非因日常生活需要对夫妻共同财产做重要处理决定的，夫妻双方应当平等协商，取得一致意见。郑某在与文某玉婚姻关系存续期间，

[①]　案件来源：湖南省永州市中级人民法院民事判决书（2023）湘 11 民终 504 号。

为维持与蒋某之间的不正当男女关系，将夫妻共同财产赠与蒋某，既有悖公序良俗，又严重损害了配偶一方的财产权益，应当认定该赠与行为无效。郑某购买丰田汽车，属于夫妻共同财产，蒋某为该车偿还贷款共计 111806.16 元，应当予以扣减。故文某玉要求蒋某返还不当得利的诉讼请求法院应当予以支持，蒋某应当向文某玉返还的款项为 275961.84 元，即 387768 元减去 111806.16 元。

［案例 3］ 欧阳某诉连某婚姻无效纠纷案①

案情介绍　1982 年 1 月 4 日和 1 月 6 日，北京市西城区某街街道办事处和北京市某厂分别为连某、欧阳某 1 开具结婚证明信。1982 年 1 月 8 日，欧阳某 1、连某登记结婚，其结婚申请书中注明经人介绍认识二年。2021 年 12 月 12 日，欧阳某 1 去世。

欧阳某 1 去世后，欧阳某向法院起诉主张其子欧阳某 1 与连某的婚姻无效，并就其主张向法院提交欧阳某 1 住院病历，显示欧阳某 1 于 1971 年、1972 年、1976 年、1983 年在首都医科大学附属北京安定医院住院，诊断为精神分裂症。

连某向法院提交其住院病历显示，连某曾于 1976 年、1977 年、1980 年、1982 年、1985 年、1987 年、1990 年多次住院治疗，均被诊断为精神分裂症，但每次都痊愈出院，系慢性病。

法院判决驳回欧阳某的诉讼请求。

重点条文　《中华人民共和国民法典》第一千零五十一条　有下列情形之一的，婚姻无效：

（一）重婚；

（二）有禁止结婚的亲属关系；

（三）未到法定婚龄。

法理剖析　根据《最高人民法院关于适用〈中华人民共和国民法典〉婚姻家庭编的解释（一）》第十七条之规定，当事人以民法

---

① 案件来源：北京市第二中级人民法院民事判决书（2022）京 02 民终 13948 号。

典第一千零五十一条规定的三种无效婚姻以外的情形请求确认婚姻无效的，人民法院应当驳回当事人的诉讼请求。本案中，欧阳某以欧阳某1在与连某登记婚姻时患有精神分裂症为由主张二人婚姻无效，于法无据，法院对此不予支持。

［案例4］ 曹某与郝某撤销婚姻纠纷案①

案情介绍 曹某与郝某通过网络相识。郝某通过网络查询了曹某家人的相关信息，此后，在双方交往中经常用威胁性语言和暴力行为胁迫曹某与其共同生活，并称曹某如不与其结婚，就会对曹某家人进行人身伤害。曹某迫于无奈与郝某登记结婚。至今曹某家人不知曹某已登记结婚的事实。婚后，郝某继续以暴力方式胁迫曹某，曹某多次想离开，但被迫与其生活。故曹某诉至法院请求撤销婚姻关系。

法院判决撤销曹某与郝某的婚姻关系。

重点条文 《中华人民共和国民法典》第一千零五十二条　因胁迫结婚的，受胁迫的一方可以向人民法院请求撤销婚姻。

请求撤销婚姻的，应当自胁迫行为终止之日起一年内提出。

被非法限制人身自由的当事人请求撤销婚姻的，应当自恢复人身自由之日起一年内提出。

法理剖析 结婚必须男女双方完全自愿。《中华人民共和国民法典》第一千零五十二条规定，因胁迫结婚的，受胁迫的一方可以向人民法院请求撤销婚姻。请求撤销婚姻的，应当自胁迫行为终止之日起一年内提出。被非法限制人身自由的当事人请求撤销婚姻的，应当自恢复人身自由之日起一年内提出。本案中，通过曹某提交的证据及郝某庭审自认，能够确认曹某系因受胁迫而与郝某形成婚姻关系。故曹某要求撤销婚姻关系，符合有关法律规定。

---

① 案件来源：内蒙古自治区赤峰市元宝山区人民法院民事判决书（2021）内 0403 民初 1199 号。

［案例5］ 付某与胡某1等撤销婚姻纠纷案①

案情介绍 付某与胡某1于2021年2月15日经人介绍相识，后付某给付胡某1、胡某2（胡某1父亲）、许某（胡某1母亲）彩礼288000元。付某与胡某1于2021年2月25日办理结婚登记，后二人共同外出务工。2021年6月30日晚，双方发生纠纷，遂分开生活。2021年年底，付某接胡某1回家共同生活一个多月。2022年5月4日，胡某1精神疾病发作，被送往医院住院治疗。后付某才知道胡某1自2016年起即患有精神疾病，期间一直依赖药物控制。付某向法院起诉请求：1. 撤销付某与胡某1的婚姻关系；2. 胡某1、胡某2、许某共同返还婚约费用300000元（其中彩礼288000元，"打发钱"12000元）。

法院判决撤销付某与胡某1的婚姻，胡某1、胡某2、许某返还付某200000元。

重点条文 《中华人民共和国民法典》第一千零五十三条 一方患有重大疾病的，应当在结婚登记前如实告知另一方；不如实告知的，另一方可以向人民法院请求撤销婚姻。

请求撤销婚姻的，应当自知道或者应当知道撤销事由之日起一年内提出。

法理剖析 精神疾病属于重大疾病，应当在结婚登记前如实告知另一方，不如实告知的，另一方可以向人民法院请求撤销婚姻。本案中，胡某1患有精神疾病，应当在婚前如实向付某告知，其未告知，应承担相应的责任，付某有权请求撤销婚姻。故付某请求撤销与胡某1的婚姻，法院应予以支持。

付某依据本地习俗给付胡某1彩礼，是以付某与胡某1成就婚姻为前提。付某与胡某1的婚姻被撤销，因被撤销的婚姻自始没有法律约束力，当事人不具有夫妻的权利义务，故胡某1应将彩礼返还

---

① 案件来源：江西省抚州市中级人民法院民事判决书（2022）赣10民终1821号。

付某。另依据常理，彩礼一般由父母领取并保管。故胡某1、胡某2、许某应共同承担返还责任。考虑到付某与胡某1同居过一段时间及法律关于婚约财产的规定，法院酌定返还200000元。

依据常理，结婚摆酒席时，"打发钱"会支付给女方亲属。女方未直接得到。另本案中，付某主张的12000元"打发钱"，没有证据可以证明，且胡某1、胡某2、许某不予认可。故付某主张返还"打发钱"，没有事实依据，应不予支持。

[案例6] 秦某飞与刘某军等民间借贷纠纷案[①]

案情介绍 刘某军与赵某原系夫妻关系，二人于2016年5月3日离婚。2014年11月12日，秦某飞作为出借方（甲方）与刘某军（借款方，乙方）签订借款合同，约定乙方以河南HS建设集团有限公司（以下简称河南HS公司）的名义承接遵义HC公司名下"遵义县HC大都汇片区棚户改造项目"，乙方在此项目中向"遵义HC房地产开发有限公司"缴纳保证金向甲方借款，乙方向甲方借款金额为540万元，借款用途为遵义县HC大都汇片区棚户改造项目，借款期限为3个月，自2014年11月13日起开始计算至2015年2月13日止，到期本息应全部付清，利率按月计算，每连续30天（包含节假日）为一个月，每月利率为3%，乙方同意甲方向乙方指定账户转入全部借款款项即视为甲方履行了出借借款之义务，乙方指定收取借款的账户情况：开户名称李某永，开户行名称中国建设银行贵州省分行，账号×××，开户名称刘某军，开户行名称中国建设银行北京市分行，账号×××。上述借款合同保证方（丙方）为空白未签名。2014年11月13日，刘某军向秦某飞出具540万元的借条一张。债务到期后，刘某军未按时还款。秦某飞主张该债务为夫妻共同债务，向法院起诉请求由赵某承担连带偿还责任。

法院判决刘某军偿还秦某飞借款本金425万元及利息。

---

① 案件来源：北京市高级人民法院民事裁定书（2022）京民申1208号。

重点条文　《中华人民共和国民法典》第一千零六十四条　夫妻双方共同签名或者夫妻一方事后追认等共同意思表示所负的债务，以及夫妻一方在婚姻关系存续期间以个人名义为家庭日常生活需要所负的债务，属于夫妻共同债务。

夫妻一方在婚姻关系存续期间以个人名义超出家庭日常生活需要所负的债务，不属于夫妻共同债务；但是，债权人能够证明该债务用于夫妻共同生活、共同生产经营或者基于夫妻双方共同意思表示的除外。

法理剖析　夫妻一方在婚姻关系存续期间以个人名义超出家庭日常生活需要所负的债务，不属于夫妻共同债务，但债权人能够证明该债务用于夫妻共同生活、共同生产经营或者基于夫妻双方共同意思表示的除外。本案中，刘某军系以其个人名义与秦某飞签订借款合同，所借债务数额亦明显超出家庭日常生活所需，根据双方对上述借贷用途及资金流向的陈述以及秦某飞提交的证据材料，不足以直接认定上述债务用于夫妻共同生活、共同生产经营或基于夫妻双方共同的意思表示形成借贷，故秦某飞要求赵某承担连带偿还责任，缺乏事实及法律依据，不能成立。

［案例 7］　尹某 1 与张某离婚纠纷案①

案情介绍　张某与尹某 1 婚后育有一女尹某 2。张某与尹某 1 的女儿尹某 2 长期跟随张某生活，且尹某 2 日常生活一直由张某的父母帮助照顾。

2016 年 8 月 1 日，张某起诉要求与尹某 1 离婚，经法院判决驳回了张某的诉讼请求。

2018 年，尹某 1 外出务工。

2019 年 1 月 23 日，张某再次起诉离婚，后张某撤诉。

2023 年 2 月 22 日，张某以尹某 1 与他人存在不正当男女关系、

---

① 案件来源：辽宁省鞍山市中级人民法院民事判决书（2023）辽 03 民终 1063 号。

不履行照顾家庭的义务为由起诉离婚。张某提供尹某1与两名微信好友（其中一人微信名是"一生只有你"）的聊天记录，证明尹某1外出务工期间存在出轨行为。张某提供岫岩县中心人民医院病毒检测报告、彩超单及医疗费票据，证明因尹某1出轨导致张某患病支出诊疗费用。张某向法院起诉请求：一、张某与尹某1离婚；二、婚生女儿尹某2由张某抚养，尹某1每月承担抚养费3000元，至女儿十八周岁止；三、尹某1向张某支付张某的手术费及女儿尹某2治疗费的经济补偿50000元；四、尹某1给张某造成精神损害，赔偿精神抚慰金80000元。

经审理，法院判决如下：一、准予张某与尹某1离婚；二、婚生女儿尹某2由张某抚养，尹某1每月支付女儿抚养费1200元。支付方式为每月20日支付。支付期限自2022年12月起至尹某2年满十八周岁止；三、尹某1于判决生效后三十日内向张某支付损害赔偿金10000元。

重点条文　《中华人民共和国民法典》第一千零七十九条　夫妻一方要求离婚的，可以由有关组织进行调解或者直接向人民法院提起离婚诉讼。

人民法院审理离婚案件，应当进行调解；如果感情确已破裂，调解无效的，应当准予离婚。

有下列情形之一，调解无效的，应当准予离婚：

（一）重婚或者与他人同居；

（二）实施家庭暴力或者虐待、遗弃家庭成员；

（三）有赌博、吸毒等恶习屡教不改；

（四）因感情不和分居满二年；

（五）其他导致夫妻感情破裂的情形。

一方被宣告失踪，另一方提起离婚诉讼的，应当准予离婚。

经人民法院判决不准离婚后，双方又分居满一年，一方再次提起离婚诉讼的，应当准予离婚。

法理剖析　人民法院审理离婚案件，应当进行调解；如果感情确已破裂，调解无效的，应当准予离婚。张某与尹某1虽然自由恋爱结婚，但由于双方长期分居生活，发生矛盾不可调和，张某认为夫妻之间感情完全破裂没有和好的可能，坚持要求离婚。因此，依法应认定张某与尹某1之间的夫妻感情确已完全破裂，张某要求与尹某1离婚的诉讼请求依法有据，法院予以支持。

《中华人民共和国民法典》规定，离婚后，子女由一方直接抚养的，另一方应当负担部分或全部抚养费。负担费用的多少和期限的长短，由双方协议；协议不成时，由人民法院判决。子女抚养费的数额，可根据子女的实际需要、父母的负担能力和当地的实际生活水平确定。有固定收入的，抚养费一般可按其月收入的20%至30%的比例给付。无固定收入的，可依据当年总收入或同行业的平均收入确定。张某与尹某1的女儿尹某2长期跟随张某生活，且尹某2日常生活一直由张某的父母帮助照顾，根据辽宁省2022年建筑业在岗职工平均工资的统计数据为71102元，故尹某1应当负担女儿的抚养费的金额以每月1200元为宜。

《中华人民共和国民法典》规定，夫妻应当互相忠实，互相尊重，互相关爱；家庭成员间应当敬老爱幼，互相帮助，维护平等、和睦、文明的婚姻家庭关系。如果夫妻一方具有重婚、与他人同居、实施家庭暴力、虐待、遗弃家庭成员或其他重大过错情形，导致离婚的，无过错方有权请求损害赔偿。张某陈述尹某1在婚姻关系存续期间出轨并提供了相应的证据，尹某1予以认可。尹某1应给予张某适当的损害赔偿，综合考虑尹某1的过错程度、侵权行为的方式、造成的后果及尹某1的经济能力，法院酌情支持张某的损害赔偿金数额为10000元。

［案例8］　王某与安某1离婚纠纷案①

案情介绍　王某与安某1于2015年自由恋爱，后登记结婚，婚

---

① 案件来源：辽宁省朝阳市中级人民法院民事判决书（2023）辽13民终42号。

生男孩安某 2 出生于 2018 年 3 月 31 日。王某与安某 1 婚前及婚初感情尚好，后双方因家庭生活琐事产生矛盾，影响了夫妻感情。婚姻关系存续期间，安某 1 有出轨行为，王某提供照片、录像光盘、微信聊天记录截屏、保证书等证据予以证明。保证书内容分别为："本人安某 1 保证，不会再做对不起你的事，如果有下次坚决离婚，如果孩子归女方给抚养费，房子归女方，如果孩子归男方，孩子所有费用都归男方承担，女方不承担一切责任，婚后财产平分。保证人：安某 1，2018 年 8 月 22 日。""我保证以后对孩子、老婆好，多多挣钱养家，钱什么东西都交家里。保证人：安某 1，2018 年 8 月 22 日。"王某曾于 2021 年起诉离婚，后撤诉，双方于 2021 年 8 月分居至今。后王某再次诉至法院请求与安某 1 离婚，安某 1 不同意离婚。

法院判决准予王某与安某 1 离婚；婚生男孩安某 2 由王某抚养，安某 1 于 2022 年 8 月起每月给付子女抚养费 1300 元，至安某 2 独立生活时止；驳回王某、安某 1 的其他诉讼请求。

重点条文 《中华人民共和国民法典》第一千零九十一条 有下列情形之一，导致离婚的，无过错方有权请求损害赔偿：

（一）重婚；

（二）与他人同居；

（三）实施家庭暴力；

（四）虐待、遗弃家庭成员；

（五）有其他重大过错。

法理剖析 王某与安某 1 虽系自主婚姻，但在婚后未注重和谐家庭关系的培养，导致夫妻关系不睦。王某曾于 2021 年起诉离婚，后撤诉，现王某再次提出离婚，且王某提供的保证书及相关证据能够证明安某 1 与婚外异性存在不正当关系，应当认定夫妻感情确已破裂，故对王某离婚的诉讼请求，法院予以支持。根据本案的实际情况，为有利于子女的健康成长，婚生男孩由王某抚养为宜。综合子女的生活需要、父母双方的负担能力、本地的实际生活水平等因素，法院酌定安某 1 自本案最后一次法庭辩论终结之日起每月支付子女抚养费 1300 元。

关于王某能否要求安某 1 支付离婚损害赔偿，《中华人民共和国民法典》第一千零九十一条中"与他人同居"的情形，是指有配偶者与婚外异性，不以夫妻名义，持续、稳定地共同居住。本案中，安某 1 与婚外异性存在不正当关系，是确定夫妻感情确已破裂的依据，而不是王某请求损害赔偿的法定条件。

第六编
继　承

［案例1］ 单某等与汤某1法定继承纠纷案①

案情介绍 陈某1、单某系夫妻关系，陈某2（2021年11月5日死亡）是陈某1、单某的女儿。陈某1、单某与汤某1是亲家，汤某3（2021年6月15日死亡）是汤某1的儿子，汤某3母亲陆某已先于汤某3去世。汤某3与陈某2生前是夫妻关系，于2008年6月19日生育一子名汤某2（2021年11月5日死亡），是独生子，陈某2与汤某2母子在同一事件中死亡，死亡时汤某2尚未成年，生前未留有遗嘱。汤某1与被继承人汤某2名下登记有一套坐落于上海市嘉定区××路××弄××号××室房产，权利人汤某1、汤某2，共同共有。陈某1、单某向法院起诉，请求依法分割被继承人汤某2名下房产。

法院判决登记在汤某1和被继承人汤某2名下的房产，其中被继承人汤某2在房屋中遗产占房屋份额50%，由陈某1、单某和汤某1三人各继承其中的三分之一，继承后陈某1、单某、汤某1分别占房屋1/6、1/6、4/6份额，按份共有。

重点条文 《中华人民共和国民法典》第一千一百二十一条

继承从被继承人死亡时开始。

相互有继承关系的数人在同一事件中死亡，难以确定死亡时间的，推定没有其他继承人的人先死亡。都有其他继承人，辈份不同的，推定长辈先死亡；辈份相同的，推定同时死亡，相互不发生继承。

法理剖析 继承从被继承人死亡时开始，继承开始后，按照法定继承办理；有遗嘱的，按照遗嘱继承。被继承人汤某2与其母亲陈某2在同一事件中死亡，难以确定死亡时间的，推定其母亲陈某2先死亡。被继承人汤某2生前未留有遗嘱和遗赠扶养协议，其遗产按照法定继承办理。继承开始后，由第一顺序继承人继承，第二顺序继承人不继承；没有第一顺序继承人继承的，由第二顺序继承人

---

① 案件来源：上海市嘉定区人民法院民事判决书（2023）沪0114民初1210号。

继承。被继承人汤某 2 死亡时未成年、未婚，其第一顺序继承人为其父母，又先于其死亡，故没有第一顺序继承人，其遗产由第二顺序继承人继承，第二顺序继承人为陈某 1、单某、汤某 1 三人，各继承被继承人汤某 2 遗产在系争房屋中二分之一份额的三分之一，即陈某 1、单某、汤某 1 各继承房屋份额 1/6，继承后陈某 1、单某、汤某 1 分别占系争房屋 1/6、1/6、4/6 份额，按份共有。

［案例 2］ 贾某 1 与贾某 2 等遗嘱继承纠纷案①

案情介绍 被继承人贾某某于 2020 年 11 月 26 日因病死亡，其妻子王某英于 2006 年 10 月 9 日因病死亡。贾某某与王某英育有长女贾某 2、次女贾某 4、三女贾某 3、四女贾某 5、五女贾某 6、二子贾某 1 共六名子女。(2018) 鲁胶州证民字第×××号公证书确认，坐落在胶州市××庄小区××号楼××单元××层××楼房一套（建筑面积 90.34 平方米，权证号为胶房私转字第 1××9 号）是被继承人王某英与其丈夫贾某某的夫妻共有财产，确权登记在王某英的名下，该公证书公证内容包含"兹证明坐落在胶州市××庄小区××号楼××单元××层××楼房一套（建筑面积 77.77 平方米，权证号为胶房私转字第 1××1 号）及附房一间（建筑面积 11.85 平方米，权证号为胶房私转字第 1××2 号）、坐落在胶州市××庄小区××号楼××单元××层××楼房一套（建筑面积 90.34 平方米，权证号为胶房私转字第 1××9 号）及附房一间（建筑面积 14.11 平方米，权证号为胶房私转字第 1××0 号）中属于被继承人王某英遗产的部分由贾某某和贾某 1 共同继承"。

2018 年 4 月 3 日，被继承人贾某某与贾某 1 签订《遗产分割协议》一份。协议约定："坐落在胶州市××庄小区××号楼××单元××层××楼房一套（建筑面积 90.34 平方米，权证号为胶房私转字第 1××9 号）及附房一间（建筑面积 14.11 平方米，权证号为胶房私转字第 1××0 号）中属于王某英遗产的部分由贾某某继承；坐落在胶州市××

① 案件来源：山东省青岛市中级人民法院民事判决书（2023）鲁 02 民终 7758 号。

庄小区××号楼××单元××层××楼房一套（建筑面积77.77平方米，权证号为胶房私转字第1××1号）及附房一间（建筑面积11.85平方米，权证号为胶房私转字第1××2号）中属于王某英遗产的部分由贾某1继承。"

2018年6月7日，坐落在胶州市××庄小区××号楼××单元××层的房屋登记至被继承人贾某某名下，共有情况为单独所有，面积90.34平方米，权证号为胶私转不动产权第1××7号。贾某1提交2020年11月22日书面遗嘱一份，载明"本人名下财产由我儿子贾某1全权处理，特立此遗嘱，立遗嘱人贾某某，代写人贾某1"。贾某1向法院起诉，请求判令位于胶州市××庄小区××号楼××单元××层的楼房及附房（房产证号为：胶房私转字第1××0号）由其继承。

法院判决坐落于胶州市××庄小区××号楼××单元××层的房屋（所有权证号：胶私转不动产权第1××7号，登记所有权人：贾某某）由贾某2继承1/6的产权份额，贾某3继承1/6的产权份额，贾某1享有2/3的产权份额。

重点条文 《中华人民共和国民法典》第一千一百二十四条

继承开始后，继承人放弃继承的，应当在遗产处理前，以书面形式作出放弃继承的表示；没有表示的，视为接受继承。

法理剖析 本案系法定继承纠纷，继承自被继承人死亡时开始，本案被继承人贾某某死亡时间即继承开始时间发生在《中华人民共和国民法典》实施前，根据《最高人民法院关于适用〈中华人民共和国民法典〉时间效力的若干规定》第一条第二款的规定，本案应当适用法律事实发生时的法律。根据法律规定，继承开始后，按照法定继承办理；有遗嘱的，按照遗嘱继承或者遗赠办理。贾某2辩称自己是尽了主要扶养义务的继承人，但未能提供有效证据证明，亦不能证明其他继承人存在应当不分或者少分遗产的情形。贾某1提交的书面遗嘱无见证人或其他相关证据证明，不符合遗嘱的法定形式要件，法院不予采信，故本案应按法定继承办理。被继承人贾某某的第一顺位继承人共有子女六人，贾某6、贾某5、贾某4均表示将自己的法定继承份额赠与贾某1，故贾某2、贾某3对涉案房屋各自享有1/6的产权份额，贾某1对涉案房屋享有2/3的产权份额。

［案例3］ 张某1等与张某4法定继承纠纷案①

案情介绍 被继承人张某5与丁某民原系夫妻关系，双方于2000年7月1日离婚。张某4系被继承人张某5之女，张某5与丁某民离婚后，张某4跟随母亲丁某民生活。被继承人张某5父母共生育长子张某1、二子张某2、三子张某5、长女张某3。张某5父母已先于张某5去世。被继承人张某5于2022年6月14日去世。

张某5生前被青岛市精神病医院确诊为偏执型精神分裂症，同时患有糖尿病，自知力部分减退，确诊其为精神残疾病人。其生前所在社区东吴社区居委会出具证明称其监护人为张某1。张某5自2013年至其去世前，由于精神疾病及糖尿病病情多次进行住院治疗，花费医疗费数额巨大。住院期间由张某1、张某2、张某3办理手续，其去世后的殡葬事宜由张某1、张某2、张某3进行办理。

坐落于青岛市××区×路50号9号楼1单元401户房屋所有权人系张某5。且张某5自2012年8月至2022年7月享受养老待遇，每月约2500元。张某1、张某2、张某3认为其三人对被继承人张某5尽到了全部的扶养义务，张某4虽有赡养能力和法定的赡养义务，但并未尽到赡养责任。张某1、张某2、张某3向法院起诉，请求判令被继承人张某5的全部遗产均由其三人继承，张某4不分得被继承人遗产。

法院判决张某1、张某2、张某3每人各自继承涉诉房屋20%的产权份额；张某4继承涉诉房屋40%的产权份额。

重点条文 《中华人民共和国民法典》第一千一百二十五条

继承人有下列行为之一的，丧失继承权：

（一）故意杀害被继承人；

---

① 案件来源：山东省青岛市中级人民法院民事判决书（2023）鲁02民终3292号。

（二）为争夺遗产而杀害其他继承人；

（三）遗弃被继承人，或者虐待被继承人情节严重；

（四）伪造、篡改、隐匿或者销毁遗嘱，情节严重；

（五）以欺诈、胁迫手段迫使或者妨碍被继承人设立、变更或者撤回遗嘱，情节严重。

继承人有前款第三项至第五项行为，确有悔改表现，被继承人表示宽恕或者事后在遗嘱中将其列为继承人的，该继承人不丧失继承权。

法理剖析 被继承人张某 5 生前未留有遗嘱，其遗产即本案涉案房屋应按法定继承处理，一般情况下应由其第一顺序继承人继承。但张某 4 在其父母离婚后长达 20 多年的时间里未尽主要赡养义务，而是作为兄弟姐妹的张某 1、张某 2、张某 3 照顾张某 5，法律对这种和谐友善的价值观应予弘扬，对中华民族养老育幼、互助互爱的传统美德应予尊重。张某 1、张某 2、张某 3 虽非张某 5 的第一顺位继承人，但因其三人对张某 5 尽了主要扶养义务，而应酌情分得张某 5 的遗产。由于双方未就涉案房屋的价值进行评估或达成一致意见，法院酌定由张某 4 继承 40% 的遗产份额，张某 1、张某 2、张某 3 继承 60% 的遗产份额，三人各分得其中的 20%。

［案例 4］齐某 1 与齐某 2 等继承纠纷案①

案情介绍 被继承人齐某 3、李某 1 生有子女齐某 4、齐某 1、齐某 2 共 3 人。1994 年 10 月，齐某 3 病逝，未留有遗嘱；同年 12 月，其长女齐某 4 病故，留有女儿刘某 1；1998 年 7 月，李某 1 病故，亦未留有遗嘱。此后齐某 2 与齐某 1 多次协商分配父母遗留财产。1998 年 8 月 24 日，齐某 2 书写了关于母亲遗留存款的分配方案并交给齐某 1，后齐某 2 又将书写此方案的字条要回并当场销毁。

另查，齐某 3 与李某 1 遗留财产包括：在齐某 2 处存款 16173.95

---

① 案件来源：北京市第一中级人民法院民事判决书（2023）京 01 民再 7 号。

美元；在齐某 1 处存款 3036.34 美元、人民币 26900 元；以人民币 7145 元/平方米优惠价格购买部分产权的位于北京市海淀区××路二居室楼房一套及日立牌 51 厘米彩色电视机一台、松下牌录像机一台、夏普牌 777 型收录机一台、梳妆台一个、方桌一个、茶几一个、木椅四把、抽油烟机一台等部分生活用品。齐某 2、刘某 1 向法院起诉，请求依法判决其遗产继承份额。齐某 2 向法院起诉要求继承父母遗产。刘某 1 向法院起诉称其母亲齐某 4 先于姥姥死亡，要求代位继承姥姥遗产。

法院判决：一、在齐某 2、齐某 1 处李某 1 遗留存款 19210.29 美元，由齐某 1、齐某 2、刘某 1 平均继承。二、在齐某 1 处李某 1 遗留存款人民币 26900 元，由齐某 1 继承 8966.7 元，由刘某 1 继承 8966.7 元，由齐某 2 继承 8966.6 元。三、北京市海淀区××路住房一套，由齐某 1 继承所有，该房现时市场价格 203900 元，齐某 1 给付齐某 2 房屋折价款人民币 67966.7 元，齐某 1 给付刘某 1 房屋折价款人民币 67966.7 元。四、在齐某 1 处齐某 3、李某 1 遗留物品：日立牌 51 厘米彩色电视机一台、松下牌录像机一台、夏普牌 777 型收录机一台、梳妆台一个、方桌一个、茶几一个、木椅四把、抽烟烟机一台归齐某 1 所有。

重点条文 《中华人民共和国民法典》第一千一百二十八条
被继承人的子女先于被继承人死亡的，由被继承人的子女的直系晚辈血亲代位继承。

被继承人的兄弟姐妹先于被继承人死亡的，由被继承人的兄弟姐妹的子女代位继承。

代位继承人一般只能继承被代位继承人有权继承的遗产份额。

法理剖析 继承开始后，按照法定继承办理；有遗嘱的，按照遗嘱继承或者遗赠办理；有遗赠扶养协议的，按照协议办理。本案中，被继承人齐某 3、李某 1 生前未立遗嘱，其所留遗产按照法定继承办理。被继承人子女为第一顺序继承人，被继承人的子女先于被继承人死亡的，由被继承人的子女的直系晚辈血亲代位继承。依照上述法律规定，确认齐某 1、齐某 2、刘某 1 均为第一顺序继承人，并根据同一顺序继承人继承遗产份额一般应当均等以及有利于生产生活需要、不损害遗产效用的原则，对被继承人遗留的存款以及物品分割处理。故本案应由齐某 1、齐某 2、刘某 1 平均继承涉案房屋。

[案例 5]　邓某与张某 1 等法定继承纠纷案①

案情介绍　被继承人谭某与张某 6 系夫妻关系，生前共生育四名子女，即张某 5、张某 4、张某 1 和张某 3。张某 6 于 1968 年去世，张某 4 于 2005 年 3 月 11 日去世。张某 4 生前生育一女，即张某 2。张某 5 与邓某系夫妻关系。谭某生前与张某 5 夫妇共同居住约 40 年。2020 年 3 月 1 日张某 5 离世，邓某新旧疾病同时爆发，无法兼顾照顾谭某之责，故由张某 1 入住邓某家中照顾谭某，2020 年 5 月，张某 1 将谭某接回家中居住。2020 年 6 月 5 日，谭某去世。张某 1、张某 3、张某 2 向法院起诉，请求由其三人共同继承谭某 2 张存单和现金遗产。

法院判决支持张某 1、张某 3、张某 2 的诉讼请求。

重点条文　《中华人民共和国民法典》第一千一百二十九条
丧偶儿媳对公婆，丧偶女婿对岳父母，尽了主要赡养义务的，作为第一顺序继承人。

法理剖析　遗产是公民死亡时遗留的个人合法财产。本案被继承人谭某去世前，其丈夫和儿子张某 4、张某 5 均已去世，张某 4 的女儿张某 2 可代位继承张某 4 的继承份额，故谭某的法定继承人为张某 1、张某 3 和张某 2。邓某认为，其作为丧偶儿媳在被继承人生前对其尽了主要赡养义务，应作为第一顺位继承人继承谭某的遗产。张某 1、张某 3、张某 2 均表示，邓某的丈夫张某 5 去世后三个月谭某即去世，且该三个月期间，谭某均由张某 1 和张某 3 照顾，并未受到邓某的照顾，故邓某不能作为丧偶儿媳的身份继承谭某的遗产，

①　案件来源：上海市第二中级人民法院民事判决书（2022）沪 02 民终 2927 号。

张某 1、张某 3、张某 2 的诉请合法有据，法院予以支持。

［案例 6］ 李某 8 等与李某 2 等遗嘱继承纠纷案①

案情介绍 李某 7（曾用名李某，2011 年 11 月 7 日去世）与朱某系夫妻关系，生育长子李某 8、次子李某 2、长女李某 5、次女李某 4、三女李某 3。李某 8 与车某系夫妻关系，生育有长女李某 6、次女李某 1。

本案涉诉房屋坐落于×号院内原有北房三间系李某 7、朱某夫妇于 1974 年春建造而成，后隔数年在东侧又接建一间房，形成了现在的北房四间。建房时李某 8 正在读书，尚未成年。1993 年 6 月确权登记时，上述四间房屋对应的土地使用人登记为李某 8。

1997 年，李某 7、朱某起诉李某 8，要求其将涉诉房屋腾退交由二人居住使用，北京市通州区人民法院作出判决支持李某 7、朱某的诉求。李某 8 不服提起上诉，北京市第三中级人民法院驳回其上诉，维持原判决。

2008 年 6 月 10 日，李某 7、朱某向北京市通州区人民法院提起行政诉讼，要求撤销北京市通州区人民政府颁发给李某 8 的涉案房屋的《集体土地建设用地使用证》，北京市通州区人民法院依法支持其诉求。李某 8 不服提起上诉，北京市第三中级人民法院驳回其上诉，维持原判决。

2011 年，李某 7 于李某 2 处去世，朱某现与李某 2 共同生活居住。

2017 年 9 月 28 日，李某 2 以法定继承纠纷为由起诉至北京市通州区人民法院要求继承涉诉房屋，并向法庭提交有李某 7 签名的两份遗嘱，内容为李某 7 与李某 8 断绝父子关系，×号房屋李某 8 不得参与继承，由除其之外的子女继承。李某 8 对此不予认可并申请鉴定。经鉴定，该遗嘱系李某 7 签字，因该遗嘱未写有设立遗嘱的年

---

① 案件来源：北京市第三中级人民法院民事裁定书（2021）京 03 民再 124 号。

月日，李某 2 经释明后于 2018 年 11 月 6 日撤案。

2019 年 1 月 21 日，李某 2 再次起诉，即本案。本案中，李某 2 再次向法庭提交有李某 7 签字的遗嘱，该遗嘱内容为："立遗嘱人李某 7，立遗嘱人李某 7 和朱某是夫妻关系，经过我们二人协商，为了（防止）在百年之后儿女们因房产发生争议，对房产事先做出处理。我们俩人去世后，在北京市通州区××镇×××村×号院落，有四间正房，面积为 68.46 平方米，占地面积为 266 平方米，由儿子李某 2、儿妻于某玲继承，其他子女不得参与继承。立遗嘱人李某 7，证明人：王某、证明人：韩某。2010 年 8 月 25 日"。

庭审中，李某 8 对该遗嘱不予认可，主张李某 2 在两次起诉中提交的遗嘱并不一致，该份遗嘱也系伪造。法院询问李某 2 该份遗嘱是如何产生的，李某 2 主张系李某 7 请人书写见证并由其亲自签名，法院询问李某 2 在第一次起诉时为何不向法庭出示该份遗嘱，李某 2 对其行为无法作出解释。经李某 8 申请，法院委托中天司法鉴定中心对李某 2 在本案中提交的遗嘱签名进行鉴定。2019 年 6 月 20 日，中天司法鉴定中心出具《文书司法鉴定意见书》（中天司鉴中心〔2019〕文鉴字第 75 号），认定《遗嘱》中"下方立遗嘱人处'李某 7'签名与样本签名是同一人所写"。

在本案审理过程中，本案原当事人李某 8 于 2019 年 9 月 18 日去世，李某 8 的继承人车某、李某 6、李某 1 申请参加本案诉讼。

法院查明，涉案 2010 年 8 月 25 日《遗嘱》是于某玲代书，而代书人于某玲未在《遗嘱》上签名。法院认定遗嘱无效。

重点条文 《中华人民共和国民法典》第一千一百四十条 下列人员不能作为遗嘱见证人：

（一）无民事行为能力人、限制民事行为能力人以及其他不具有见证能力的人；

（二）继承人、受遗赠人；

（三）与继承人、受遗赠人有利害关系的人。

法理剖析 代书遗嘱应当有两个以上见证人在场见证，由其中一人代书，注明年、月、日，并由代书人、其他见证人和遗嘱人签名。以录音形式立的遗嘱，应当有两个以上见证人在场见证。遗嘱人在危急情况下，可以立口头遗嘱。口头遗嘱应当有两个以上见证人在场见证。危急情况解除后，遗嘱人能够用书面或者录音形式立遗嘱的，所立的口头遗嘱无效。本案中，涉案 2010 年 8 月 25 日《遗嘱》经查是于某玲代书，而代书人于某玲并未在《遗嘱》上签名。根据法律规定，代书人即是见证人之一，而且《遗嘱》明确×号院房屋由李某 2、于某玲继承。故代书人兼见证人于某玲亦是遗嘱受赠人，不符合法律规定的遗嘱见证人的条件。

［案例 7］张某峰所有权确认纠纷案①

案情介绍 被继承人田某于 2006 年 5 月办理遗嘱公证，将其名下两套房屋遗赠戴某缨。2014 年 6 月，田某办理公证撤销该遗嘱。田某在撤销上述遗嘱后，于 2015 年 3 月签订《遗赠抚养承诺书》及《遗嘱》，约定由张某峰对田某认真履行生养死葬义务，田某将涉案两套房屋遗赠张某峰。田某于 2018 年 10 月去世，张某峰于 2018 年 12 月登报表示接受遗赠。张某峰向法院起诉，请求判决涉案两套房产归其所有。

法院判决支持张某峰的诉讼请求。

重点条文 《中华人民共和国民法典》第一千一百四十二条

遗嘱人可以撤回、变更自己所立的遗嘱。

立遗嘱后，遗嘱人实施与遗嘱内容相反的民事法律行为的，视为对遗嘱相关内容的撤回。

立有数份遗嘱，内容相抵触的，以最后的遗嘱为准。

法理剖析 遗嘱人可以按照自己的意愿撤回、变更自己所立的遗嘱。自然人可以与继承人以外的组织或者个人签订遗赠抚养协议。按照协议，该组织或者个人承担该自然人生养死葬的义务，享有受

---

① 案件来源：北京市高级人民法院民事裁定书（2022）京民申 4793 号。

遗赠的权利。本案中，涉案两套房产系田某生前财产，田某虽于2006年5月办理遗嘱公证，将涉案两套房屋遗赠戴某缨，但该遗嘱已于2014年6月由田某办理公证予以撤销。戴某缨依据田某2006年5月作出的遗嘱将涉案两套房屋登记在自己名下，缺乏权利基础。戴某缨主张涉案两套房屋归其所有系田某遗愿，但未就其主张提供充分证据。根据查明的事实，田某在撤销上述遗嘱后，于2015年3月签订《遗赠抚养承诺书》及《遗嘱》，约定由张某峰对田某认真履行生养死葬义务，田某将涉案两套房屋遗赠张某峰。田某于2018年10月去世，张某峰于2018年12月登报表示接受遗赠，结合2018年1月田某再次手写的《遗嘱》、张某峰提交的相关票据、各方陈述意见等证据，能够认定张某峰已履行《遗赠抚养承诺书》中生养死葬之义务。据此，法院判决涉案两套房产归张某峰所有。

［案例 8］ 张某文与周某等民间借贷纠纷案①

案情介绍 2021年9月23日，沈某某（甲方）、张某文（乙方）双方签订《合作协议》。协议约定，甲乙双方共同出资人民币300000元购入本田思铭赛车一台，由甲方负责提供购买客户及跟进购入出售手续事宜。车辆售出总利润人民币80000元。其中甲方出资150000元，按占比收益人民币40000元，乙方出资150000元，按占比收益人民币40000元。购入车辆于合同签订当天起30日内完成交易收款工作，由甲方收齐交易款项，并向乙方支付投资本金及投资收益。如车辆无法按时交收，则由甲方负责将乙方投资本金及收益支付给乙方（车辆遭受人为或天灾的一切损失均由甲方负责）。上述协议签订前后，张某文以银行转账的方式于2021年9月21日汇款30000元、2021年9月24日汇款120000元给沈某某。

沈某某于2021年10月16日死亡。沈某凡系沈某某的父亲，梁某凤系沈某某的母亲。沈某某于2017年2月22日与周某登记结婚，

---

① 案件来源：广东省开平市人民法院民事判决书（2021）粤0783民初7202号。

二人于 2017 年 10 月 2 日生育儿子沈某 1，于 2021 年 10 月 26 日生育儿子沈某 2。

2021 年 10 月 21 日，沈某凡、梁某凤、周某、沈某 1 以沈某某为被继承人，向开平市公证处申请公证，申请继承沈某某遗留的坐落于开平市长沙街道办事处东兴××道××号××幢××房（以下称涉案1104 房）。开平市公证处于 2021 年 10 月 28 日出具（2021）粤江开平证字第×××××号公证书，载明：根据事实及相关法律规定，因沈某某的父亲沈某凡、母亲梁某凤表示自愿放弃对上述属于沈某某遗产继承权，因此，上述属于沈某某的遗产由其配偶周某、儿子沈某 1二人共同继承。

张某文向法院起诉，请求周某、沈某凡、梁某凤、沈某 1、沈某 2在继承沈某某遗产范围内支付沈某某结欠张某文投资款本金 150000 元。

法院确认沈某某结欠张某文借款本金 150000 元，判决该款由周某、沈某凡、梁某凤、沈某 1、沈某 2 在各自继承沈某某的遗产价值范围内清偿给张某文。

重点条文 《中华人民共和国民法典》第一千一百五十五条
遗产分割时，应当保留胎儿的继承份额。胎儿娩出时是死体的，保留的份额按照法定继承办理。

法理剖析 本案应定为民间借贷纠纷。根据《中华人民共和国民法典》第九百六十七条 "合伙合同是两个以上合伙人为了共同的事业目的，订立的共享利益、共担风险的协议" 的规定，成立合伙合同关系，合伙人必须共同出资、共同经营、共担风险、盈亏与共。该合伙协议的内容不具备合伙协议的必要条款，而协议一方沈某某现已死亡，不存在双方对该协议内容进行补充协议。故张某文与沈某某之间的合伙关系不成立，双方之间实为民间借贷关系，张某文支付给沈某某的 150000 元，实为沈某某向张某文的借款 150000 元。根据《中华人民共和国民法典》第五百七十七条 "当事人一方不履行合同义务或者履行合同义务不符合约定的，应当承担继续履行、采取补救措施或者赔偿损失等违约责任" 及第六百七十五条 "借款人应当按照约定的期限返还借款。对借款期限没有约定或者约定不明确，依据本法第五百一十条的规定仍不能确定的，借款人可以随时返还；贷款人以催告借款人在合理期限内返还"的规定，张某文与沈某某签订的合作协议约定于合同签订当天（2021 年 9 月 23 日）起 30 日内完成交易收款工作，即可认定沈某某向张某文借款 150000 元的还款期限为 2021 年 10 月 22 日。因此，法院确认沈某某结欠张某某的借款本金为 150000 元。

因沈某某于 2021 年 10 月 16 日已死亡，根据《中华人民共和国民法典》第一千一百二十一条第一款"继承从被继承人死亡时开始"、第一千一百二十四条第一款"继承开始后，继承人放弃继承的，应当在遗产处理前，以书面形式作出放弃继承的表示；没有表示的，视为接受继承"及第一千一百二十七条"遗产按照下列顺序继承：（一）第一顺序：配偶、子女、父母；（二）第二顺序：兄弟姐妹、祖父母、外祖父母。继承开始后，由第一顺序继承人继承，第二顺序继承人不继承；没有第一顺序继承人继承的，由第二顺序继承人继承"、第一千一百五十五条"遗产分割时，应当保留胎儿的继承份额。胎儿娩出时是死体的，保留的份额按照法定继承办理"的规定，因沈某某生前没有订立遗嘱或遗赠扶养协议，故沈某某的遗产应按照法定继承处理。根据《中华人民共和国民法典》第一千一百六十一条"继承人以所得遗产实际价值为限清偿被继承人依法应当缴纳的税款和债务。超过遗产实际价值部分，继承人自愿偿还的不在此限。继承人放弃继承的，对被继承人依法应当缴纳的税款和债务可以不负清偿责任"的规定，虽然沈某凡、梁某凤在公证继承中已明确表示放弃对涉案 1104 房的继承权，但未表示对沈某某的其他遗产放弃继承；周某、沈某 1 在公证继承中已明确表示对涉案 1104 房继承，对沈某某的其他遗产未表示放弃继承；沈某 2 在涉案 1104 房公证继承期间出生，分割时应保留份额并在出生后享有对涉案 1104 房的继承份额，沈某 2 对涉案 1104 房及沈某某其他遗产均未表示放弃继承。因此，周某、沈某凡、梁某凤、沈某 1、沈某 2 作为沈某某全部或部分遗产的继承人，应按各自在继承的遗产价值范围内清偿沈某某的债务。

[案例9] 孙某4与孙某5返还原物纠纷案[①]

案情介绍 孙某1与贯某1系夫妻关系，二人共生育二子一女，分别为长子孙某2、次子孙某3、女儿孙某4，孙某5系孙某2之女。孙某2、孙某3分别于1989年、1991年去世，孙某1于2015年2月12日去世，贯某1于2018年4月18日去世。

涉诉房屋位于北京市顺义区×××室，至今尚未办理房屋产权登记手续。涉诉房屋系孙某1与贯某1通过×××拆迁所取得的回迁房。2004年2月21日，×××村委会与孙某1签订《×××拆迁安置协议书》，约定因×××拆迁改造工程，给予孙某1安置住宅三室一厅×套（其中1套为涉诉房屋）。同日，北京市顺义区公证处对《×××拆迁安置协议书》进行了公证并出具《公证书》。

2014年12月2日，孙某1、贯某1（甲方，遗赠人，被抚养人）共同与孙某5（乙方，受遗赠人，抚养人）签订《遗赠扶养协议》。协议内容为：甲方愿意将其个人财产位于北京市顺义区×××室及室内所有财产遗赠给乙方，乙方愿意承担抚养甲方义务，并愿意接受甲方遗赠的财产。双方达成如下协议：一、甲方所有的位于北京市顺义区×××室及室内所有财产遗赠给乙方个人，视为乙方的个人财产；二、赠与财产所有权的转移，不需办理财产所有权转移手续的，乙方占有即视为已取得遗赠财产，该房屋现只有购房发票，待可以办理房屋产权证，甲方配合乙方办理房屋产权证及产权人变更事宜；三、遗赠扶养协议由北京市庆成律师事务所律师彭某岩、刘某冉代书并见证；四、甲方过世后的丧葬事务由乙方负责，乙方应当按照当地政策和风俗办妥甲方丧葬事务，办理丧葬事务的费用由乙方承担；五、遗赠扶养协议的执行，甲乙双方一致同意指定村委会负责

---

① 案件来源：北京市第三中级人民法院民事判决书（2023）京03民终3742号。

监督本协议书的履行；六、本协议经双方协商一致可以解除；七、违约责任，甲方、乙方共同负责对房屋的保管和维护责任，签订本协议后甲方无权单方处置上述房屋（包括但不限于赠与、买卖、设置抵押等），乙方无故不履行扶养义务导致本协议解除，不得享有受遗赠的财产。

2018 年 4 月 11 日，孙某 4（甲方，卖方）与任某 1（乙方，买方）签订《房屋买卖合同书》，约定孙某 4 将涉诉房屋出售给任某 1，房屋价格总计 130 万元，其中首付款 91 万元。《房屋买卖合同书》第三条约定："本协议签订之日，乙方一次性交清房款，甲方同时将房屋钥匙、房屋产权证明及身份证复印件交付给乙方，同时双方应该同时为对方出具相应的收到凭证。"第四条约定："甲方必须保证其出卖给乙方的房屋，产权绝无他项权利设定或其他纠纷或产权亲属关系。乙方买受后，如该房屋产权有纠葛，影响乙方权利的行使，概由甲方负责清理，并赔偿乙方因此而受到的经济损失。"第六条约定："甲方所出售房屋为拆迁安置回迁房，甲方并未办理产权登记手续，对此乙方完全知晓。乙方同意甲方关于房屋产权过户的承诺：甲方在能办理产权登记时应该第一时间办理产权登记，甲方办理完全产权登记后，应立即协助乙方办理产权过户手续。"第十二条约定："甲方法定继承人一致同意此次房屋买卖交易，并且同意本协议所有条款，甲方法定继承人无此房屋的继承权与使用权。"

孙某 5 向法院起诉，请求确认涉诉房屋归孙某 5 所有，并判决孙某 4 将涉诉房屋腾退交还孙某 5。

法院判决孙某 4 将涉诉房屋腾退并返还给孙某 5，孙某 4 支付孙某 5 房屋占有使用费。

重点条文 《中华人民共和国民法典》第一千一百五十八条
自然人可以与继承人以外的组织或者个人签订遗赠扶养协议。按照协议，该组织或者个人承担该自然人生养死葬的义务，享有受遗赠的权利。

法理剖析 继承开始后，按照法定继承办理；有遗嘱的，按照遗嘱继承或者遗赠办理；有遗赠扶养协议的，按照协议办理。遗嘱继承或者遗赠附有义务的，继承人或者受遗赠人应当履行义务。本案中，涉诉房屋未取得所有权登记，孙某1、贯某1因拆迁而获得涉诉房屋的权利属于其二人的夫妻共同财产，孙某1、贯某1各享有50%的份额。孙某1、贯某1共同于2014年12月2日与孙某5签订遗赠扶养协议，该协议已被人民法院确认为有效，故孙某1、贯某1相继去世后，其二人对涉诉房屋享有的权利由孙某5继承。孙某4辩称孙某5未履行义务，但未提交相关证据，且已生效的民事判决书认定孙某5履行了一定的扶养义务，并非孙某5拒绝继续履行对贯某1的扶养义务，故法院对于孙某4的辩解意见不予采信。无权占有不动产或者动产的，权利人可以请求返还原物。侵害物权，造成权利人损害的，权利人可以依法请求损害赔偿，也可以依法请求承担其他民事责任。孙某4与任某1于2018年4月11日就涉诉房屋签订的《房屋买卖合同书》被人民法院确认为无效，故孙某4无权占有涉诉房屋，孙某5有权请求孙某4返还涉诉房屋。因孙某4无权占有涉诉房屋，给孙某5造成损失，孙某5有权要求孙某4承担赔偿责任。故法院判决孙某4将北京市顺义区×××室腾退并返还给孙某5并向孙某5支付房屋占有使用费。

第七编
侵权责任

［案例1］ 庞某桂与陆川县某村村民小组财产损害赔偿纠纷案①

案情介绍 庞某桂原籍为陆川县某村，是陆川县×厂的退休职工。因在陆川县城工作生活，家里老屋常年无人居住。2013年3月13日傍晚，有十几号人带着铁铲、棍棒前来庞某桂家门口损毁围墙，庞某桂为此多次向相关部门反映并请求处理，但一直未有结果。庞某桂遂提起诉讼，请求判令村民小组对其财产损害9550元承担赔偿责任。

法院判决驳回庞某桂的诉讼请求。

重点条文 《中华人民共和国民法典》第一千一百六十九条

教唆、帮助他人实施侵权行为的，应当与行为人承担连带责任。

教唆、帮助无民事行为能力人、限制民事行为能力人实施侵权行为的，应当承担侵权责任；该无民事行为能力人、限制民事行为能力人的监护人未尽到监护职责的，应当承担相应的责任。

法理剖析 村民小组是依据《中华人民共和国村民委员会组织法》的规定，由村民委员会依法设立的群众性自治组织。本案为侵权行为产生的财产损害赔偿纠纷，适用的是过错责任原则，即行为人因过错侵害他人民事权益应当承担相应的侵权责任。《最高人民法院关于适用〈中华人民共和国民事诉讼法〉的解释》第九十条规定："当事人对自己提出的诉讼请求所依据的事实或者反驳对方诉讼请求所依据的事实，应当提供证据加以证明，但法律另有规定的除外。在作出判决前，当事人未能提供证据或者证据不足以证明其事实主张的，由负有举证证明责任的当事人承担不利的后果。"本案中，庞某桂主张是村民小组的庞某亮带领庞某全等人毁损其围墙，但庞某亮、庞某全予以不予认可。庞某桂也没有证据证明毁损围墙行为是村民

---

① 案件来源：广西壮族自治区玉林市中级人民法院民事判决书（2021）桂09民终531号。

小组经集体讨论而组织实施的行为，即没有证据证明侵权者所实施的损毁围墙行为是代表村民小组的意志。即使毁损围墙者是村民小组成员，庞某桂也只能请求具体的侵权人承担赔偿责任，其请求村民小组承担本案侵权赔偿责任没有事实和法律依据，法院不予支持。

［案例2］刘某敏等与景某宾、苏某双等财产损害赔偿纠纷案①

案情介绍 刘某敏系某小区101室住户。因外来火源引燃101室室外空调间区域可燃杂物，火势蔓延到景某宾、苏某双所住的301室。由于301室的空调间堆放了可燃杂物，最终酿成火灾，对景某宾、苏某双造成经济损失。景某宾、苏某双向法院起诉，请求由刘某敏、×××村民委员会赔偿损失。

法院判决×××村委会承担30%的责任，刘某敏承担20%的责任，景某宾、苏某双自行承担20%的责任。

重点条文 《中华人民共和国民法典》第一千一百七十三条

被侵权人对同一损害的发生或者扩大有过错的，可以减轻侵权人的责任。

法理剖析 公民的财产权利受法律保护，行为人因过错侵害他人民事权益造成损害的，应当依法承担侵权责任。被侵权人对同一损害的发生或者扩大有过错的，可以减轻侵权人的责任。公共场所的管理者未尽到安全保障义务，造成他人损害的，应当承担侵权责任。本案中，火灾原因经消防救援支队认定系外来火源引燃可燃杂物所致。火灾发生的小区系×××村回迁安置房，×××村委会提供物业服务，且其作为小区的管理者，应对涉案小区承担安全保障义务。但根据查明的事实，×××村委会对于扔烟头该种可能直接引发火灾的行为未及时发现并进行处置，其对于小区住户在空调间堆放可燃杂物的行为未及时进行管理清除，且在火灾发生时涉案楼房消防管道

---

① 案件来源：北京市高级人民法院民事裁定书（2023）京民申1184号。

无水从而导致救火不及时，因此，×××村委会应在其责任范围内承担赔偿责任。刘某敏在空调间堆放可燃杂物的行为与外来火源提供者的行为虽并非共同危险行为，但客观上对于涉案火灾的发生提供了条件，与损害后果的发生存在一定的因果关系，应承担一定的赔偿责任。起火原因虽系外来火源引燃 101 室室外空调间区域可燃杂物，但景某宾、苏某双所居住的 301 室的空调间堆放的可燃杂物亦对火势蔓延成灾造成一定影响，应认定景某宾、苏某双自身存在一定过错，应自行承担一定责任。

[案例 3] 余某甲与刘某某等生命权、身体权、健康权纠纷案①

案情介绍 钱某成、王某萍之子钱某某（2009 年××月××日出生）与余某乙、刘某某系同学。2022 年 7 月 26 日，钱某某、刘某某到余某乙、余某甲兄弟家找余某乙玩耍，后四人一同外出，四人在玩耍途中遇到王某华，五人遂结伴继续游玩。12 时许，五人游玩至山阳县××街道办事处××村河道一水潭处，相继下河游玩。在游玩过程中，钱某某、王某华相继溺水，余某甲等发现后随即呼救。后王某华、钱某某相继被路人救起，王某华被送往医院治疗，无生命危险；钱某某被救起后，余某乙等对钱某某进行了抢救，后钱某某经民警及医生抢救无效死亡。钱某成、王某萍向法院起诉，请求判令余某甲、余某乙、刘某某及其监护人承担侵权责任。

法院判决驳回钱某成、王某萍的诉讼请求。

重点条文 《中华人民共和国民法典》第一千一百七十六条

自愿参加具有一定风险的文体活动，因其他参加者的行为受到损害的，受害人不得请求其他参加者承担侵权责任；但是，其他参加者对损害的发生有故意或者重大过失的除外。

法理剖析 自然人享有生命权、健康权，任何组织或者个人不

---

① 案件来源：陕西省商洛市中级人民法院民事判决书（2023）陕 10 民终 197 号。

得侵害他人的生命权、身体权。行为人因过错侵害他人民事权益造成损害的，应当承担侵权责任。《中华人民共和国民法典》第一千一百六十五条第一款规定："行为人因过错侵害他人民事权益造成损害的，应当承担侵权责任。"按照过错责任原则，侵权责任的成立，必须具备违法行为、损害事实、因果关系和行为人的主观过错四个要件，四者缺一不能构成侵权责任。本案中，虽然产生了钱某某溺水死亡的损害事实，但是钱某某死亡是因为其下河游玩溺水所致，而其溺水并非余某甲、余某乙、刘某某等人实施的侵权行为所致，故钱某成、王某萍要求余某甲、余某乙、刘某某及其监护人承担侵权责任的理由不能成立，法院不予支持。《中华人民共和国民法典》第一千一百七十六条第一款规定："自愿参加具有一定风险的文体活动，因其他参加者的行为受到损害的，受害人不得请求其他参加者承担侵权责任；但是，其他参加者对损害的发生有故意或者重大过失的除外。"钱某某与余某甲、余某乙、刘某某等人均系限制民事行为能力人，均为在校学生，接受了一定的安全警示教育，应当知道河道并非专门游泳场所，对私自在野外游泳具有高度危险性应有一定的认知能力和预见性。钱某某与余某甲、余某乙、刘某某自愿参加游玩活动，下河游玩活动并无组织者、管理者，钱某某在明知下河游泳具有一定风险的情况下，仍甘冒危险选择下河游泳，所产生的风险应由其自行承担。钱某成、王某萍作为钱某某的父母，对钱某某依法负有教育、监督、管理和保护的义务，钱某成、王某萍疏于对钱某某进行安全教育，缺乏对钱某某进行有效保护，放任钱某某外出玩耍下河游泳，因此，钱某成、王某萍应对钱某某溺水身亡的后果承担责任。余某甲、余某乙、刘某某等人在发现钱某某溺水后，及时进行了呼救，寻求他人救助，在钱某某被救助上岸后又对钱某某进行施救，实施了与其年龄、能力相适应的救助行为，余某甲、余某乙、刘某某对钱某某损害的发生没有故意或重大过失，不应承担责任。余某甲、余某乙、刘某某虽然在事发后未及时告知钱某成、王某萍自身及监护人信息，但是该行为并不能成为4承担责任的理由。综上，钱某成、王某萍的请求理由不能成立，法院不予支持。

[案例4] 冯某良与许某秀饲养动物损害责任纠纷案①

案情介绍 2021 年 4 月 26 日 9 时许，许某秀在新宾满族自治县××镇×××村的一条山沟里挖草药。临近公路处，许某秀看见山沟围着的铁丝网有被人穿越的痕迹，便通过穿行铁丝网进入冯某良投资经营的家庭农场。许某秀在家庭农场挖采野辣椒根的过程中，被饲养在家庭农场的两只犬咬伤，后被冯某良及其妻子制止并护送许某秀走出农场。事发后，许某秀被送至门诊部接种狂犬疫苗，共支出医疗费 2289 元，交通费 268 元。并于当日入住新宾满族自治县第二人民医院进行救治，于 2021 年 5 月 28 日痊愈出院，医疗诊断书处理意见为休息 7 天，共支出住院医疗费 9589.48 元、门诊医疗费 160 元。以上，许某秀合理人身经济损失为 19982.12 元（医疗费 12038.48 元、护理费 4117.76 元、住院伙食补助费 1600 元、误工费 1841.58 元、交通费 349.50 元、复印费 34.80 元）。两只犬的养犬证登记犬种均为"恶霸"，登记养犬人分别为冯某寒、于某，养犬用途均为观赏，由冯某良在家庭农场中饲养、管理。许某秀向法院起诉，请求判令冯某良赔偿经济损失 23052.56 元（医疗费 12038.48 元、护理费 4117.76 元、伙食补助费 1600 元、交通费 361.50 元、误工费 3400.02 元、镶牙费 1500 元、复印费 34.80 元）。

法院判决冯某良对许某秀的合理经济损失承担 9991.06 元。

重点条文 《中华人民共和国民法典》第一千一百七十七条

合法权益受到侵害，情况紧迫且不能及时获得国家机关保护，不立即采取措施将使其合法权益受到难以弥补的损害的，受害人可以在保护自己合法权益的必要范围内采取扣留侵权人的财物等合理措施；但是，应当立即请求有关国家机关处理。

受害人采取的措施不当造成他人损害的，应当承担侵权责任。

---

① 案件来源：辽宁省抚顺市中级人民法院民事判决书（2021）辽 04 民终 3736 号。

法理剖析 许某秀擅自进入冯某良经营的农场挖采野辣椒根，对经营者可能采取的防范措施心存侥幸，其行为侵害了冯某良的财产权益，具有违法性。冯某良作为经营者有权采取必要的措施予以制止，扣留受侵害的财物，并请求有关国家机关处理。但是，冯某良明知看护农场的犬只有攻击他人的危险性，会给进入农场的人造成人身伤害，应对犬只采取合理约束措施，放任犬只伤害他人身体应承担侵权责任。

冯某良在自己经营的农场内饲养犬只，是该犬只的控制者、管理者，对其饲养的犬只咬伤许某秀应负无过错的侵权赔偿责任。虽然涉案的犬只被冯某良饲养在其经营的农场内，但农场四周并未全方位、多角度地对动物存在的危险进行充分的告知警示。且事发时是犬只的喂食时间，犬只从狗笼中放出，未用链条拴住，冯某良对犬只致害未做到完备的防护设施。许某秀作为具有完全民事行为能力的成年人，看见铁丝网理应绕行，贸然穿行可能会带来危险，而许某秀强行穿过铁丝网，对自身安全没有尽到注意和防范危险的义务，对损害后果的发生存在一定过错。综上，结合本案的实际情况，冯某良对许某秀的损失应承担 50% 的赔偿责任，许某秀应自负 50% 的责任。关于许某秀主张的误工费，虽然许某秀已年满 73 周岁，但根据事发原因可以认定，许某秀平时仍通过劳作作为经济收入，故其误工费应以 2020 年度农林牧副渔业工资即每日 47.22 元予以认定，即误工费为 1841.58 元（47.22 元×39 天）。关于许某秀主张的镶牙费 1500 元，因其未提供证据证明，法院不予支持。以上，冯某良对许某秀的合理经济损失应承担 9991.06 元（19982.12 元×50%）。

［案例 5］ 宋某双与张某保海上、通海水域人身损害责任纠纷案[①]

案情介绍 2020 年 8 月 27 日，张某保经湖北老乡介绍，到宋某

———————

① 案件来源：山东省高级人民法院民事判决书（2021）鲁民终 2309 号。

双所有的船舶进行潜水作业。该船舶配备供氧设备及减压舱，张某保使用管供式轻潜水装具潜水捕捞江瑶贝。当日夜间，涉案船舶抵达青岛市黄岛区海域，船舶配有船长 1 名、水手 3 名、潜水员 5 名。

2020 年 8 月 28 日，张某保在作业过程中发生事故受伤。

2020 年 8 月 29 日 9 时 57 分许，张某保被送至中国人民解放军海军第九七一医院（以下简称九七一医院）高压氧科门诊。《医院门诊病历》显示：主诉为潜水后双下肢麻木、无力伴感觉减退 1 天；现病史为张某保于 2020 年 8 月 28 日 7 时许着轻潜装具在黄岛海域打捞海鲜，水深 40 米，水温 20℃，水流缓，泥沙地，潜水一次，历时 3 小时，约 10 时出水，出水后进入 30 米减压舱，进入舱内半小时出现双下肢麻木、无力，不能站立及行走，减压历时 17 小时，于 8 月 29 日 5 时出舱，出舱后双下肢麻木、无力无明显好转，为行进一步治疗于今日来该院；诊断为 Ⅱ 型减压病。

张某保于 2020 年 8 月 29 日完成核酸检查后，于 2020 年 8 月 30 日 12 时 41 分正式被收入九七一医院军事医学、特种学科 A 科室治疗，于 9 月 9 日 15 时出院，住院 10 天。《住院病案》首页显示：主要诊断为 Ⅱ 型减压病（脊髓型），出院情况为好转，损伤的外部原因为潜水减压不当。《入院记录》显示：采史时间为 8 月 30 日 12 时 58 分，记录时间为 13 时 41 分，病史陈述者为张某保及其同事，现病史与 2020 年 8 月 29 日《医院门诊病历》内容基本一致，但增加了"出水用时约 20 分钟"以及"经检查发现因操作失误，水面加压舱未工作"的内容。本次入院产生的医疗费已由宋某双支付。

2020 年 9 月 8 日，张某保家属与宋某双进行谈话交流，宋某双称："别说他们给我干，就是他们不给我干，发生这种事，我也不会逃避。""他们这些人愿意给我干，也不是出现问题我要逃脱不管。""他抠一个我们给他 4 块钱。""我们卖也不贵，大的才卖七八块钱。""因为什么我们也很熟，包括这些给我干活，你们湖北人也很多，我不是说嘛有些是人情在里面。""自己在意别人掌握不了，你在舱里，你说别人他想帮你帮不上他，进不了，它里面有锁的，进不来，它是有压力顶着的，把门拉着顶死，打多少个压直接就封住了。""猛子是从这个里头小舱进去的，猛子看见他加不上压，他不舒服，人家这边有做压的，猛子进他里面帮他弄的。"

2020 年 9 月 10 日，张某保转入中国人民解放军第九六七医院茂林街院区海潜科继续治疗，于 10 月 15 日出院，住院 35 天。《住院病案》首页显示：损伤的外部原因为潜水员病（由于快速潜水引起的高气压）。《入院记录》显示：张某保本人陈述的现病史与 2020 年 8 月 29 日《医院门诊病历》内容基本一致，但增加了"出水后自行到船上减压舱减压，未发现排气阀未关，遂出现反复加减压的情况"的内容。本次入院产生医疗费 16801.48 元，宋某双承担 5000 元，张某保实际支出 11801.48 元。

2020 年 10 月 19 日至 2020 年 12 月 7 日，2020 年 12 月 30 日至 2021 年 1 月 28 日，2021 年 4 月 21 日至 2021 年 5 月 13 日，张某保三次进入枣阳厚德康复医院住院治疗，住院共计 101 天，医疗费共计 11363.74 元，由张某保承担。

2021 年 5 月 13 日，青岛万方司法鉴定所应法院委托作出《鉴定意见书》，分析认为张某保系因潜水出水后增压操作失误致伤，鉴定意见为：一、张某保（减压病）脊髓损伤截瘫目前评为三级伤残；二、张某保误工期限评为 241 天，护理期限评为 241 天；三、张某保护理依赖程度评为大部分护理依赖。张某保为此次鉴定支付鉴定费 2860 元。

为处理张某保伤情，其家属还支出机票及高铁票 2331 元、加油费 810 元、高速公路费 1175 元、住宿费 150 元。

张某保向法院起诉，请求判令宋某双赔偿医疗费 23165.22 元、伙食补助费 14600 元、护理费 48200 元、误工费 50397.92 元、交通费 11895.78 元、住宿费 1180 元、营养费 2000 元、残疾辅助器具费 2000 元、残疾赔偿金 894480 元、精神损害抚慰金 10000 元、鉴定评估费 2860 元，合计 1060778.92 元。

法院判决宋某双承担 50%的补偿责任，即补偿张某保 419742.61 元。

重点条文 《中华人民共和国民法典》第一千一百七十九条 侵害他人造成人身损害的，应当赔偿医疗费、护理费、交通费、营养费、住院伙食补助费等为治疗和康复支出的合理费用，以及因误工减少的收入。造成残疾的，还应当赔偿辅助器具费和残疾赔偿金；造成死亡的，还应当赔偿丧葬费和死亡赔偿金。

法理剖析 本案系海上人身损害责任纠纷。

关于张某保伤残的责任承担：张某保主张宋某双因船舶减压舱未正常工作应承担过错责任，而宋某双主张张某保未在水下进行减压具有过错，因双方均未提供充分证据予以佐证，法院对于双方的主张均不予支持。《中华人民共和国民法典》第六条规定："民事主体从事民事活动，应当遵循公平原则，合理确定各方的权利和义务。"第一千一百八十六条规定："受害人和行为人对损害的发生都没有过错的，依照法律的规定由双方分担损失。"以公平原则为指引和遵循，在现有证据难以证明双方具有过错以及本案不适用无过错责任原则和过错推定责任原则的情况下，综合考虑双方的分成比例、合同履行情况、事发经过以及双方的经济承受能力，确定宋某双承担50%的补偿责任，张某保自行承担50%的责任较为合理。

关于张某保伤残的损失数额：根据《最高人民法院关于审理人身损害赔偿案件适用法律若干问题的解释》的有关规定，因张某保受伤产生的损失项目及损失数额应确定如下：

一、张某保实际支付医疗费23165.22元，法院予以确认。

二、张某保主张的伙食补助费14600元较为合理，法院予以支持。

三、护理费。根据《鉴定意见书》第二项鉴定意见，张某保的护理期限确定为241日。张某保主张按每日200元计算护理费较为合理，法院予以支持。则张某保护理费应确定为48200元（200元×241日）。

四、误工费。根据《鉴定意见书》第二项鉴定意见，张某保的误工期限确定为241日，则其误工费应按照2020年山东省农林牧副渔业在岗职工平均工资67515元计算为44578元（67515元÷365×241日）。

五、张某保虽主张交通费 11895.78 元及住宿费 1180 元，但仅提供了交通费 4316 元及住宿费 150 元的票据，法院对于该部分具有票据的费用予以确认。

六、张某保未提供医疗机构的意见证明其主张的营养费，法院不予支持。

七、张某保主张的残疾辅助器具费 2000 元较为合理，法院予以支持。

八、残疾赔偿金。根据《鉴定意见书》第一项鉴定意见，张某保的伤残等级确定为三级。残疾赔偿金应按 2020 年山东省城镇居民人均可支配收入 43726 元计算 20 年为 699616 元（43726 元×20 年×80%）。

九、精神损害抚慰金。《中华人民共和国民法典》第一千一百八十三条规定："侵害自然人人身权益造成严重精神损害的，被侵权人有权请求精神损害赔偿。"本案中，宋某双并不存在侵害行为，因此张某保主张精神损害抚慰金于法无据，法院不予支持。

十、张某保主张的鉴定费 2860 元，系为本案诉讼所产生的必要费用，应予认定。

综上所述，因张某保遭受人身损害产生医疗费 23165.22 元、伙食补助费 14600 元、护理费 48200 元、误工费 44578 元、交通费 4316 元、住宿费 150 元、残疾辅助器具费 2000 元、残疾赔偿金 699616 元、鉴定费 2860 元，合计 839485.22 元。宋某双应承担 50%的补偿责任，即补偿张某保 419742.61 元。

[案例 6] 长春市绿园区 ZA 老年医疗护理院与王某贤等一般人格权纠纷案①

案情介绍 王某贤的丈夫孟某某于 1997 年死亡。孟某福、孟某财、孟某华、孟某霞、孟某芬系王某贤与孟某某的子女。孟某某死亡后，被埋葬位于长春市绿园区城西镇××村×××屯附近未经政府批

---

① 案件来源：吉林省长春市中级人民法院民事判决书（2021）吉 01 民终 6163 号。

准的简易坟地处。孟某福等称，坟地还有孟某福等人高祖父母坟茔一座，曾祖父、曾祖母坟茔一座，祖父、祖母坟茔一座，均系由土堆成的坟头，没有墓碑。屯邻闫某刚与张某喜均出庭作证称，老孟家的坟地共有四座坟茔。

2001 年前后，ZA 护理院在长春市绿园区城西镇××村×××屯附近购地经营，占地面积 5 万平方米左右，并设置有大门、栅栏，形成全封闭状态。孟某福等人的祖坟在 ZA 护理院占地范围内，祭祀时需经 ZA 护理院同意，并从大门进入。

2020 年 9 月 2 日（阴历七月十五日），孟某财经 ZA 护理院同意进入院区祭祀时，发现坟茔被铲平，并种上地瓜等作物。根据 ZA 护理院提供的现场照片可见，孟氏坟地附近为平整状态，种有蔬菜，尚有一坟头长满杂草。

因坟头被平、新冠疫情祭祀受阻等原因双方发生纠纷，王某贤、孟某福、孟某财、孟某华、孟某霞、孟某芬向法院起诉，请求判令：一、因 ZA 护理院过错致使孟家祖坟毁损、无迹循查和祭祀，更无法迁移遗骨重新安葬，侵害人格权的精神损害赔偿金人民币 20 万元；二、ZA 护理院就过错侵权行为在本地报刊上公开向王某贤、孟某福、孟某财、孟某华、孟某霞、孟某芬声明道歉三日。

法院判决 ZA 护理院支付王某贤等精神损害抚慰金 10000 元。

重点条文 《中华人民共和国民法典》第一千一百八十三条 侵害自然人人身权益造成严重精神损害的，被侵权人有权请求精神损害赔偿。

因故意或者重大过失侵害自然人具有人身意义的特定物造成严重精神损害的，被侵权人有权请求精神损害赔偿。

法理剖析 坟墓作为埋葬死者尸骨的特殊场所，是人们悼念死者、寄托哀思的精神载体，是能够满足特定人群精神生活需要的特殊表现形式，是具有人身意义的特定物，是维系家族成员感情的标的物。因坟墓受到非法损害而无法祭奠，遭受痛苦的近亲属有权请求精神损害赔偿。综合考虑本案孟氏坟地系未经政府批准的坟地、坟头没有墓碑难以识别、不能完全排除坟头年久失修等因素，并考虑 ZA 护理院系民办公益非营利性机构性质、其为坟地所在土地权利人，以及经法院实地踏查确认能够极其容易找到孟氏坟地的事实，法院酌定由 ZA 护理院支付王某贤等精神损害抚慰金 10000 元。在已支持精神损害抚慰金，且无直接证据证明平坟系 ZA 护理院故意所为的情况下，对王某贤等要求 ZA 护理院赔礼道歉的诉讼请求，法院不予支持。

［案例 7］ 陈某等与张某生命权、身体权、健康权纠纷案①

案情介绍 2022 年 12 月 8 日晚，张某在其姥姥的陪同下和其他小伙伴在小区内玩耍。后张某在和陈某玩耍过程中，陈某抱住张某致张某倒地并造成牙齿等处受损。后张某到北京口腔医院就诊，诊断为 21+牙本质折断，+1 釉质折断，支付医疗费 901.05 元。张某及其法定代理人向法院起诉，请求判令陈某及其法定代理人对张某的损失承担赔偿责任。

法院判决支持张某某的诉讼请求。

重点条文 《中华人民共和国民法典》第一千一百八十八条 无民事行为能力人、限制民事行为能力人造成他人损害的，由监护人承担侵权责任。监护人尽到监护职责的，可以减轻其侵权责任。

有财产的无民事行为能力人、限制民事行为能力人造成他人损害的，从本人财产中支付赔偿费用；不足部分，由监护人赔偿。

法理剖析 行为人因过错侵害他人民事权益，应当承担侵权责任。无民事行为能力人、限制民事行为能力人造成他人损害的，由监护人承担侵权责任。监护人尽到监护职责的，可以减轻其侵权责任。侵害他人造成人身损害的，应当赔偿医疗费、护理费、交通费等为治疗和康复支出的合理费用等损失。侵害他人人身权益造成严重精神损害的，被侵权人有权请求精神损害赔偿。本案中，陈某抱

---

① 案件来源：北京市第二中级人民法院民事判决书（2023）京 02 民终 8820 号。

住张某致其倒地并造成牙齿等处受损，应由陈某承担侵权责任。因陈某系限制民事行为能力人，故应由其法定代理人对张某的损失承担赔偿责任。

［案例8］广州 DL 公司与周某美等生命权、健康权、身体权纠纷案①

案情介绍 2021 年 6 月 2 日 14 时许，梁某华送货到天河区棠东丰华街 4 号高某经营的××批发部，梁某华在卸货过程中与高某因货车让路问题发生争吵。后高某伸手挡了一下准备继续到上述批发部装走货物的梁某华，梁某华随即蓄势发力抡起手臂击向高某头面部，将高某向后打倒在地不起。梁某华随后拨打 110 报警，留在现场等候处理，并在高某被送院治疗后委托朋友向医院支付医疗费用 1 万元。同年 6 月 16 日，高某经抢救无效死亡（经法医鉴定，高某符合因口部受钝性暴力作用致其向后跌倒头枕部着地造成重型颅脑损伤死亡）。周某美系高某的妻子，高某馨、高某菲系二人的子女。周某美、高某馨、高某菲向法院起诉，请求判令梁某华与 DL 公司对涉案事故承担连带赔偿责任。

法院判决周某美、高某馨、高某菲因本次事故造成的损失由 DL 公司予以赔偿，DL 公司赔偿后可向梁某华追偿。

重点条文《中华人民共和国民法典》第一千一百九十一条　用人单位的工作人员因执行工作任务造成他人损害的，由用人单位承担侵权责任。用人单位承担侵权责任后，可以向有故意或者重大过失的工作人员追偿。

法理剖析 公民的生命权、健康权、身体权受法律保护。行为人因过错侵害他人民事权益，应当承担侵权责任。梁某华送货到高某经营的涉案批发部时，卸货过程中与高某因货车让路问题发生纠纷致使高某死亡，梁某华应对涉案事故承担全部赔偿责任。

---

① 案件来源：广东省广州市中级人民法院民事判决书（2023）粤 01 民终 17171 号。

关于 DL 公司是否承责的问题，雇佣关系为受雇人从事雇主授权或指示范围内的劳务活动。梁某华向涉案批发部送货的行为系受 DL 公司的指示及安排。DL 公司法定代表人钟某强与某运输平台罗某明间的微信聊天记录证实，梁某华系推荐给 DL 公司做小工的，其在 2021 年 6 月 2 日案发前已多次为 DL 公司提供运货服务，DL 公司主动要求罗某明推荐车辆等，结合《出货单》《货款对账单》可知，梁某华为 DL 公司提供的货物运输行为系 DL 公司的日常配送行为，利益归属于 DL 公司，且梁某华亦多次为 DL 公司配送货物，符合相对固定的特征，故应认定双方为雇佣关系。

根据《中华人民共和国民法典》第一千一百九十一条第一款的规定，用人单位的工作人员因执行工作任务造成他人损害的，由用人单位承担侵权责任。用人单位承担侵权责任后，可以向有故意或者重大过失的工作人员追偿。本案中，梁某华在执行 DL 公司安排的送货任务时发生纠纷，该纠纷行为发生在梁某华履行送货行为的过程中，发生纠纷的时间、地点、原因均与履行送货行为具有内在联系，故梁某华系在执行工作任务时造成他人损害，应由其用人单位 DL 公司承担侵权责任。周某美、高某馨、高某菲因本次事故造成的损失，DL 公司应予以赔偿，DL 公司赔偿后可向梁某华追偿。

[案例 9] LH 生态肥业有限公司与马某星等产品生产者责任纠纷案①

案情介绍 马某星等种植户在 2021 年 10 月底购买了 LH 生态肥业有限公司生产的"LH 菌霸"微生物菌剂，在自有的大棚内使用后农作物生长不正常，出现死苗、成活率低、叶片皱缩、黄化等情况，后马某星等种植户多次找到 LH 生态肥业有限公司协商赔偿未果，遂诉至法院，请求判令 LH 生态肥业有限公司承担农作物受损的经济损失及大棚土壤进行改良达到可耕种标准的费用，或承担改良土壤的

---

① 案件来源：山东省德州市中级人民法院民事判决书（2022）鲁 14 民终 2733 号。

费用。

法院判决驳回马某星等种植户的诉讼请求。

重点条文 《中华人民共和国民法典》第一千二百零六条 产品投入流通后发现存在缺陷的，生产者、销售者应当及时采取停止销售、警示、召回等补救措施；未及时采取补救措施或者补救措施不力造成损害扩大的，对扩大的损害也应当承担侵权责任。

法理剖析 耕地是农业生产的基础，马某星等种植户以种植大棚蔬菜为基本生计，大棚农作物的产量对其生活水平起到决定性的作用。马某星等种植户在施用了 LH 生态肥业有限公司生产的"LH 菌霸"微生物菌剂后，均出现农作物生长不正常、叶片皱缩、黄化等情况，在未施用该微生物菌剂的大棚内则生长正常，在同一环境、同一管理、肥料、品种等情况一致的前提下，施用 LH 生态肥业有限公司所生产的"LH 菌霸"微生物菌剂造成减产甚至绝产，可以看出"LH 菌霸"微生物菌剂对马某星等种植户农作物减产、绝产起到决定性的因素，故马某星等种植户起诉要求 LH 生态肥业有限公司承担赔偿义务，法院予以支持。马某星等种植户主张要求 LH 生态肥业有限公司对土地进行改良达到可耕种标准，或支付改良土壤的费用，因现无法确定将来土地的受损情况，故该主张法院不予支持。

[案例 10] 位某冰与 NTX 食品店产品责任纠纷案①

案情介绍 2022 年 5 月 25 日，位某冰到 NTX 食品店购买白毫银针（紧压饼）2 个，单价 600 元，计款 1200 元；福鼎白茶（紧压饼）4 个，单价 400 元，计款 1600 元；共计货款 2800 元。茶饼未标明生产厂家、生产地址及生产许可证编号。位某冰向法院起诉，请求判令 NTX 食品店退还货款并支付十倍赔偿金 28000 元。

法院判决驳回位某冰的诉讼请求。

重点条文 《中华人民共和国民法典》第一千二百零七条 明

① 案件来源：山东省青岛市中级人民法院民事判决书（2023）鲁 02 民终 4689 号。

知产品存在缺陷仍然生产、销售，或者没有依据前条规定采取有效补救措施，造成他人死亡或者健康严重损害的，被侵权人有权请求相应的惩罚性赔偿。

法理剖析 关于 NTX 食品店是否应承担退还货款问题。位某冰要求退还货款 2800 元，实际上是要求解除合同、返还财产。合同责任是产品的违约责任。根据《中华人民共和国民法典》第五百八十二条的规定，履行不符合约定的，应当按照当事人的约定承担违约责任。对违约责任没有约定或者约定不明确，受损害方可以合理选择请求对方承担修理、重作、更换、退货、减少价款或者报酬等违约责任。本案原、被告之间的买卖合同法律关系，双方意思表示真实，内容不违反法律法规的禁止性规定，当场验货付款履行完毕，买卖合同合法有效。位某冰主张解除合同，没有合法事由，法院不予支持。

关于 NTX 食品店是否应承担十倍价款的惩罚性赔偿责任问题。位某冰主张的十倍价款赔偿责任实质为产品责任。《中华人民共和国民法典》第一千二百零二条规定："因产品存在缺陷造成他人损害的，生产者应当承担侵权责任。"第一千二百零七条规定："明知产品存在缺陷仍然生产、销售，或者没有依据前条规定采取有效补救措施，造成他人死亡或者健康严重损害的，被侵权人有权请求相应的惩罚性赔偿。"《最高人民法院关于审理食品药品纠纷案件适用法律若干问题的规定》第五条第二款规定："消费者举证证明因食用食品或者使用药品受到损害，初步证明损害与食用食品或者使用药品存在因果关系，并请求食品、药品的生产者、销售者承担侵权责任的，人民法院应予支持，但食品、药品的生产者、销售者能证明损害不是因产品不符合质量标准造成的除外。"根据上述法律、司法解释的规定，损害是产品责任的构成要件，没有损害，即使产品存在缺陷，也无所谓产品责任。

就本案事实而言，涉案茶饼未能标明生产厂家、生产地址及生产许可证编号，根据《中华人民共和国食品安全法》第六十七条的规定，该茶饼的确存在瑕疵，但该瑕疵并不足以构成缺陷，也并不会对消费者的人身或财产造成损害。况且位某冰自认其并未饮用涉案茶叶，损害也就无从谈起。

此外，《中华人民共和国民法典》第一百二十条规定，民事权益受到侵害的，被侵权人有权请求侵权人承担侵权责任。民事侵权之诉的目的在于对受害人损失进行司法救济。食品安全的惩罚性赔偿制度作为特殊的侵权制度，应当在被侵权人有人身损害且侵权人有重大恶意时才予以动用。如果商家在经营过程中，消费者因为购买食品药品蒙受了财产损失，可以通过提起违约之诉或普通侵权之诉寻求救济，那么就没有必要适用惩罚性赔偿制度，以免权利滥用，也避免违反过罚相当原则。惩罚性赔偿制度不是发现机制和奖励机制的结合，不是鼓励消费者抓住商家一个"小辫子"继而用诉讼手段即可获得十倍价款的"奖金"，这并不是惩罚性赔偿制度的立法本意，也不符合民事侵权之诉的立法目的。

综上，位某冰的主张没有法律依据，法院不予支持。

[案例11] 浙江省舟山市人民检察院与刘某等海事海商纠纷案[①]

案情介绍　2021年2月，刘某、袁某各出资30000元打造"嵊山小临6151"船舶，用于海钓、采螺等作业，并准备了空压机、潜水服、氧气管、呼吸器等辅助工具。6月至7月间，刘某、袁某先后六次至浙江嵊泗马鞍列岛海洋特别保护区的大盘、壁下等海域，由刘某穿着潜水衣、携带呼吸器等潜捕工具、设备潜捕采集螺贝等水产品，袁某负责开船及在船上拉氧气管协助潜捕，后将所捕捞的水产品出售给当地饭店。8月至9月间，刘某雇佣周某定等人，先后五次至上述水域，采用相同方式下海作业。9月28日，刘某、周某定等人在潜捕作业过程中被嵊泗县海洋与渔业局当场查获，缴获海胆

---

① 案件来源：宁波海事法院民事判决书（2022）浙72民初2230号。

40 千克、拳螺 38 千克。11 月 24 日，浙江省嵊泗县人民法院作出（2021）浙 0922 刑初 59 号刑事判决，认定刘某获利 3000 余元、袁某获利 2000 余元，以非法捕捞水产品罪，判处刘某有期徒刑七个月，缓刑一年；判处袁某拘役五个月，缓刑九个月。受浙江省舟山市人民检察院委托，国家海洋局宁波海洋环境监测中心站出具马鞍列岛盗捕事件生态损失评估报告，评定涉案海胆生态价值损失为 8960 元、拳螺生态价值损失为 1216 元、其他资源价值损失为 2201.6 元；海胆资源修复费用（不含人员费、船舶和车辆租用费）为 22400 元、拳螺资源修复费用（不含人员费、船舶和车辆租用费）为 6080 元；海洋生态系统服务价值损失为 1641.6 元；调查评估费用 10000 元。另查明，国家海洋局于 2005 年 5 月 27 日同意建立浙江嵊泗马鞍列岛海洋特别保护区。刘某、袁某在刑事案件中分别退出非法所得 3000 元、2000 元。

公益诉讼起诉人浙江省舟山市人民检察院向法院提出诉讼请求：1. 判令刘某、袁某在舟山市级以上媒体公开赔礼道歉；2. 判令刘某、袁某对马鞍列岛国家级海洋特别保护区海洋自然资源与生态环境损失 47499.2 元承担连带赔偿责任；3. 判令刘某、袁某连带承担惩罚性赔偿责任，惩罚性赔偿金额为 7009.6 元。

法院判决刘某、袁某承担修复生态、赔偿损失、赔礼道歉等民事责任。

【重点条文】 《中华人民共和国民法典》第一千二百三十二条
侵权人违反法律规定故意污染环境、破坏生态造成严重后果的，被侵权人有权请求相应的惩罚性赔偿。

【法理剖析】 嵊泗马鞍列岛海洋特别保护区系国家海洋特别保护区，其海洋资源种类繁多，构成了以丰富的海洋生物资源、独特的岛礁自然地貌和潮间带湿地为主体的岛群海洋生态系统，其内涵的科研价值、海洋生态系统服务价值等为人类共有，任何对保护区造成损害的行为均损害国家和社会公共利益。刘某、袁某违反《中华人民共和国渔业法》第三十条、《海洋特别保护区管理办法》第三十六条的规定，共同出资打造船舶，在禁渔期采用禁用方法在海洋特别保护区进行非法捕捞，其行为已对海洋生态和资源造成严重损害，该非法捕捞行为与损害后果存在因果关系，根据法律规定应承担修复生态、赔偿损失、赔礼道歉等民事责任。

关于损失数额的认定。涉案非法捕捞行为发生后，马鞍列岛盗捕事件生态损失评估报告评定涉案海胆生态价值损失为 8960 元、拳螺生态价值损失为 1216 元、其他生物价值损失为 2201.6 元，共计 12377.6 元；海胆资源修复费用（不含人员费、船舶和车辆租用费）为 22400 元、拳螺资源修复费用（不含人员费、船舶和车辆租用费）为 6080 元，共计 28480 元；海洋生态系统服务价值损失为 1641.6 元。上述损失认定具有合理依据，刘某、袁某应按此进行赔偿。浙江省舟山市人民检察院所主张的调查评估费用 10000 元属合理费用，应由刘某、袁某共同承担。刘某、袁某在与本案相关的刑事案件中退缴的违法所得属于破坏生态所获得的非法利益，与本案生态损害赔偿责任款项具有同质属性，故对刘某、袁某已经退缴的违法所得 5000 元，在本案生态资源损害赔偿范围内予以抵扣，刘某、袁某应赔偿并支付海洋生态损失、费用共计 47499.2 元。

关于惩罚性赔偿问题。《中华人民共和国海洋环境保护法》第三条规定：海洋保护应当坚持保护优先、预防为主、源头防控、陆海统筹、综合治理、公众参与、损害担责的原则。《中华人民共和国渔业法》第三十条规定："禁止制造、销售、使用禁用的渔具。禁止在禁渔区、禁渔期进行捕捞"。《海洋特别保护区管理办法》第三十六条规定，禁止在海洋特别保护区内进行狩猎活动。刘某、袁某违反上述法律、法规等规定，在国家级海洋特别保护区内、禁渔期内，使用禁用方法非法捕捞水产品，导致保护区当地水体、生物等环境向公众或者其他生态系统提供服务的功能减损，损害了社会公众本应享有的海洋生态环境权益，根据《中华人民共和国民法典》第一千二百三十二条的规定，检察机关有权主张刘某、袁某承担惩罚性赔偿。参照《最高人民法院关于审理生态环境侵权纠纷案件适用惩罚性赔偿的解释》，以不超过损失数额的二倍确定惩罚性赔偿的数额，本案将生态环境服务功能价值损失费用、永久性损失数额作为确定惩罚性赔偿的标准，更能体现民事公益诉讼维护社会公共利益的宗旨。综合刘某、袁某的恶意程度、损害后果、获利数额、承担责任的经济能力等因素，公益诉讼起诉人主张刘某、袁某按照生态环境服务功能价值损失 1641.6 元、永久性损失数额 12377.6 元，即共计 14019.2 元的 0.5 倍承担环境污染惩罚性赔偿 7009.6 元，于法有据，与理相合，法院予以支持。

关于赔礼道歉问题。赔礼道歉是承担侵权责任的方式之一，可以单独适用，也可以合并适用。刘某、袁某在浙江嵊泗马鞍列岛海洋特别保护区非法捕捞的行为，对保护区生态资源的可持续发展产生较为负面的影响，对国家利益和社会公共利益造成损害，为警示和教育生态侵权者，增强公众生态保护意识，法院对浙江省舟山市人民检察院要求刘某、袁某对其非法捕捞损害社会公共利益的行为在舟山市级及以上媒体公开赔礼道歉的诉讼请求依法予以支持。

［案例 12］谢某恺与谢某安等铁路运输人身损害责任纠纷案①

案情介绍 2022 年 7 月 30 日 13 时 49 分 49 秒，株洲机务段司机值乘的 22×××次列车从湘桂线谭子山站一道开车后，轧死一名在机后 22 位与 23 位连接处钻车底的路外人员。经查，死者罗某，女，1946 年 12 月 28 日出生，住湖南省衡南县。谢某恺系受害人罗某的丈夫，谢某安系受害人罗某的儿子，谢某玲、谢某香、谢某妹系受害人罗某的女儿。

衡阳铁路公安处衡阳西站派出所工作人员现场勘验、勘查情况为：现场位于湖南省衡南县××镇，广铁集团公司谭子山车站内一道，对应湘桂线 K33+450 米处及附近。湘桂线在该处呈东西走向，谭子

---

① 案件来源：衡阳铁路运输法院民事判决书（2022）湘 8602 民初 172 号。

山车站内有三股道，由北至南依次为一、二、三道，一道以北为车站一月台，一月台北侧为车站站旁，再往北为谭子山镇街道，322国道呈东西向在街道中穿过，二道与三道间为二月台，三道以南为村民农田。尸体位于谭子山车站内一道，对应湘桂线 K33+450 米股道内。湘桂线谭子山站属单线非封闭站场区段，主要办理货物列车的接发。事故地点前后 1000 米范围内无立交设施，事故地点前后 500 米范围内有多处非法过道，非法过道处均设有警示牌。受害人于 13 时 49 分 16 秒出现在站台，从北向南直接往一道行走，于 13 时 49 分 30 秒到达站台边缘沿着月台帽由西向东行走几米后，于 13 时 49 分 39 秒从机后 22 位与 23 位连接处钻入一道列车车底，列车于 13 时 49 分 49 秒启动。距离湘桂线 K33+450 米几十米处设置有中心岗亭，事故发生时，中心岗亭有车站值班员正在对涉案货物列车进行发车作业。

谢某恺、谢某安、谢某玲、谢某香、谢某妹向法院起诉，请求判令中国铁路广州局集团有限公司支付死亡赔偿金、丧葬费、交通费、精神抚慰金等。

法院判决中国铁路广州局集团有限公司对事故的发生承担 30% 的赔偿责任。

重点条文　《中华人民共和国民法典》第一千二百四十条　从事高空、高压、地下挖掘活动或者使用高速轨道运输工具造成他人损害的，经营者应当承担侵权责任；但是，能够证明损害是因受害人故意或者不可抗力造成的，不承担责任。被侵权人对损害的发生有重大过失的，可以减轻经营者的责任。

法理剖析　本案系铁路运输人身损害责任纠纷。株洲机务段司机值乘 22××× 次列车在中国铁路广州局集团有限公司管辖区段运行过程中发生事故，致受害人罗某身亡，中国铁路广州局集团有限公司应当承担侵权赔偿责任。同时，列车是一种有轨运输工具，具有质量重、惯性大、速度快、制动距离长且不能随意变道的特点，行人出入列车运行区域极易发生人身损害事故。受害人罗某明知铁路列车运行区域具有极大危险性，但却仍然擅自进入非封闭铁路线路作业区域内并钻入一道列车车底，导致事故发生，其自身存在重大过失，应当承担相应责任。

根据《最高人民法院关于审理铁路运输人身损害赔偿纠纷案件适用法律若干问题的解释》第六条第一款第一项的规定，铁路运输企业承担事故次要责任的，应当在全部损害的百分之四十至百分之十之间承担赔偿责任。本案中，事故地点为非封闭线路，且非法过道处设置有警示牌，可以证明中国铁路广州局集团有限公司尽到了一定的安全防护和警示义务。但在涉案事故发生时，有铁路值班人员正在距离事发地点几十米处对涉案列车进行发车作业，发车值班员对所发列车开车前应进行安全巡查和排除安全隐患，受害人罗某进入站台到钻入列车车底欲横穿铁路线有几十秒时间，导致本案事故发生，可以认定中国铁路广州局集团有限公司未尽到充分的安全防护警示义务，应当承担次要责任。综合本案情况，法院酌定中国铁路广州局集团有限公司对事故的发生承担 30% 的赔偿责任。

［案例 13］ 李某先与毕某生等饲养动物损害责任纠纷案[①]

案情介绍 毕某生与毕某琦系父子关系，共同居住于北京市石景山区×××号，李某先系其楼上邻居，居住于北京市石景山区×××号。2021 年 3 月 17 日 13 时 50 分许，毕某生、毕某琦报警称有猫进入家中，二人在驱赶猫的过程中被猫抓伤。毕某生与毕某琦均至石景山区中医医院接种狂犬疫苗，医疗费用共计 4033.64 元。毕某生、毕某琦主张医疗费并提交相应医疗票据，主张交通费并提交行程单及发票，主张被褥损失并提交现场照片无发票，认为猫的主人李某先拖欠支付费用并主张利息损失。毕某生、毕某琦向法院起诉，请求判令李某先赔偿医疗费用、丢弃被褥损失、交通费等相关损失。

法院判决支持毕某生、毕某琦的诉讼请求。

---

① 案件来源：北京市高级人民法院民事裁定书（2022）京民申 668 号。

重点条文　《中华人民共和国民法典》第一千二百四十五条　饲养的动物造成他人损害的，动物饲养人或者管理人应当承担侵权责任；但是，能够证明损害是因被侵权人故意或者重大过失造成的，可以不承担或者减轻责任。

法理剖析　本案中，李某先认可涉案猫为其收养的流浪猫，平时散养在家中，事发前从其家中跑出。因此，李某先系涉案猫的饲养人和管理人，其为本案饲养动物致人损害的责任主体，且其未对流浪猫尽到管理饲养义务，导致流浪猫误入毕某生、毕某琦二人家中产生纠纷，对于该二人受伤以及发生的医疗费、物品等损失，李某先应当承担全部赔偿责任。

［案例 14］ 黎某杰与李某元饲养动物损害责任纠纷案①

案情介绍　2021 年 3 月 21 日 9 时许，李某元经过北京市密云区西田各庄镇西康各庄村养殖小区黎某杰租赁院落门口时，适遇黎某杰开门，其所饲养的马犬从院内跑出扑向李某元，李某元摔倒在地，后黎某杰将马犬拴好。当日黎某杰开车将摔倒在地的李某元送至北京市密云区医院，李某元伤情诊断为：头外伤，胸背外伤，L1 椎体骨折。为治伤，李某元自行支付医药费 2212.46 元，黎某杰为李某元支付医药费 1637.86 元。李某元向法院起诉，请求判令黎某杰赔偿医疗费、交通费、精神损害抚慰金、伤残赔偿金、护理费、营养费等损失。

法院判决支持李某元的诉讼请求。

重点条文　《中华人民共和国民法典》第一千二百四十六条　违反管理规定，未对动物采取安全措施造成他人损害的，动物饲养人或者管理人应当承担侵权责任；但是，能够证明损害是因被侵权人故意造成的，可以减轻责任。

法理剖析　本案中，虽然黎某杰所养马犬未对李某元撕咬，但

――――――
①　案件来源：北京市高级人民法院民事裁定书（2022）京民申 6948 号。

因一般人在陌生犬只进入到自身安全范围内本能会产生恐惧心理，李某元用手轰狗的行为也印证了这一点，故李某元在看到未被采取任何措施的涉案犬只突然出现并向其扑近时，因恐惧避让而摔倒进而受伤，该马犬即使未与李某元接触，但该伤害与马犬之间具备了引起与被引起的关系，故二者具备因果关系，动物饲养人或者管理人对此应当承担赔偿责任。根据《北京市养犬管理规定》第十七条第四项的规定，携犬出户时，应当对犬束犬链，由成年人牵领，携犬人应当携带养犬登记证，并应当避让老年人、残疾人、孕妇和儿童。黎某杰在明知马犬未拴绳的情况下选择开门，马犬对行人造成惊吓或伤害，因其未对所饲养的动物采取安全措施造成他人损害的，动物饲养人或者管理人应当承担侵权责任。此外，黎某杰并未提供相应证据证明李某元倒地行为由其他原因引起，亦未有证据证明李某元在受伤害的过程中存在主动挑逗、投打、追赶等故意或重大过失等情形。据此可认定，李某元所受伤害系黎某杰未规范饲养动物导致，黎某杰对李某元的涉案损失承担全部责任。

[案例 15] 王某斌与薛某饲养动物损害责任纠纷案①

案情介绍 王某斌与薛某系同一小区的居民。2022 年 6 月 21 日，双方在居住的小区遛狗时，王某斌的宠物犬被薛某饲养的罗威纳犬咬伤，王某斌为治疗狗伤产生医药费 4545 元。薛某饲养并咬伤王某斌宠物犬的罗威纳犬，属沈阳市三环以内禁养的烈性犬。王某斌向法院起诉，请求判令薛某赔偿医药费、护理费、后续治疗康复费等损失。

法院判决支持王某斌的诉讼请求。

重点条文 《中华人民共和国民法典》第一千二百四十七条 禁止饲养的烈性犬等危险动物造成他人损害的，动物饲养人或者管理人应当承担侵权责任。

---

① 案件来源：辽宁省沈阳市中级人民法院民事判决书（2023）辽 01 民终 2531 号。

法理剖析 本案中，薛某违反《沈阳市养犬条例》禁养烈性犬的规定，饲养被列为烈性犬的罗威纳犬，将王某斌所饲养宠物犬咬伤，符合《中华人民共和国民法典》第一千二百四十七条规定的"禁止饲养的烈性犬等危险动物造成他人损害的"情形，薛某对王某斌治疗其宠物犬所产生的治疗费应承担赔偿责任。

［案例 16］ 江某娜与 YH 动物公司饲养动物损害责任纠纷案①

案情介绍 2021 年 12 月 4 日，江某娜至 YH 动物公司经营的动物园游玩，其在白虎园购买生食（鸡爪）后到金钱豹园区喂食金钱豹时被金钱豹咬伤右手食指。后江某娜被送至福清友好医院住院治疗（于 2021 年 12 月 4 日入院、于 2021 年 12 月 24 日出院），被诊断为右手食指中节骨折，共花去医疗费 31350 元，其中 YH 动物公司垫付住院费 10000 元。后江某娜到福清友好医院、闽侯县第二医院、闽侯上街中心卫生院门诊治疗，共花去医疗费 1608.04 元。江某娜自行委托的福建正方圆司法鉴定所于 2022 年 12 月 23 日出具意见，评定江某娜的损伤构成十级伤残，其误学期为 90 日、护理期为 90 日、营养期为 60 日。

另查明，案发圈养金钱豹的园区下方双方均认可为约 2.2 米的玻璃墙，玻璃墙上张贴有内容为"请勿拍打玻璃文明观赏爱护动物健康请勿随意投喂""注意！动物凶猛请勿将手指伸入孔洞网"的警示标识，玻璃墙的上方由铁丝网围起。

江某娜向法院提起诉讼，请求判令 YH 动物公司补偿医疗费 22958.04 元（已扣 YH 动物公司垫付的 10000 元住院费用）、残疾赔偿金 107634 元（按福建省 2022 年度城镇居民人均可支配收入 53817 元×20 年×10%）、护理费 18968 元（90×非私营单位分行业在岗职工年平均工资 76927 元÷365）、住院伙食补助费 800 元（40 元×20）、

---

① 案件来源：福建省福清市人民法院民事判决书（2023）闽 0181 民初 2578 号。

交通费 1000 元、营养费 3000 元（60 天×50 元/天）、鉴定费 1800 元、精神损害抚慰金 10000 元、律师费 5000 元、动物园门票 256 元，共计 171416.04 元。

法院判决 XH 动物公司赔偿江某娜因本案事件造成的损失：医疗费 9774.8 元、残疾赔偿金 64580.4 元、护理费 5690.4 元、住院伙食补助费 480 元、营养费 600 元、鉴定费 920 元，合计 82045.6 元，以及精神损害赔偿金 4800 元；江某娜自行负担 40% 的责任即自负损失 61363.7 元。

重点条文 《中华人民共和国民法典》第一千二百四十八条

动物园的动物造成他人损害的，动物园应当承担侵权责任；但是，能够证明尽到管理职责的，不承担侵权责任。

法理剖析 本案中，江某娜在 YH 动物公司经营的动物园游玩并喂食金钱豹时右手食指被金钱豹咬伤。依据 YH 动物公司营业执照登记其为涉案动物园经营管理者，其饲养管理经营的动物造成他人损害的，动物园应当承担侵权责任，但能够证明尽到管理职责的，不承担责任。至于动物园即 YH 动物公司是否尽到管理职责是本案的主要争议焦点。YH 动物公司作为专业性的动物园经营管理者，其应该尽到的管理职责要高于一般民众，对于涉案圈养的金钱豹，其管理职责在于避免这种动物和参观者肢体的接触。从玻璃墙高度和铁丝网孔洞的大小判断，正常身高的人伸手即可触碰到该潜在风险源，该事实是损害事故发生的因素之一，故该防护设施存在安全隐患。事故发生时动物园管理人员并未在场进行监管和制止，事故发生后未及时发现，也未在第一时间采取施救措施，因此并未尽到管理职责，这些过错与江某娜受到的损害后果有一定因果关系，YH 动物公司理应承担相应的责任。另外，江某娜作为完全民事行为能力人，忽略涉案园区的玻璃墙上张贴的警示标识，以致在喂食金钱豹时受伤，其亦有过错，应承担相应民事责任。

综观事件的起因、经过等情节，可以认定 YH 动物公司和江某娜对本案事件的发生均有过错，根据双方的过错程度，江某娜因本案事件造成其合理损失应由 YH 动物公司与江某娜分别按 60%、40% 的责任比例予以承担为宜。根据本案情况及有关规定，对江某娜现所主张的各赔偿款项，法院核定如下：1. 医疗费，江某娜主张其为 32958.04 元，符合有关规定，可予以支持；2. 残疾赔偿金，江某娜主张其为 107634 元（按福建省 2022 年度城镇居民人均可支配收入 53817 元/年×20 年×10%），符合有关规定，可予以支持；3. 护理费，江某娜主张按 76927 元/年标准计算，符合有关规定，同时根据江某娜的伤情、诊断证明，结合护理期 90 天的鉴定意见，法院认定江某娜的护理费应按完全护理依赖的 50% 计算，确定护理费为 9484 元（76927 元/年÷365 天×90 天×50%）；4. 住院伙食补助费，江某娜主张其为 800 元（40 元/天×20 天），符合有关规定，可予以支持。5. 交通费，因江某娜为此而提交的相关证据并不足以证明交通费的发生，故对此不予支持；6. 营养费，结合江某娜的伤情，参照医疗机构的意见等，法院予以酌定为 1000 元；7. 鉴定费，江某娜主张其为 1800 元，但江某娜请求对误学期鉴定与本案待证事实缺乏关联性，且相关鉴定机构对三期（含误学期、护理期、营养期）的鉴定费用共收取了 800 元，故江某娜对误学期的相关鉴定费用应自行承担即承担 266.7 元，法院仅可对江某娜所主张的余下鉴定费 1533.3 元予以支持；8. 精神损害抚慰金，江某娜因此次事件造成十级伤残，结合双方的过错、场合、行为方式、后果、经济能力等实际情况，法院酌定精神损害赔偿金为 4800 元；9. 江某娜主张律师费 5000 元、动物园门票 256 元，因无法律依据，故对此不予支持。综上，江某娜因本案事件造成其合理损失为：医疗费 32958.04 元、残疾赔偿金 107634 元、护理费 9484 元、住院伙食补助费 800 元、营养费 1000 元、鉴定费 1533.3 元，以上合计 153409.34 元。由 YH 动物公司对江某娜上述损失承担 60% 的赔偿责任，扣除 YH 动物公司已支付的医疗费 10000 元，即 YH 动物公司赔偿江某娜医疗费 9774.8 元、残疾赔偿金 64580.4 元、护理费 5690.4 元、住院伙食补助费 480 元、营养费 600 元、鉴定费 920 元，合计为 82045.6 元，以及精神损害赔偿金 4800 元；江某娜自行负担 40% 的责任即自负损失 61363.7 元。

［案例 17］罗某忠、刘某兰与陈某春等饲养动物损害责任纠纷案[①]

案情介绍 罗某忠、刘某兰系夫妻关系。2021 年 12 月 20 日 6 时左右，罗某忠在宜黄县××镇×××村家门口发现一头水牛站在靠近其院子的马路上，遂拿起竹竿意欲驱赶水牛。水牛看到罗某忠拿竹竿靠近，即开始攻击罗某忠。刘某兰看到丈夫罗某忠被水牛攻击，遂冲上去解救，亦被牛撞伤。随后水牛逃走，罗某忠、刘某兰的亲属报警。经调查，涉案水牛是一头黑色的公水牛，系陈某春、黄某龙、谢某贵、黄某明共同购买，于事发前一日拴在农科所马路旁边的杉树上，而后挣脱绳索逃逸。

罗某忠、刘某兰受伤后于当日被送往宜黄县人民医院治疗。罗某忠住院治疗 35 天，花费医疗费 17407.24 元。出院诊断为：1. 颅内出血；2. 脑萎缩；3. 脑缺血灶；4. 右肺小结节；5. 肺间质性改变；6. 左侧肋骨骨折；7. 膀胱憩室；8. 腰椎退行性病变。出院医嘱为：注意休息全休 60 天，定期复查，不适随诊。出院后，罗某忠在宜黄县人民医院、南昌高新医院等医院门诊花费医疗费 745.7 元。刘某兰住院治疗 35 天，花费医疗费 10751.4 元。出院诊断为：1. 创伤性血气胸；2. 头皮撕脱伤；3. 双侧多发肋骨骨折；4. 左肩胛骨骨折；5. 肺挫伤；6. 多处挫伤。出院医嘱为：1. 建议休息贰个月，加强营养；2. 定期来院复查，监测骨折愈合情况；3. 不适随诊。出院后，刘某兰在宜黄县人民医院、南昌高新医院等医院门诊花费医疗费 1319.2 元。事故发生后，陈某春、黄某龙、谢某贵、黄某明垫付罗某忠医疗费 17407.24 元，垫付刘某兰医疗费 10751.4 元，以及垫付了从 2021 年 12 月 27 日起至 2022 年 1 月 24 日止的护理费 2900 元。

2022 年 5 月 12 日，经江西神州司法鉴定中心鉴定，罗某忠的损

[①] 案件来源：江西省抚州市中级人民法院民事判决书（2022）赣 10 民终 1699 号。

伤未达《人体损伤致残程度分级》标准之规定；后续治疗费 1000 元；自受伤之日起，护理期为 60 日，营养期为 60 日。本次鉴定罗某忠花费鉴定费 3200 元。2022 年 5 月 16 日，经江西神州司法鉴定中心鉴定，刘某兰的伤残等级为九级；后续治疗费 2000 元；自受伤之日起，护理期为 60 日，营养期为 60 日。本次鉴定刘某兰花费鉴定费 3200 元。罗某忠、刘某兰向法院提起诉讼，请求判令陈某春、黄某龙、谢某贵、黄某明赔偿医疗费、营养费、伙补费、护理费、误工费等损失 237614.7 元。

法院判决支持罗某忠、刘某兰的诉讼请求。

重点条文 《中华人民共和国民法典》第一千二百四十九条 遗弃、逃逸的动物在遗弃、逃逸期间造成他人损害的，由动物原饲养人或者管理人承担侵权责任。

法理剖析 本案中，陈某春、黄某龙、谢某贵、黄某明所有的水牛逃逸期间造成罗某忠、刘某兰受伤。陈某春、黄某龙、谢某贵、黄某明认为罗某忠击打水牛的头颈部才造成了伤害，具有重大过错；刘某兰处置方式明显不当，放任危险的发生，具有重大过失。法院认为，在动物致害中，认定被侵权人存在故意或重大过失，其行为应当是诱发动物致害的直接原因，是引起损害的全部或者主要原因。陈某春、黄某龙、谢某贵、黄某明主张免除或减轻责任的，则需举证证明罗某忠、刘某兰存在故意或重大过失，否则承担举证不能的后果。从现场监控视频可以看到罗某忠尚未打到水牛，在自家院子里被冲向自己的水牛撞伤，罗某忠意欲驱赶水牛系因为其靠近院子，罗某忠手拿竹竿的行为通常情况下并不会招致危险，刘某兰在情急之下去解救罗某忠被水牛撞伤，水牛发狂并非罗某忠、刘某兰原因引起，罗某忠、刘某兰并不存在故意挑逗动物或者具有其他重大过失的情形。陈某春、黄某龙、谢某贵、黄某明作为水牛的所有人，将水牛拴在马路旁边的杉树上，未看管好水牛，未尽管理职责，以至于发生伤人事件，故陈某春、黄某龙、谢某贵、黄某明应承担罗某忠、刘某兰因此次事故造成的全部损失。

[案例 18] 罗田县 FJ 物业服务有限公司与付某某追偿权纠纷案①

案情介绍 付某某系罗田县凤山镇××小区 1 栋四单元 601 房业主。2013 年 8 月 15 日，罗田县 JL 物业服务有限公司与付某某签订了《××前期物业管理服务协议》和《房屋装饰装修管理协议》。协议签订后，付某某即装修房屋并入住至今。2020 年 2 月，付某某居住楼层下面住户 401 业主肖某、501 业主瞿某、201 业主叶某霞发现房屋漏水，遂同 FJ 物业、付某某父亲付某强一同查找漏水原因未果。2020 年 4 月 1 日，FJ 物业向付某某发送整改通知书一份，内容为："因自 2020 年 2 月 11 日起，楼下业主反映渗水问题，查看现场后分析可能是你家厨房下水道引起的，因你家装修将管道包围，维修必须打开，却一直未予处理。现书面通知你家，迅速维修，解决渗水问题，维护相邻关系，否则一切后果自行承担。"同年 4 月 5 日，FJ 物业法定代表人、楼下业主到付某某家中，付某某父亲付某强找人拆除包封阳台下水管道的瓷砖，发现下水管道中间靠上部分接头处脱落，付某强找人接好管道，此后楼下的房屋再未出现漏水。

罗田县 JL 物业服务有限公司于 2018 年更名为罗田县 FJ 物业服务有限公司，与业主未另签订协议，仍按前期物业管理协议从事物业管理活动并收取物业服务费。FJ 物业认为，其与付某某之间存在合同关系，付某某私接公共排水管道并进行封包，违反了合同约定，给他人造成财产损失，应予以赔偿和承担违约责任。FJ 物业向法院起诉，请求判令付某某赔偿因漏水造成他人财产损失（含鉴定费用）36833.36 元。

法院综合排水管道管理人 FJ 物业及楼上住户付某某双方过错大小，酌定由付某某对楼下肖某等三家损失承担 40% 的赔偿责任即

---

① 案件来源：湖北省黄冈市中级人民法院民事判决书（2023）鄂 11 民终 378 号。

14733.34 元。

重点条文　《中华人民共和国民法典》第一千二百五十三条

建筑物、构筑物或者其他设施及其搁置物、悬挂物发生脱落、坠落造成他人损害，所有人、管理人或者使用人不能证明自己没有过错的，应当承担侵权责任。所有人、管理人或者使用人赔偿后，有其他责任人的，有权向其他责任人追偿。

法理剖析　本案中，FJ 物业是小区公共排水管道的管理人，对于附属设施破损造成小区业主肖某等三家财产损失，其作为管理人不能证明自己没有过错，故其应先向肖某等三业主承担侵权赔偿责任。本案需要审查判断的是 FJ 物业在承担赔偿责任后能否向其他责任人进行追偿的问题。付某某作为楼上住户，没有及时配合 FJ 物业对可能出现的漏水源进行排查，导致排水管道破裂没有及时得到检修，对楼下住户损失的扩大存在一定过错，应当承担部分损失。基于上述分析，法院综合排水管道管理人 FJ 物业及楼上住户付某某双方过错大小，酌定由付某某对楼下肖某等三家损失承担 40% 的赔偿责任即 14733.34 元（36833.36 元×40%）。

［案例 19］李某民与重庆 XY 物业管理有限公司等高空抛物、坠物损害责任纠纷案①

案情介绍　2020 年 10 月 7 日 15 时许，居住在重庆市南岸区南坪东路×××号某单元的李某民行至该单元下方"爱达社区服务平台"北面时，从空中落下一把玩具枪型笔（黄色、塑料材质、长度约 19.5 厘米、约重 12 克），砸中李某民导致其头部受伤。李某民受伤后被送往重庆市第四人民医院住院治疗 11 天，出院诊断为：1. 脑震荡；2. 头皮血肿；3. 高血压病 3 级；4. 2 型糖尿病，出院医嘱为继续用药、休息一周及复查头颅 CT 等。

事发后，XY 物业公司的工作人员拨打电话向公安机关报案，重

---

① 案件来源：重庆市第五中级人民法院民事判决书（2023）渝 05 民终 705 号。

庆市公安局南岸区分局海棠溪派出所接警后，经与 XY 物业公司一起现场走访排查，未查明侵权人。

另查明，李某民受伤时位于重庆市南岸区南坪东路×××号某单元下方"爱达社区服务平台"北面的道路，该单元共有 26 层，其中 4 号单元和 5 号单元户型中有房间面朝上述地点方向。

法院判决 XY 物业公司承担未能尽到必要的安全保障义务的赔偿责任，事发地点所在建筑物中部分房屋所有人就自己不是侵权人承担举证责任，不能排除在事发当日的加害可能性的，给予相应补偿。

重点条文　《中华人民共和国民法典》第一千二百五十四条
禁止从建筑物中抛掷物品。从建筑物中抛掷物品或者从建筑物上坠落的物品造成他人损害的，由侵权人依法承担侵权责任；经调查难以确定具体侵权人的，除能够证明自己不是侵权人的外，由可能加害的建筑物使用人给予补偿。可能加害的建筑物使用人补偿后，有权向侵权人追偿。

物业服务企业等建筑物管理人应当采取必要的安全保障措施防止前款规定情形的发生；未采取必要的安全保障措施的，应当依法承担未履行安全保障义务的侵权责任。

发生本条第一款规定的情形的，公安等机关应当依法及时调查，查清责任人。

法理剖析　本案中，XY 物业公司虽然提交证据证明其在事发前就高空抛物、坠物的危害性等进行了诸如发倡议、张贴温馨提示等方式在涉案小区进行了宣传引导，履行了一定的监管、劝导义务，但就安装监控设备上，其未尽到必要的义务，虽然其称安装监控设备并非其当然责任，需经法定程序动用物业专项维修资金进行安装，其没有动用物业专项维修资金的权力，但 XY 物业公司作为涉案小区的物业服务单位，其有采取必要安全措施防止涉案小区高空抛物、坠物的义务，而安装监控设备既能预防高空抛物、坠物，震慑高空抛物、坠物的侵权人，同时也便于事后查明侵权人，显然该措施为有效预防高空抛物、坠物的必要措施。XY 物业公司作为涉案小区的管理部门，为履行职责所需，其可以自行安装或积极协调动用物业专项维修资金在涉案小区安装监控设备，而 XY 物业公司并没有自行安装监控设备，即便根据相关法律规定和物业服务合同约定监控设备应动用物业专业维修资金安装，其也没有举示证据证明其曾就安装监控设备事宜主动与小区业主委员会或业主大会进行过协商。因此，XY 物业公司未能尽到必要的安全保障义务，法院判决其承担相应赔偿责任。因难以确定具体侵权人，李某民将事发地点所在建筑物中部分房屋所有人作为被告提起诉讼，认为其系可能加害的建筑物使用人，上述被告则应当就自己不是侵权人承担举证责任，不能排除在事发当日的加害可能性的，应当给予相应补偿。

［案例 20］ 姜某喜与 HX 建工集团生命权、身体权、健康权纠纷案①

案情介绍　2021 年 12 月 9 日，姜某喜在夜跑时，掉入大连市沙河口区石门街 54 号石门雅居附近的 2.2 米深的深沟。2021 年 12 月 9 日 18 时 37 分，大连市公安局沙河口分局李家街派出所接到电话报警到达案发地点，协助消防、120 等将伤者姜某喜送到大连市中心医院就诊，经医生诊断为：股骨骨折。姜某喜于 2021 年 12 月 10 日到大连市中心医院关节外科病房住院，被诊断为：左股骨粗隆下骨折。2021 年 12 月 21 日出院，出院诊断为：1. 左股骨粗隆下骨折；2. 糖尿病。姜某喜住院 11 天。2021 年 12 月 9 日，姜某喜花费救护车、担架及急诊费用 421 元；花费其他医疗费及核酸检测费用 609.08 元。2021 年 12 月 9 日至 2021 年 12 月 21 日住院期间花费住院费 59078.56 元。2021 年 12 月 30 日、2022 年 2 月 24 日、2022 年 7 月 25 日，姜某喜在大连市中心医院就诊共计花费医疗费 554.17 元。2022 年 7 月 27 日，姜某喜到大连滨海医院就诊花费医疗费 132 元。以上医疗费总计金额 60794.81 元。

① 案件来源：辽宁省大连市中级人民法院民事判决书（2023）辽 02 民终 3444 号。

2021年12月9日，李家街派出所民警对HX建工集团在沙河口区石门街54号大连民正工艺品有限公司搬迁改造地块项目现场施工负责人丁某青进行询问，询问笔录载明：问：施工地址及范围？答：地址在石门街南侧、新桥街东侧，范围包括地块内所有建筑的翻新工程。问：2021年12月9日18时许，在石门街石门雅居墙外有人掉到沟里，你是否知情？答：我是在接到现场施工人员电话通知后，才赶过来的，到现场知道有人掉入我们施工的沟里了。问：这个沟是怎么回事？答：是我们施工挖开的，主要是连接石门雅居小区跟市政污水井的。问：什么时间挖开的？答：今天中午14点左右。问：现在施工现场什么情况？答：挖出围墙外大约有2.5米远，宽大约0.7米，深大概2.2米。问：你们有没有做防护措施？答：我们在沟前后大约10米各拉一条警戒带，沟两侧也用土堆拦了。问：现场有没有设置醒目标志？答：就是用警戒带拦着，没有其他醒目标志，我们这方面有欠缺的地方。

姜某喜向法院起诉，请求HX建工集团赔偿医疗费57794.81元、误工费80153元、陪护费19040元、营养费9000元、住院伙食补助费1100元、交通费1000元、康复治疗费8600元、鉴定费3240元、后续治疗费15000元、精神损害抚慰金5000元，合计199927.81元。

法院判决HX建工集团对姜某喜的合理损失承担70%的赔偿责任，姜某喜承担30%的过错责任。

重点条文 《中华人民共和国民法典》第一千二百五十八条 在公共场所或者道路上挖掘、修缮安装地下设施等造成他人损害，施工人不能证明已经设置明显标志和采取安全措施的，应当承担侵权责任。

窨井等地下设施造成他人损害，管理人不能证明尽到管理职责的，应当承担侵权责任。

法理剖析 本案中，HX建工集团在道路施工时虽对相关施工区域已用土堆在施工地两侧拦截，在施工地前后大约10米各拉一条警戒带拦截，但未考虑到上述措施因夜间照明不够，无人员值守仍会对晚间出行的路人存在安全隐患等情况，对事故的发生应承担主要责任。姜某喜晚间锻炼应当选择相对安全的场所进行，其在马路边夜跑更应当注意周边环境的实时变化，对事故的发生应承担次要责任。因此，造成本次事故双方均存在过错。法院酌定 HX 建工集团对姜某喜的合理损失承担 70% 的赔偿责任，姜某喜承担 30% 的过错责任。

后　记

党的二十大报告关于"坚持全面依法治国，推进法治中国建设"的重大决策部署，充分体现了以习近平同志为核心的党中央对全面依法治国的高度重视。《中华人民共和国民法典》（以下简称《民法典》）是新时代中国特色社会主义法治建设的重大标志性成果，对于全面推进依法治国，建设社会主义法治国家，推动国家治理体系和治理能力现代化具有重大意义。公安院校民法学科教材应当以习近平法治思想为指导，通过典型案例分析和研究，充分阐释《民法典》的基本理论和主要规则，为法治中国建设和公安工作实践提供法律支撑。

为此，上海公安学院部分教师共同编写了本书。本书通过分析适用《民法典》的典型案例，全面阐释《民法典》的条文规定与基本原理。在结构上，本书按照《民法典》的体例和内容，并从全国各地法院已审结的民事案件中选取具有典型意义的案例进行分析，案例分析的重点为适用规则与难点，每个案例分析包括案情介绍、重点条文和法理剖析三个部分，以案例解读《民法典》的基本要义。

本书涵盖民法典总则、物权、合同、人格权、婚姻家庭、继承、侵权责任各编主要内容。编写原则为：一是坚持理论联系实际。本书通过案例分析串联起民法知识点，使民法理论和社会实践相互融通，适应公安院校的教学需要，满足学生学习掌握《民法典》的基本需求。二是坚持守正创新。本书编写立足于人民法院的成功判例，同时紧跟时代步伐，顺应公安实践发展，不断拓展民法教学的广度和深度。三是坚持问题导向。本书及时回应《民法典》实施过程中的各种现实问题，对社会生活中出现的新情况、新问题开展针对性的理论分析。由于个别案例的裁判依据已经发生变化，为避免现时判断产生歧义，本书全部以现行法律作为法理剖析依据。

本书具体编写分工如下：金强教授编写第一编内容，张琰楠讲师编写第二、三编内容，朱景达副教授编写第四、五编内容，梁晨颖老师编写第六、七编内容。

编者

2024 年 3 月